耶魯最受歡迎的金融通識課

你要的財富與自由就從這裡開始

陳志武——著

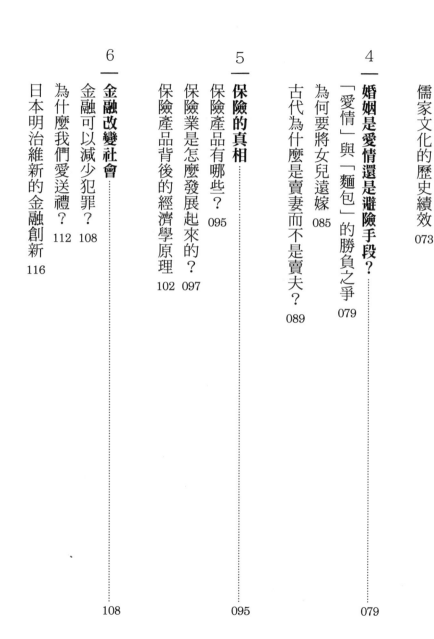

第二部分 借貸的真相

第三部分 現代企業與公司金融

第四部分 商業模式的演化

第五部分 投資理財

推薦序
非零後注意，陳教授來幫你省學費了

「懶人經濟學」社群創辦人　小賈

市面上的書，大部分都在講理財投資的重要性，很少人在寫金融究竟是什麼。而且，大部分人能和你聊國家大事，少部分人能和你聊理財投資，卻沒人能和你聊金融。

「你想知道借貸的起源嗎？」

「你還想要我這個朋友嗎？」

「……」

這本金融通識課可以說是打破了這個現象，因為陳志武教授用我們生活中常見事務，開展金融原理在其中的作用。我們都知道金融是人類社會成長的加速器，陳教授進一步提出金融背後的本質是「跨時間的價值交換」。

什麼意思呢？

工作一個月好不容易拿到薪水，你可以把薪水理解為：這個月努力工作的價值，透過薪水可以儲存到未來使用。

拿到薪水這樣就好了嗎？這時大部分人會有兩種選擇：花掉或是被花掉。說錯了，是消費或是投資。

對一般人而言，消費還可以理解，但為什麼要投資呢？前面我們理解了薪水是先前勞動的價值體現，但它並不會產生利息，還有貶值的風險！

聰明的你會發現，比起把錢放在銀行，拿來投資符合金融原理的產品是更為明智的選擇。

有人選擇投資自己：以今天勞動的成果換取未來更有價值的自己。

有人選擇投資ＥＴＦ：以今天勞動的成果換取未來公司的盈利成果。

有人選擇投資資金盤：以今天勞動的成果換取血本無歸的騙局，因為他讀這本書時睡著了。

這些思考，都是由金融原理為出發點而生，同時與我們生活息息相關。對於「韭零後」（編按：「韭零後」指一九九〇後出生的年輕族群，因為財商不足，常常在投資市場中被成當韭菜收割繳學費）的我和讀者，這本書不管在金融知識或實操演練，幫助都是相當大的。

最後，本書文字較多，看累了不妨至「懶人經濟學 Medium」，這裡的文章字少且同樣有趣，相信對各位讀者一樣有裨益。

推薦序

將「金融」講清楚說明白的一本好書

中華經濟研究院特約研究員　吳惠林

自一九二九年美國華爾街崩盤，引發一九三〇年代全球經濟大恐慌以來，金融風暴或金融泡沫等危機就時不時地出現，二〇〇八年全球金融海嘯達到最高潮。在各國政府QE（量化寬鬆）政策下，好似平息了風暴，但質疑聲一直不斷，而更大的金融風暴正蓄勢待發，也是專家們持續接力發出的警告。畢竟政府以政治手段解決危機看似有效，其實只是將病症掩蓋，甚至是累積負能量，不久之後會迸發更大風暴。

金融風暴為何出現？

其實，金融風暴、經濟大衰退之所以出現，大都是金融業失職、政府官商勾結推波助浪的結果。已故的台灣中研院院士蔣碩傑早年明說的「五鬼搬運法就是金融赤字」，已可明白金融機構以各種方式將錢搬給少數有權有勢者。金融機構原本扮演「資金橋梁」或「金融中介」的角色，右手接受民間的存款，左手將這些存款貸放給能力高、從事「實質生產」的業者。

這種金融體系不但無趣，規模也不大。例如，在二十世紀美國股市興起的六〇年代，金融和保險業合計只占不到GDP的四％，但這種無聊、原始的金融體系卻維繫了在一個世代之間，使生活水平倍升的經濟體。對照二〇〇八年金融海嘯發生前夕，金融和保險業占了GDP的八％。而且更有規模巨大的公司，吸收社會中頭腦最好的人才，他們讓金融業光鮮亮麗，其背後的證券化過程，使貸款不再專屬於借方，而是繼續轉給其他人。這些人把貸款細切、分割，並把個人的債務整合成新資產，像是次級房貸、信用卡卡債、車貸等都進入金融體系中。結果使風險倍增、金融體系弱化，終而慘遭崩解，進而危及各產業，延禍全人類。

二〇〇八年全球金融海嘯的教訓，並未讓金融業回到正軌。在衍生性金融繼續創新下，金融業掌控的權力更大，其塑造的政府官員、監管機構、執行長，甚至很多消費者的想法和心態，讓金融業的能力更為誇大。在二〇〇八年之後，行政部門的決策多為金融業帶來龐大利潤，且造成房屋所有人、小公司、勞動者和消費者的損失。金融業已成經濟成長的阻力，而非催化劑；其成長使企業和整體經濟社會都受到損害。

「金融化」成為「金融詛咒」？

二十一世紀的今天，已是金融家在對企業發號施令，在金融市場創造財富已成為目的，而非把金融市場當成工具，以達成共享經濟繁榮的目的。金融思維已在企業根深柢固，公司也開始運作得像銀行，只要搬動現金，就能比以前賺更多錢；光是從單純的金融活動，就能產生五倍於二次大戰戰後時期的收入。我們的金融體系已無法對實體經濟發揮作用，這是一種經濟疾病，早在一九七〇年代，「金融化」（financialization）現象就浮上檯面，如今已不知不覺地緩慢影響全人類。它經由金融、保險、房地產三大火紅產業，在規模與權力上大幅擴張。結果就是經濟成長放緩、貧富差距擴大、市場缺乏效率、公共服務受創、貪腐更嚴重、其他經濟部門被掏空、民主和社會整體受害，「金融詛咒」（finance curse）也就到來了。

不過，儘管金融出現危機，但金融科技仍持續研發，現代人也脫離不了金融。唯有讓金融發揮善和正的功能，才能截窒風暴的出現，讓人類免於沉淪以致毀滅！那麼，讓世人明白「金融的本質」，就是一條明路。

其實，由於人類的貪婪被金融商品所誘引，導致投機炒作橫行，欺騙、不誠信成風，倫理道德被揚棄，金融科技脫離人文，於是走向敗壞之路。必須讓已分離的科技與人文兩種文化相互結合，發揮金融智慧，挽救人類文明免於衰落、直至滅亡。一千多年前唐玄宗開元時期的宰相張說，在七十多歲時寫的《錢本草》奇文，就值得再三回味並重拾其智慧。

以道德發揮金融智慧

這篇僅二百餘字的文章，將錢比作藥材，其「味甘、大熱、有毒」。錢讓人有飯吃、有衣穿、有房住，保證人們的生存，故其「味甘」。但對錢的追求要有度、要講道，否則便會讓人變成瘋狂，挖空心思斂財，導致「大熱」成了金錢的奴隸。錢是有藥性的，服過量便會產生副作用，會「中毒」，使一些貪婪的官員最終鋃鐺入獄，甚至喪命。

張說告訴世人，「一邊積攢，一邊施財，可稱為道；不把錢當珍寶，稱為德；獲取和給予適當，稱為義；不求非分錢財使用正當，稱為禮；能廣泛地救濟眾人，稱為仁；支出有度歸還有期，稱為信；得到錢又不傷害自己，稱為智。」若能用「道、德、仁、義、禮、智、信」這七種方法精鍊金融（錢）為藥材，將可長久地服用，使人延年益壽。如果不是這樣地服用，就會消滅情志、損傷精神。

一千多年後的今天，美國耶魯大學金融學終身教授陳志武博士寫了這本《耶魯最受歡迎的金融通識課》，承繼了張說對金融（錢）的詮釋，將「金融的本質」講清楚、說明白。他從華人熟悉的傳統社會與儒家文化切入，用簡單易懂的文字，將古今中外的真實案例，以說故事的方式，讓大家了解金融到底是什麼，應如何正確運用，以使人生幸福美滿，免受饑餒，甚至受金融風暴侵襲。

好一堂金融通識課

全書分為六部二十五章，將金融出現的演化歷史，循序漸進地清楚剖析。每一章又分數節，每節文字是一篇專欄文章，又有重點摘要，每章再附延伸閱讀，讀起來興味盎然、賞心悅目，又毫不費力。各個階層不分年齡都可閱讀，既可作大學通識課教材，又可當床頭書。

這本書沒有複雜數學和公式，也沒有難懂的艱澀名詞，在不知不覺中帶領我們走進金融世界，讓我們恍然大悟「金融其實很簡單」，也讓讀者正確瞭解金融，並以「道、德、仁、義、禮、智、信」來處理金融。

朋友們，大家盍興乎來！

推薦序

錢要用時方恨少，金融通識從小教

「閱讀人」社群主編　鄭俊德

我一直記得小時候學校發給學生的家庭資料調查表，關於家庭經濟這一欄，父母總是要我們填上「普通」，因為媽媽說填上「小康」或「富有」，會被壞同學覬覦或是被要求捐款，現在想想還真好笑。

當然我對於父母賺多少、家裡的經濟條件狀況等，其實沒有太多瞭解，我想現在你也可以試著問問孩子，他們應該也是說不出所以然。這並非家庭經濟教育的失敗，而是我們過去沒有學習的機會，根本不知道該怎麼教孩子。

我們總是出了社會才發現處處都需要用錢，每天的食衣住行育樂都與錢脫不了關係。但我們的理財方法卻不是在學校學會的，反而是出了社會自行摸索，從網路、新聞、甚至從投資慘賠中學到教訓。

所以我認為金融理財課應該從小開始學習，不能等到出社會再自行摸索，因為除了沒空學、不專業之外，外加詐騙份子、不良理專等，更是利用金融知識的落差，賺取或騙取不當的獲利。坊間流行各種不良的理財投機課程、投資老師，以炒幣、炒房、炒期貨等高槓桿高風險的投資產品，騙取了許多人努力工作的錢財，其中被騙的人不乏高知識科技人、退休公務員等。

當然其中主要原因在於，過去我們在校園似乎被灌輸了投資是一種投機行為的觀念，師長們總說，好好用功讀書找個好工作比較實際，但是如果你懂得理財生涯規畫，就會發現光靠死薪水真的不容易養家，甚至存個無慮的退休金都有困難。

我過去曾考取理財相關證照，所以有機會受邀導讀理財投資書籍，我總會在導讀簡報中設計一個有趣的題目，與大家一起討論要有多少退休金才足夠安享晚年？當然錢是越多越好，但如果設定一個六十五歲擁有一千萬的目標，這筆錢可以靠存錢存出來嗎？

簡單計算如下：如果二十五歲開始工作到六十五歲退休，工作共四十年，每個月存五千元，一年相當於存下六萬，四十年等於只存下二百四十萬元。許多人算完才發現，原來這麼少，可能付個新房頭期款就沒了。

如果每個月要存下一萬元，四十年的時間也僅存下約五百萬，在台北只能買個單身套房。更有許多台下聽眾回應，每個月要存一萬，對現下月光族的年輕人而言真的有點困難，而要達成六十五歲一千萬的目標，每個月至少要存二萬，很多聽眾回應這根本是天方夜譚啊！

金融理財真的要提早學，才不會等到錢要用時方恨晚的窘境出現，更能為你的生活創造更多的自主性與選擇權。

向你推薦這本《耶魯最受歡迎的金融通識課》，作者陳志武教授是美國耶魯大學金融博士，也是耶魯金融學終身教授、著名華人經濟學家。他看到許多華人教育總是把金融視為怪獸，談錢就是市儈、俗氣、貪婪的象徵，但內心裡卻老是想要靠不勞而獲發大財，看看財神爺廟的香火鼎盛就可略知一二，這些都是錯誤的理財觀念。

所以，他出了這本書，用簡單的文字、顛覆的思維，幫助大家瞭解金融到底是什麼？更用華人傳統儒家觀點去剖析歷史的投資智慧，例如大家耳熟能詳的養兒防老這句口號，很大的原因在於幫助社會有足夠的穩定性，不單只是為了孝順這個基本道理。

又如借錢對於許多長輩而言：絕對不能借。但借貸卻是現代社會科技推動以及幸福動力的關鍵，科技的創新需要大筆資金才能足以研發；另外預支未來可創造的財富，為自己現有需要達成的目標，為欠缺的資源進行補充，這都是借貸的價值。另外透過金錢目標設定與還款責任，將使人更有動力上進，就像有句話說，生小孩會帶財，其實道理是一樣的。

這本書沒有複雜的數學公式、也沒有難懂的專業名詞，透過大家熟悉的人生需求，例如婚姻愛情、理財投資、金融借貸、商業模式等，快速理解生活理財原則，讓你不走冤枉路。

快來閱讀《耶魯最受歡迎的金融通識課》，與耶魯人同步學習理財大智慧吧！

推薦序

學校沒有教我們的事：金融戰場上的《太公兵法》

人氣作家 螺螄拜恩

之前和編輯討論新書方向，對方曾建議：「要不要寫投資理財的書？」我慌張揮手拒絕：「怎麼可能！股票、基金、外幣什麼的我都不懂！」

對啊！我不懂，許多人不懂，更多人不懂裝懂，因為學校從未教過這門課。

以現代人的平均受教程度計算，十二年國民基本教育加上四年大學生涯，人生有五分之一的時間在書堆裡打滾。然而，出社會後，最常遇到的三大問題：愛情、挫折、理財，卻付之闕如。學校沒教，家庭教育看個人造化，所以我們在愛情中流淚、挫折中打拚、理財中試錯，上繳一筆筆用生命教訓換來的昂貴學費，到頭來依舊懵懵懂懂。

二十幾歲出社會，只知道薪水要存在銀行裡，老師不是說了嗎？積少成多、聚沙成塔、點滴細涓、匯流成河。新鮮人開戶，手裡緊緊捏著存摺，感受第一筆薪水匯入帳戶之感動，幻想伴隨月月年年歲歲，萬丈高樓平地起；誰知現實面是靠著一份死薪水，利率越來越低，儲蓄越存越薄，萬丈高樓頓時成為空中樓閣。單身的勉強自在快活，卻暗中憂思猝不及防時哪來的緊急預備金，更別談老年生活是否將成為下流老人？成家的更是日日盤算入不敷出，何以開源節流？甚而不敢生小孩，害怕無法為後代提供可靠物質生活，階級複製，代代相傳。

由是開始「斜槓」，甚至「多槓」生活，怕只怕在那斜槓線後面，加總起來依然是個「窮忙」。如果一份工作就能養飽自己、養活一家，試問誰還要斜槓？付出之時間、心力並非總能轉化為實質金錢，別說現在的無形投資，未來或許能成為有形財產；人生太短，我們等不到「可能」的一天，食、衣、住、行分分鐘鐘要錢的日子，怎能仰仗於可能、也許、或許等飄渺無形之字眼，現在立刻 RIGHT NOW 就得知識變現！！

《耶魯最受歡迎的金融通識課》騰雲駕霧、應允而生。

書店暢銷排行榜上，十本有五本教你如何投資、選股、看財務報表，既然有這個市場，即表示民眾有該方面需求。然而部分理財書籍多為炒短線內容，強打股海明燈、股市名人、老師帶你發大財等名號，強調讀完便可提早退休，孰料待你投入大筆金錢，結果是提早從人生這條路退休。

何況大多數投資理財書以數字掛帥，若你和我一樣是數學老師常常請假的數學白癡，捧著這類書籍直如讀有字天書般痛苦，諸般算法、公式，還有見鬼的 Excel，只想拜託大師您行行好，乾脆一刀把我捅死。

而本書不講尋常法門，《耶魯最受歡迎的金融通識課》由耶魯大學的金融博士兼經濟學家陳志武教授撰寫，其相當於一學年扎扎實實的金融通識課程，內容融理論於應用，從亞洲人文歷史脈絡出發，融匯西方商業模式與實例，量身打造出一本適合華人學習之金融聖經。

本書以豐富歷史故事、田野研究與實際案例，分析說明金融的起源、定義、社會價值等。先帶讀者探究金融在人類歷史上不可或缺之重要性，一掃部分人士對於金融等於市儈、貪婪、銅臭味等負面印象。舉例來說，在金融市場不發達的非洲部落和中國清代，活生生的人類被視為財富載體，時常任意買賣妻妾女兒，作為個人資產運用（假如論斤秤重賣，本人售價應該很昂貴）；印度農村中，亦將女兒當作避險手段，盡可能嫁至遠方，甚至分別將不同女兒往相異方向遠嫁，以達到跨地區平攤風險的效果。故金融市場逐步演進，不單單為富人提供服務，亦對普通人具有重大意義，於解放婦女之進程擔任關鍵性角色。

以金融視角梳理歷史淵源、社會行為、政治制度、文化風俗等面向，待讀者理解金融的深層意義後，接續章節以深入淺出、通俗易懂的邏輯化、系統化方式，解構貨幣、借貸、股票、保險、債券等概念及實際應用層面。六大單元一以貫之又各自獨立，內容豐沛飽滿具靈活性，可從頭到尾細細閱讀，或根據個人需要擇單元閱讀。

且每節皆歸納、整理內容重點，每章後有延伸閱讀，例如從儒家文化下之父權體制談「因交易成本過高，男丁不可買賣」，討論至「制度經濟學」；或從保險產品論述經濟學上之「期望效用函數」和心理學的「邊際效應」。作者一一化繁為簡，介紹金融理論的重要概念，閱畢有種在大瀑布下修行十年，茅塞頓開、鵜鶘灌頂（是鳥類沒錯，痛並快樂著）之舒暢感，令人讚嘆陳志武教授不愧是曾獲默頓・米勒獎之大師。再出續作，只怕讀者們要升仙啊要升仙~（冷靜點！！）

當然，理論要能活用才是好書，否則僅是困於象牙塔之頌歌。深入體悟金融世界之運轉機制後，本書後半部著重於教導讀者根據個人情況，理性配置投資組合、量化投資價值、掌握適合自己／家庭發展和目標的「好股」公司，才能將獲利最大化、風險最小化。

假如你和我相同，曾是金融戰場上的逃兵、亡匿於下邳之張良，那《耶魯最受歡迎的金融通識課》便是黃石公授予之《太公兵法》。人的一生可以錯過很多，然有理有據有用的知識不能錯過，改變的關鍵，也許正在於你拾起這本書與否。

作者序

金融其實很簡單

對很多人來說，金融似乎太高大上，是搞不懂的謎；對另外其他人來說，金融只是一門錢的生意，所以是很現實、低俗的事。就像孔子在《論語》中說：「君子義以為上，君子義以為質。」也就是君子立身行事應以道義為本，道義價值重於物質利益，不要動不動就談錢。

那麼，金融到底是什麼？為什麼？為誰？為何？金融難道真的只是「用錢賺錢」的事，沒有道義價值嗎？金融的社會意義在哪裡呢？對一般人來說，又該怎麼學會運用金融呢？這些都是這本書要回答的問題，當然還有更多知識值得探討。

從一九八六年就讀耶魯大學金融系開始，到現在我已經在教授金融、研究金融，並實際從事金融業務三十二年。這些年裡，我一直苦於找不到一本適合大家學習金融、瞭解金融全貌的書。大學裡關於金融課程的書，尤其是ＭＢＡ教材，都太著重技術性，卻不談金融的社會價值，更不教你如何從金融角度去理解歷史、分析文化的起源。而一般經濟學的教材，對金融又談得太少。所以，我一直準備寫一本這樣的書，開一門適合華人學習金融的課。避免抽象的理論和數學模型，以通俗語言講解金融的邏輯。二〇一七年，正好喜馬拉雅ＦＭ找我開這樣的影音課程，便有了這門為期一年的金融課。這本書就是基於該課程的前半部內容，再補充一些延伸閱讀。

這本書概括了過去二十餘年我對金融的學習與認知，你會學習到，金融的核心任務，是要解決人與人之間的跨期價值交換的問題。例如，張三今天把十萬元借給李四，李四承諾一年後歸還本金加上一〇%的利息，等於張三犧牲今天的錢換得未來的收益，而李四要犧牲未來的收益，但今天可以先取得這十萬元花用。還有你可能知道的股票投資、基金、債券、保險等等，這些都是交易雙方跨越不同時間點所做的價值交換。儘管金融要解決的問題看似簡單，但實際操作起來卻也不容易，應用場景更是五花八門。原因在於，這些跨期價值交換涉及人與人之間的跨期承諾（intertemporal commitment），而跨期承諾是人類社會最難解決的挑戰。萬一李四跑掉了怎麼辦？或者人不跑，但一年後李四有錢卻不願意還，或者乾脆就沒錢賴著不還，那該怎麼辦呢？

一旦你用這個角度看待金融，就能理解，在金融市場出現之前，人類多次的文化和社會組織創新，目的都是為了解決跨期承諾的挑戰，進而提升人與人之間跨期交換的安全度。例如，「養兒防老」就是一種金融操作，讓兒子成為父母防患於未然與養老保障的載體。兒子年幼時父母在其身上投資、供他讀書，等兒子長大了必須回報父母。所以，父母跟兒子之間也是在進行跨期交換。雖然我們平常不用金融術語來形容這種傳統的人格化安排，但其功用實效跟金融產品卻一模一樣。不過，這種養兒防老是否靠得住呢？這就需要孝道等「三綱五常」的道德倫理去約束兒子的行為，保證他不會「跑路躲債」，這就是為什麼儒家對「不孝」一直都是「零容忍」。

在書裡你會學到，傳統習俗、迷信、宗教、愛情、婚姻、家庭、禮尚往來，以及儒家、基督教等文化的背後，其實含有豐富的金融邏輯。也就是說，許多文化的內涵實際上是因為金融市場的缺點而產生的，是為了解決本來應該由金融出面的問題而來的。當然，這也意味著，一旦金融市場發達了，許多傳統文化的內涵就會變得多餘，就需要改變。看完這本書，你會理解為什麼金融不僅解放個人、給你帶來自由，同時也迫使儒家文化進行轉型。

財富是過去，更是未來

這本書的各個章節，分別針對不同金融市場和投資理財主題進行討論，讓你先瞭解這些市場，然後學會怎麼讓金融為你服務。

巴菲特說：「如果到了四、五十歲，你還不能在睡覺的同時也在賺錢，你就太失敗了！」

這句話說中要害，刺痛了很多人。但是，你或許還來得及達到這個境界，關鍵是你要先搞懂現代金融和現代商業系統。到底該如何理解巴菲特的這句話呢？之前在《為什麼中國人勤勞而不富有》一書中，我從過去的體制角度回答中國人勤勞而不富有的問題；而巴菲特的這句名言告訴你：如果你只是靠月薪，沒有投資、沒有財產性收入，那麼，你就很難富有！因為資產、股權可以二十四小時都在賺錢，是「無產不富」的簡單道理。我曾向女兒說，年輕時的重點是培養人力資本、學習知識、累積技能，中年時把重點放在將人力資本轉換成金融資本，到五十歲後就要靠金融資本的投資報酬來生活。這也是為什麼不管你是學生、老師，還是醫生、護士、工程師、官員、文藝工作者，不管你的職業和身分是什麼，你都應該學習金融、熟悉金融，瞭解如何利用金融管理自己的一生，讓金融幫你創業，讓自己的公司成長茁壯，也讓金融幫你優化商業模式、實現人生夢想！

勤勞是美德，我們一向習慣於以勤勞而自豪。所以，父母和長輩在我們很小的時候就反覆叮嚀：要有一項實在的專長，要專注在自己的職業，再加以勤勞，你就會富有，就會成功！

但是，現在你知道，即使你是律師、醫生、教師或科學家，即使你是職場上的佼佼者，哪怕你一小時收入人民幣五百元，一週二萬元，你一年下來的總收入為一百零四萬元。這雖然算是高收入，但是按照現在的房地產價格，在北京買一間三十坪的房子，可能需要八百萬。因此，百萬年收很難說是富有。死薪水可以讓你日子過得不錯，但是富不起來。

無論你每天、每月收入多少，只要是按勞動時間乘以單位時間薪資來計算你的收入，你就難以大幅超越小康水準。道理在於你跟別人一樣，一天只有二十四小時，一年只有三百六十五天，一輩子工作的時間就幾十年。看著時間苦幹，不是致富的理想道路。你還要有投資收入、財產性收入。

改革開放帶來了經濟奇蹟，但是，如果你搞不懂為什麼財富變多了，也搞不懂現在財富的內涵是什麼，那些財富照樣跟你沒關係。你知道，在沒有金融市場的傳統社會裡，財富是一個狹義的東西，只是過去剩餘收入的累積、過去資產的總合，所以量少。

但是，如今有了金融市場，財富不再只是過去剩餘收入的累積，更重要的是也包括未來收入的貼現值。換句話說，今日的財富是過去收入和未來收入之和。之所以能夠把未來預期收入也算進今日財富、可以拿來再投資，完全是因為有了資本市場。

騰訊馬化騰身價超過人民幣兩千億，這些天文數字是過去難以想像的數量，也可能跟你我的關係不大。但是，他的財富不只是過去收入的累計，更是他們公司未來收入的表現。

既然未來收入能以這種方式變成今天的財富，那麼，財富量當然就多了，因為未來幾乎是無限的。

可是，也正因為未來是無限的，這就提供許多想像空間，金融泡沫、資產泡沫、財富泡沫就難以避免，金融危機和由此引發的經濟危機不時會發生。對你來說，學會正確利用金融幫你做事，就非常關鍵；否則，就容易出現金融市場平時沒讓你賺到錢，危機時卻給你帶來大量損失的尷尬局面。

你可能會說：「馬化騰、王健林都是靠創業而成為億萬富翁的，金融對他們當然有用。可是，我只喜歡當個工程師，之後也不會去創業。那金融對我還有什麼用呢？」對於受薪階層的你來說，不僅要有資產、要有金融投資，還要搞懂不同商業模式間的差異、管理好自己的投資，其重要性不言自明。就以投資美元為例，如果以一九二五年為起點，以二〇一四年為終點，若你當初投資了一萬美元，而且每年利息和分紅都重新投入同樣的金融產品；在這八十九年裡，如果是投資短期美國國債，到二〇一四年會變成二十一萬美元；如果是投資小型股，到二〇一四年你會有二億七千萬美元！所以，不同的投資安排，收益也將千差萬別，風險和其他指標也大為不同。不管你從事的職業是什麼，都應該學習金融邏輯知識，管理好財富投資。

這本書帶你走進金融世界

如果你還不太瞭解金融，這本書會帶你走進金融世界。書的第一部分討論沒有金融的傳統社會，是如何透過文化和社會關係解決跨期價值交換的問題，包括儒家「孔家店」的起源與發展、禮尚往來文化、迷信與保險的關係。第二部分談論借貸市場，特別是借錢花的金融邏輯問題，梳理過去對借貸市場的誤解。第三、第四部分則圍繞公司金融、商業模式的問題，讓你學會如何分析、評估各種投資機會。第五部分是關於投資理財，介紹典型的投資類別：股市、房地產等。本書的最後一部分談的是銀行，銀行的起源、經營和監管挑戰，為什麼金融危機容易發生？中央銀行是做什麼的？銀行監管的邏輯又是什麼？

即使你學過金融，從事過金融業，甚至是金融監管者，你也可能只熟悉金融的技術性細節，不一定瞭解你所從事職業的社會價值。經常有年輕人向我說：「我在金融業工作，賺了不少錢，但我覺得對社會沒有貢獻。」如果是這樣，我希望這本書能給大家補一堂金融與社會關係的課，讓你藉著金融理解風俗、文化與社會的歷史演變。本書在內容結構上，盡量做到各個章節相對獨立可讀，所以你可以根據興趣和已有的知識去選擇性閱讀。當然，效果最好的方式是從頭到尾順著讀。

因為中學和大學幾乎沒有金融通識課程，更沒有通俗的金融教材，我希望這本書能作為中學生、大學生的入門課。不管你學習的專業科目是什麼，本書內容沒有閱讀上的技術難度，讓你能掌握金融的邏輯知識。

你可能是學生，也可能是擁有一定事業的中年人，或者是已經成功退休，在管理自己投資的人；但不管如何，每個人都應該瞭解金融在現代社會中的作用，掌握現代理財和致富模式，讓自己擁有財產性收入。創業是超越小康的途徑，但不是唯一途徑，藉由金融投資也可以實現財富夢。

在這裡，我希望特別感謝劉思源、陳琳、李利明、黃北辰、陳煦、朱悅、張曉鳴、林展、麥曉婷、馬馳騁、彭雪梅，他們為本書的寫作提供了很多幫助，包括蒐集素材、編輯和審閱稿件等。也特別感謝喜馬拉雅ＦＭ團隊，尤其是陳小雨、余建軍、邱裕明、許長榮、呂燕宜、黃伊達、劉楊，他們給予了我很多支持和建議。

如果讀者有任何疑問或者想追蹤我的最新文章，歡迎關注我的微信公眾號：Chenzwlt。

陳志武

第一部分

金融無處不在

1　金融是什麼？

金融到底為什麼？為誰？為何？

許多朋友對金融感興趣，是因為這行容易賺錢，但是許多金融從業者雖然錢賺得多，心裡卻不踏實，因為自己好像沒有為社會帶來實際的價值，沒有創造看得見、摸得著的具體產品。特別是一碰到金融危機，看到金融動盪衝擊社會，內疚感就更不用說了。

在此透過三個故事來回答兩大問題：

一、金融到底只是富人俱樂部，為富人服務，還是對普通人來說也很重要，甚至更重要？金融到底為誰服務？

二、金融對社會的價值到底是什麼？

故事一：非洲部落沒有貨幣、沒有金融，怎麼辦？

中國至少從商周開始就出現貨幣，但在非洲很多部落，土地是部落公有的，不能買賣，而那些茅草屋又不能當成房地產投資商品，所以土地和房產都不會是財富載體。在那裡，至今仍沒有貨幣，更沒有金融產品，那他們怎麼生活？靠什麼來表現成功、承載財富呢？人類學者到了坦尚尼亞的部落進行研究，發現山羊和女人是他們主要的財富載體。

在被研究的部落中，山羊的數量代表擁有者的成功程度，羊越多就代表你越成功，有的男人會有五百頭、甚至上千頭羊。但這樣一來，因為你太成功了，你擁有五千頭羊的財富，就會產生非常實際的問題，就是你如何讓這五千頭羊能夠一直活下來？所以，如此龐大的羊群管理難度非常高。

這些部落因此延伸出一種更珍貴的財富載體，那就是妻子，就是把婦女當作工具。按照當地風俗，你可以花一百頭山羊娶一位妻子，實際上是買一位妻子。當然，這是平均價格，如果姿色好一些、能幹一些，價格還會更高。如果你有十位妻子，那就代表你真的非常成功。

你可能要提出另一個問題：有了這麼多妻子，以後需要流動性、需要錢去買生活用品、買吃的，那該怎麼辦？只要妻子交易市場還非常活躍的話，你就可以把妻子變現，幾乎可以按照原價賣出。當初花了一百頭羊買來的妻子，即使過了一段時間，也可以用一百頭羊的價格把妻子賣掉，這一百頭羊便可用來交換生活用品。

從這個故事中可以看到，在非洲沒有貨幣、沒有金融市場的社會裡，他們找到的財富載體是山羊和女人。把女人作為產品、作為金融工具，幫助他們保值，如果女人有姿色的話，也有一些升值空間。當然，有了金融以後，情況就不同了，人能夠被解放，特別是婦女。

故事二：中國妻妾買賣的歷史

二〇〇四年，我和彭凱翔、袁為鵬兩位學者合作，蒐集明清以來的民間借貸交易記錄，包括借貸雙方的身分、財產和家庭背景，還有借貸金額和利率等。我在翻看徽州一個家族十八、十九世紀的商業帳簿時，發現其中一筆支出是花了七兩銀子買個女婢，這筆開支不僅被記在當年的帳上，還被記錄在家族企業的資產表裡。我很震驚，以前只在小說裡看過的故事，竟然真實存在，而且還把人當作資產放在負債表裡。

後來，我跟彭教授說，我們來系統性地蒐集過去把人進行工具化交易的歷史資料。結果發現，在十八、十九世紀清朝抄家檔案記錄裡，都會把女婢、家奴定價格，一般每人值十兩銀子，跟那些腐敗官員的土地房產、金銀古董一樣算在家產總額裡。

另外，在清朝刑部題本檔案裡，我們也找到了將近四千筆妻妾買賣的交易細節，這些都是因為妻妾買賣交易而發生打死人的案件，而當時妻妾平均的價格為每人二十兩銀子。

為什麼會把妻妾拿來買賣呢？什麼時候會賣妻妾、女兒呢？我們發現，災荒發生時或者一家人活不下去時，是賣妻妾的主要時期，就是所謂的「賣一口，救十口」。在沒有金融市場的社會，普通老百姓沒有能力去面對風險挑戰，一旦遇到活不下去的慘況，只好把婦女當作工具，特別是作為避險工具使用，這就是賣妻妾、女兒的原因。金融其實就是為普通老百姓服務的，為的就是讓老百姓能夠過得像個人，而不是被當工具用。

故事三：張維迎的發現

北京大學教授張維迎是陝北農村人，老家在黃河旁。每次黃河淹大水，退潮之後，黃河邊上會留下很多大塊大塊的煤炭，村民們會立刻衝到河邊去搶煤炭。

很久之前，村民們便自發性地約定規則，因為大家都想要煤炭，但是如果無秩序地搶，會引發很多衝突。當地人立下的規則是：只要你把自己的東西，不管是草帽、衣服、麻袋還是內褲，放在哪一塊煤炭上，那塊煤炭就是屬於你的，別人不可以去碰。

到了九〇年代，張維迎去英國留學時發現，當地海邊的村民也有類似的確定產權規則。每次在大風暴雨之後、海水退潮時，海灘上會留下很多有價值的木頭或者其他東西。為了減少衝突，英國人也是把自己的東西放上去，只要把自己的東西放在木頭上，那塊木頭就是屬於你的。

這些現象讓張維迎非常納悶，他老家陝北跟英國相隔十萬八千里，為什麼會在沒有相互交流、相互探討的前提下，演化出類似的產權規則？這是為什麼？這跟金融有什麼關係呢？

張維迎教授的故事告訴我們，人類面對的生存環境其實非常相似，於是產生共通的人性。也正是因為這些共通性，讓我們更相信，驅動人類不同社會、不同文化發展的背後因素，一定有共同的邏輯。這就是為什麼我會用金融的邏輯，來解讀文明的變遷與文化背後的驅動因素。

重點整理

- 在沒有貨幣的社會裡，人會被當作財富的載體，非洲部落的案例說明了這一點。
- 從清朝的女婢、家奴以及妻妾買賣的歷史，我們可以看到，如果沒有金融市場，人（尤其是婦女）會被當作保險資產、投資資產來運用。從這個意義上會看到金融的社會價值，金融不只是為富人，也不只是為政府、為企業提供幫助，實際上對普通人的意義更大，特別是對女性的解放非常重要。

左宗棠西征的金融故事

除了個人，實際上，金融對於拯救王朝同樣重要，也可以用金融視角重新梳理歷史。以湘軍為例，晚清時期湘軍影響力非凡，特別是十九世紀中期西北回民起義爆發後。左宗棠從一八六六年開始率領湘軍，用了十四年時間，先鎮壓陝甘回民起義，之後劍鋒西指，收復新疆全境。但你可能不知道，如果左宗棠沒有在戰爭融資上有創新之舉，他的西征就會難以進行甚至失敗。如果沒有金融支持，他可能會發不了軍餉，或者軍餉一時有一時無；而沒有軍餉，就無法得到軍心。沒有了軍心，戰爭勝利從何談起？

那麼，左宗棠做了什麼金融創新呢？

清朝戰爭軍費的故事

不管是古代還是現代，任何國家的正常稅賦收入都有固定的用途，因此要進行改革阻力很大。而戰爭、內亂何時發生、戰爭持續多久，以及需要多少軍費開支等，這些都是無法事先確定、且隨機發生的。所以，為戰爭進行融資一直是王朝最頭痛的事，就像古時的災荒、瘟疫事件讓普通家庭很痛苦一樣。

在清朝，突發戰爭帶來的開支主要透過三種方式獲得：

一是平時累積的財富。朝廷和地方督撫盡量多存些銀子，以防後患。這個方法的有效性很低，因為清朝政府沒有多少剩餘收入，存不了多少財富，而且我們後面會學到，存錢難以規避未來風險。

二是靠賣官位。正常情況下都是賣虛職，例如：翰林待詔、官銜、候選官等。只有在萬不得已時才會賣出實權職位，像知州、知縣之類。賣官收入有多重要呢？在鴉片戰爭的三年裡，賣官收入占各省戰爭支出的二三%。鴉片戰爭後的十年，中央和地方的財政赤字中，有四六%靠賣官彌補。

現代人對賣官很不能理解，但在當時沒有金融市場的背景下，一旦碰到國家存亡的戰爭，賣官位就是沒有辦法的辦法。這跟舊時發生災荒時，某些家庭會賣妻妾求生一樣，只是政府在活不下去的時，沒有妻妾或女兒可賣，但可以賣官位，或者放棄疆域領土。從這個意義上來看，如果清朝就有發達的金融市場，可能就不需要賣官了。

三是靠協餉制度解決戰爭軍費，也就是財政收入的跨省調配。由於不是每個省都能自行負擔本省的軍事支出，需要富裕省分的協助，而且並非每個省都需要應付戰爭；所以，沒有戰爭的省要支援處於戰爭中的省分。例如，西部省分的財政收入少但軍費開支高，它們往往是收協省分，接收鄰近富裕省分的財政盈餘。因此，山西、山東與河南成為陝西和甘肅的主要協助省分，四川、雲南、貴州主要接收來自江西、湖南、湖北的協助。

從康乾盛世，一直到十九世紀上半葉，這個體系的運作還沒有太大問題。可是，一八五一年至一八六四年的太平大國之亂擴及眾多省分，大力衝擊原有的戰爭開支體系。一方面賣官原本是戶部的特權，省級即使賣也是在省內賣，但是在太平天國期間，這個規則開始混亂，安徽的皖軍跑到湖南長沙去賣官、搞皖捐。到了一八六七年，湖南巡撫劉崑向朝廷抱怨，要求安徽撤回在湖南的捐局；但安徽巡撫英翰也不甘示弱，向朝廷訴苦。結果，同治皇帝下令維持現狀，可以跨區賣官，這就打亂陣腳了。另一方面，協餉支持也遲遲無法入帳，因為各省都要面對嚴峻的經費挑戰。

左宗棠的金融創新

一八六六年，左宗棠調任陝甘總督，帶領湘軍接手鎮壓陝甘回民起義。他的軍費挑戰有多大呢？左宗棠在一八七三年成功平息陝甘回民起義後，提交給皇帝的〈懇改撥的餉，以固軍心折〉中，提到軍費不足的困擾時說：「前此一年尚發兩月滿餉。嗣後一年發一月滿餉，至今則一月滿餉尚無可發，軍心不問可知。」

後來左宗棠籌備進一步西進收復新疆，提出八百萬兩銀子的年度西征預算。朝廷對此極為重視，向提供協餉的各省、海關發出詔令，限期將所欠協餉盡數交往甘肅前線。但是，無論朝廷措辭多強硬，都不能緩解西征經費的困境。

怎麼辦呢？西征軍未來雖有協餉等收入，但這些未來收入總是拖欠，也很不穩定。更重要的一點是，軍餉不穩定，左宗棠就無法穩住七、八萬軍人的心。所以，如果能把未來收入一次性地借到今天，這樣不僅軍費會大增，而且也很穩定。

問題是，如何借？找誰借呢？在中國歷史上，早在兩千多年前的齊國，就曾為了戰爭融資。管子曾說服齊王向殷實之家借錢，但當時戰爭勝利後，齊王卻賴帳。後來再也沒有人會相信朝廷的承諾，中國也因此沒有發展出國債或公債市場。

如果左宗棠是明末崇禎時期的武將，那西征勝利前景就難說了。好在他是身在晚清，上海金融市場已經有一定的規模，尤其洋行融資能力很高。當時與上海金融界熟識的胡雪巖是左宗棠的好友，他不僅認識當時的匯豐銀行老闆，也知道現代金融市場怎麼運作。雖然朝廷內外對借錢來花無法認同接受，但經費困局是實際存在的，除非清廷不再西征、放棄西域，否則就無其他辦法。

在胡雪巖的幫助下，左宗棠選擇了「華洋借款」融資。一八七五年借洋款兩百四十九萬兩，一八七七年分兩次從匯豐銀行借了共八百萬兩，一八七八年再借三百五十萬兩。年息最低一〇%、最高一八%，比當時民間借貸之二〇%以上的利息要低不少，而且總借款金額之大也是當時華商市場難以承受的。

有了這些借款後，左宗棠停止賣官。金融正式結束了持續多朝的陋習。

一八七四至一八八〇年，西征軍費總開銷為五千一百萬兩銀子，其中二千多萬兩是透過華洋借款得到的，是軍費開支的第二大來源。如果不是透過「透支未來」借錢花，左宗棠收復新疆的歷史也許會完全不同。

在國際、國內動盪導致財政能力削弱的情況下，左宗棠利用金融市場，以未來的協餉收入、關稅做抵押，向華商、外國銀行借款，為西北戰事提供穩定軍餉，穩住了幾萬大軍的軍心，保證了清王朝對西北邊疆的控制與治理。

重點整理

- 中國從齊王借款打仗以後，就無法靠借貸解決戰爭開銷。這不僅使金融市場難以發展，而且讓處於財政挑戰下的王朝難以生存。
- 左宗棠在軍費壓力之下，選擇「透支未來」的債務融資而放棄賣官，為他的西征歷史功績奠定基礎。他的金融創新在今天看起來很簡單，卻開了靠金融為戰爭融資的歷史先河。

金融的本質是價值的跨時空交換

說到金融，你會先想到什麼呢？相信很多人會想到賺很多錢。錢，也就是貨幣，貨幣是人類最早發明的金融產品，也是我們每天接觸最多的金融品項。它在生活中如此常見，以至於我們很少注意到它的存在。今天你把做好的衣服，或者做好的飯菜賣掉，換成一百元，把你創造的價值儲存在貨幣中；明天或者一年後，再拿這一百元去買張火車票。在這個過程中，貨幣是價值載體，幫你把價值跨越時間並儲存起來。儘管你不會想到，你其實是在跟貨幣發行方——即中央銀行進行跨越時間的價值交換，而且你也相信中央銀行不會在你持有貨幣期間亂印鈔票，更不會對發行的貨幣賴帳等（信任與貨幣政策的話題後面再談）。

除了貨幣，你可能還熟悉很多其他金融產品：借貸、股票、基金、債券、期貨、期權等，這些東西如果你還不熟悉，我後面也會介紹。

金融是什麼？

說到底，金融就是「跨期價值交換」，即雙方間進行的跨越時間交易。所有的「跨期價值交換」都是金融，都是金融要解決的問題。一般商品市場都是現貨交易，你去菜市場買菜，一手交錢，一手交貨，不存在跨期交割和一系列信用與違約問題。但金融市場完全不同，交易是跨越不同時間的。一定要記住金融這個本質，忘記這一點就很難理解金融交易為什麼容易產生泡沫、容易帶來金融危機，也很難理解本書要討論的內容。

前面提到，貨幣是一種跨期價值載體，把今天賺到的收入保留到未來；然後，在未來任何時候，可以變現成想要的東西。不過，一張百元鈔只是跨期價值載體，並沒有利息報酬，而且還有貶值的風險。

借貸則不同，它也是跨期價值交換，但會有利息回報。張三今天賺了一萬元花不完，以一百張百元鈔的形式保存，不會產生任何利息；而李四今天錢不夠花，但一年後會有五萬元的收入。此時，張三顯然可以把 萬元借給李四，李四保證一年後還本，並支付一〇%的利息。於是，張三把今天的一萬元轉移到一年後持有，而且還有一千元的利息報酬；而李四把一年後的一萬一千元轉移到今天花，當然他要為此付出一千元的利息成本。這就是最經典的跨期價值配置、跨期價值交換。

股票投資也是跨期價值交換。你從證券交易所買了一萬元的A公司股票，等於A公司與你做了跨期交易；你把今天的一萬元交給A公司去使用，A公司對你的一萬元有完全的投資決策權、使用權。如果A公司的投資和經營賺錢，他們可以分紅給你，也可以不分紅把利潤繼續投入經營。A公司給你的保證是，你在未來不是以分紅得到報酬，就是以股價升值得到報酬，或者分紅及股價升值兩者兼得。當然，如果A公司的經營不理想，你可能會產生損失，甚至血本無歸。

你跟A公司間同樣是在進行今天和未來的價值交換，只是這種跨期交易跟借貸、債券不一樣，作為載體的股票，報酬是非常不確定、風險相對高的，而且還沒有任何保證。例如，李四借錢時得到百分之十的利息保證，但A公司不會給予這種承諾，同時即使有這樣的承諾，也不一定會真正支付。即便A公司賺了很多錢，它也可以只分紅一點點甚至不分紅，A公司有這種選擇權，你不高興也無法起訴它。

這就是為什麼在後面你會學到，雖然借貸市場和銀行很難發展壯大，但各國多少都有一些民間借貸和銀行。因為比起借貸市場，股票市場的發展更困難，對制度的要求要高出很多，世界上沒有幾個國家有真正良好的股票市場。

保險是不同的跨期交易

另一種廣為人知的金融產品是保險，有醫療險、財產險、人壽保險等等。保險也是跨期價值交換，但不單純是兩個時間點間的價值互換。以醫療險為例，今天交付一千元保費購買一年的醫療保險，相當於付出一千元後，在未來一年裡，如果生病看醫生、吃藥、動手術、住院等，保險公司要幫你付這些費用，你在未來會得到收益。保險公司的情況跟你相反，今天得到你的一千元，但未來不一定要付出。保險跟借貸、股票交易不同的是，如果未來一年裡你不生病、不吃藥、不住院，你未來就得不到任何回報，保險公司也不需要進行支付。也就是說，保險類的跨期價值交換是有條件的，取決於作為標的的風險事件，也就是你生病。如果未來風險事件會發生，就有支付，否則就沒有支付。保險被看作風險事件驅動型的金融產品，因為保險交易的支付條件取決於風險事件是否發生。其交易的模糊性、不確定性，比股票等金融交易要低，契約的可執行度較高，因此保險業會比股市更容易發展。

在人類發展史上，不同社會、不同民族都嘗試發明各式各樣的金融產品，或者是涉及跨期價值交換的金融契約。理論上，可以以任何未來的時間點或不同的風險事件為基礎，設計金融契約進行交易，但真正存活下來、流傳下來的金融品項並不多，只有上面提到的貨幣、借貸、股票、保險和債券等。之所以金融產品的可能性無窮無盡，但實際活下來的不多，就是因為許多金融契約的可執行性太低。例如，你和我可以簽訂一個跨期交易契約，或直接在金融市場上推出一款金融合約：如果一年後的今天，月球上下雨，我作為這個契約的買方能得到一百萬元，你作為賣方要付出一百萬；反之，若月球上天氣晴，賣方可以得到一百萬，買方得付出一百萬元。這個金融契約聽起來很簡單，概念也很容易理解，但可執行性太低，是缺乏交易性的金融產品。因為一年後我們無法確切得知月球上到底是下雨還是天晴，或是既沒下雨也非天晴。這種金融產品理論上有吸引力，但實際卻很難執行，受技術條件和制度環境的限制太多。所以，歷史上類似這樣的金融產品，即便能夠想像設計出來，也無法活下來，因為人們不會願意去買或者賣這種產品，不會去相信這種跨期交易。

所以，金融創新不只是紙上活動，還必須考慮到資訊技術、資訊制度、環境等因素。雖然流傳下來的金融種類有限，但還是有不少，而且每一種類裡，五花八門的金融產品就更多了。就股票而言，中國A股上市公司就有三千多家，公募基金接近四千檔，債券累計發行數量上萬支。如果看向世界，這些數量就更大了。

重點整理

- 貨幣是人類最早、最基本、最普遍的金融品項，是跨越時間的價值載體，是貨幣使用人跟發行方間的跨期交易，是貨幣發行方做的跨期價值承諾。
- 金融的本質是跨期價值交換，所有跨期價值互換的活動都是金融，都是金融所要解決的問題。借貸是交易雙方的跨期價值互換，股票和保險等其他金融產品也是如此。這是我們理解金融的好處和壞處的起點，是金融區別於一般商品交易的原因，也是掌握金融本質的關鍵點。
- 人類可以創新的金融品項無窮無盡，但並非所有可以想像設計出的金融產品都能執行，一項新金融產品是否具有可交易性或可執行性，取決於當下的技術。

延伸閱讀

「金融」是什麼？這個名詞是本書最核心的一個字彙。如果在生活中提到這個字眼，撲面而來的是金融危機、證券公司、股票市場等關聯詞，或者對於金融業有著「錢賺很多、唬弄人、極端理性」等一系列刻板印象。同時，由於人關心價值比關心本質更強烈的天性，讓人往往急於下一個判斷——這東西危險、不要碰，或者不是我們一般人玩得起的。

拋開一切價值判斷，金融就是一種工具，是一種非常重要的工具，影響著千千萬萬人，因此爭議也很大。它像科學一樣，既可能帶給人解放，也可能帶給人懶惰；它像知識一樣，既可以豐富人的精神，也可以助長人的驕傲。金融是跨期交易的工具，它直接帶來金錢、風險與流動性，在買家與賣家、現在與未來間進行重新分配。錢流向了股票市場，代表可能流向了一家偉大的創業公司，用來購買設備、引進人才，最終帶來了整個產業的革命；但也可能被「掛羊頭賣狗肉」的公司拿去揮霍一空。風險也是如此，旨在減少風險的金融工具可能會在現實中適得其反，減少風險的合約反過來誘使投機者的膽子變大，實際效果上放大了風險。金融和任何工具一樣，可以成事，也可以壞事。

各種金融產品看似差異很大，但本質都是跨期交易的工具，這決定了金融的基石在於信任。信任便牽涉到公開透明的資訊披露、公正健全的司法制度、信守承諾的社會習慣等，因此，金融發展總是和健全民主法治的呼聲相伴隨。但是，信任的反面就是風險，過度信任（或者說盲目）反而會造成信任在整個社會的崩塌。

從數千年前村落裡的跨期交換，到現代人的貸款買房；從個人應該如何規畫自己的投資，到國家發債減稅的選擇問題，金融始終伴隨著我們。對於如此關係重大的事物，我們不應該迴避它，更應該搞清楚它的本質。

2　從金融的角度看傳統社會

養兒防老：儒家文化構成的避險機制

現代金融是在近代才開始發展的，例如現在的養老保險等金融產品。但在以前的傳統社會，老百姓要靠什麼規避風險、安身立命呢？孔子、孟子為什麼要推出儒家文化體系？我們先來看前陣子一則熱門故事：

張勇六十一歲，已經退休在家，十年前，為了讓獨生女到美國留學，他們夫婦把唯一的財產——房子賣了，把未來的養老金都拿來供女兒留學。如今，女兒不僅留在美國，還和美國男友結婚。結果這一年來，張勇一邊得工作，一邊勸女兒回國，甚至用「斷絕父女關係」要脅，但效果不大，女兒依舊不肯回來。張勇覺得這輩子最大的錯誤，就是送女兒去國外留學。

關於這則故事你有什麼想法？在故事裡，張勇其實不用這麼被動，女兒其實也有更多的選擇空間。首先，這就是典型的「養兒防老」：張勇過去二十幾年不斷地在女兒身上投資，甚至把唯一的財產也賣了，他指望的當然是女兒未來能幫他養老。若照張勇預期，過去不停地投資，將從女兒身上得到回報，這就是經典的跨期價值交換，用今天的錢換取未來的收益。

可是，女兒違約了！或者，按儒家的說法，就是「不孝」了！這個故事不僅點出儒家文化的核心出發點與終極目的，也點出儒家文化在今日面對的挑戰。這一節和後面部分章節，就從金融邏輯角度來談儒家文化。

「養兒防老」是儒家文化的出發點

前面提過，金融是跨期價值交換，是未來跟今天或者未來不同點之間的價值交換。不管在古代或今日，人都會面臨生老病死，也就有了跟他人做跨期交換的需求。問題在於，一旦涉及跨期承諾，信任就是核心；如果沒有信任，違約賴帳的機率太高，就沒人願意參與跨期價值交換。

這就是張勇為什麼會後悔自己十年前送女兒去留學。張勇之前願意投資在女兒身上，是因為他按照傳統在進行投資，卻忘記了社會風氣已經改變。

中國原本沒有金融市場，雖然古時有刑法與司法框架，但在涉及商業，特別是陌生人間跨期交易的領域，卻無相關法律規範，所以，中國人過去沒辦法依靠外部法律環境進行跨期交換。

那該怎麼辦呢？儒家的答案是：靠血緣建立信任體系，並輔以「仁義理智信」的行為規範，包括孝道、禮教、婦道等。透過這些把「養兒防老」的違約——「不孝」的機率降到最低、降到零。因此，張勇照著前人的做法，依靠「養兒」來「防老」，生兒育女，供孩子讀書，花盡錢財保證孩子有出息，以便將來得到更高的報酬，就像買股票、基金、保險一樣。但他忽視了「養兒防老」所需的儒家文化體系已經改變了。沒有這套文化體系，違約風險就會大大提高。

兩千五百多年前，孔子也看到了張勇的痛苦。孔子身處春秋戰國時代，眼前是沒完沒了的戰爭與社會動盪。他認為，周天子權力之所以被諸侯奪取，諸侯權力又被大夫奪取這種動盪局面，問題就在於社會關係的日益混亂。沒有了社會關係秩序，社會怎麼可能穩定呢？

因此他提出兩個核心概念：一是「正名」；二是「仁」。

「正名」的意思是，每個人都確定他自己的特定名分，並履行與名分相對應的職責，也就是「君君、臣臣、父父、子子」。只要父親清楚自己是父親並做父親該做的事，兒子明白自己是兒子並做兒子該做的事，把每個名分所對應的「該做的事」定義清楚，例如婦女「在家從父、出嫁從夫、夫死從子」。那麼，正因為每個男人既是別人的兒子又是別人的父親，每個人從生到死都有他固定的名分，根據名分而固定的秩序就毫不模糊，該做的事也就很清楚。

一旦每個人的地位和義務關係基於名分固定下來，父親對子女有養育義務，子女對父親有孝敬義務，這就形成整個社會的「養兒防老」跨期交易鏈，生老病死的保障就有了。如果以金融工具的角度來看，子女就是古代社會裡的「保險」「債務」「股票」「基金」等載體，是人格化的跨期交易載體。

「三綱五常」的價值

為了使名分等級秩序能運作，避免「養兒防老」的體系出現太多違約，「不孝」必須是零容忍的，個人自由是不可接受的。所以，孔子認為每個人都必須修身養性，提高個人道德素質，讓儒家的行為規範深深地內化到心裡，達到「仁」的境界。這樣，任何時候違背儒家規則，你就會感到無地自容，深深的道德內疚感是儒家思想能夠管用的主要方式。

為了達到「仁」，就必須遵守「君君、臣臣、父父、子子」三綱推衍出的「禮、義、智、信」。只有在日常生活和社會儀式中處處遵循「禮」，才可能達到「仁」和實現「義」的境界。在孔子和孟子看來，禮是實現「三綱」名分等級秩序，和「五常」社會契約的關鍵。

歷代儒家學者在孔孟的基礎上，對儒家規範不斷進行細化，包括透過具體的財產制度加以鞏固。例如，在土地私有制下，一家最年長的男性是土地的擁有者和控制者，只要他還活著，就掌握著土地的分配權。子女的婚姻也必須由長輩安排、決定，因為婚姻不只是年輕人自己的事，而是全家甚至整個家族的共同利益，婚姻自由當然是不可能的。從這個制度來看，張勇的女兒就違反了這點。

「三綱五常」是達成「養兒防老」的辦法，是用來降低人與人間跨期交易的違約機率。關鍵在於，它使個人「不孝」的主觀成本很高。當然，前提是子女都接受並內化了儒家的價值觀。在張勇的故事中，他忽視了這一點，還以為養兒防老依然可行，卻忘記對他女兒而言，儒家體系未必管用。

因此，傳統社會沒有個人自由是完全能理解的，因為自由選擇和養兒防老是不相容的。如果子女有選擇自由，不遵循「孝道」規則，不依「父母在不遠遊」來行事，父母怎能指望子女來養老？如果不能靠子女養老、防患於未然，同時又沒有金融市場，父母長輩們怎麼會有安全感，社會怎麼能穩定呢？

重點整理

- 跨期價值交換是人類社會的自然需要，古代也有這些需要，但沒有支持跨期交換的信任基礎設施。所以，社會發展出自己的文化體系，以降低跨期交換的違約機率、降低交易成本。
- 儒家的「三綱」把社會按照名分等級結構化，「五常」是圍繞「三綱」建立的行為規範。「三綱五常」讓「養兒防老」變得可行。
- 在沒有金融市場的社會，只能靠壓抑個人自由達到跨期風險交易的目的，生存比自由更加重要。但是，有了金融市場後，這種文化體系的價值就不復存在了。

貞節文化背後的金融邏輯

父親對十歲的女兒說：「一個男人要變得高貴不容易，他要有成功的事業、要有尊貴的地位、要有足夠的財富、要有良好的學識和修養。而一個女孩要變得高貴就十分簡單，她不一定要有公主的身分、豪門的背景、華麗的服飾、貴族的教育；她只需做好一件事，那就是像花蕾一樣把自己密不透風地包裹起來。」

這位父親的意思其實是：女人要守住貞節！

奇怪的是，貞節為什麼只針對女性，而不針對男性呢？傳統中國社會總強調「餓死事小，失節事大」「離了貞節，社會崩潰」，為什麼今日社會不再強調守節，卻也沒崩潰呢？從金融的角度來看，我們能發現什麼樣的邏輯？

歷史上的貞節故事

從西漢的《列女傳》開始，特別是宋朝程朱理學之後，以儒家治國的朝代都會推出各種烈女、節婦的故事以樹立榜樣。明清時期的《內訓》《古今列女傳》《閨範》《母訓》等書都在宣傳貞節觀念，讓貞節觀在民間根深柢固。

明朝不僅推崇守節，還要求殉節。

皇帝以身作則，宮人殉死是當時的一大特色；而上行下效，民間的殉節之風也盛極一時。當時通州有位林氏，十七歲出嫁，三年後丈夫病故，林氏想絕食而死，但不便向公婆透露。林氏開始假裝有喝水吃飯，五日後終於身體不支，昏倒在地，那時林氏才向婆婆表示自己想隨丈夫而去。婆婆勸說她為了孩子也要活下去，誰知她心意已決，要家人別再把孩子抱來，撐著身體到丈夫的靈堂前躺下，就這樣餓了二十一天後終於魂歸黃泉。

到了清朝，一六五六年清世祖親自編纂了《內則衍義》，在〈守貞章〉中提出「守身為女子第一義」，在〈殉節章〉中提出「婦為夫死，古之大經」，這兩句話遂成為清朝婦女的第一要則。康熙年間，藍鼎元寫了一本《女學》，說到女子「可貧可賤，可死可亡，而身不可辱」，又說女子應從一而終、夫死守節，遭到強暴只有以死明志。

除了出書宣傳和諭旨規範，為了讓婦女守節，古代還有一系列的制度與習俗，像是「旌表節婦烈女」等，從漢朝就開始有這類做法。不過宋、元以前，婦女守節、殉節的現象並不常見，再嫁、改嫁行為相當普遍。歷史學者考證，宋朝之前的朝代，官方表彰節婦烈女的總數為三百五十七人；而光宋朝就有二百一十二人，元朝達三百二十四人。明朝洪武元年，太祖朱元璋下詔令旌表節婦，規定：「凡民間寡婦，三十歲以前夫亡守志，五十歲以後仍不改嫁的人，要旌表門閭，還免除本家差役。」結果，明朝節婦烈女達到六千五百八十六人。

到了清朝，皇帝一個比一個更看重貞節觀念，把旌表標準不斷下調。雍正上位不久後，一七二三年諭旨規定：「節婦年逾四十而身故，計其守志已逾十五載以上，亦應酌量旌獎。」將貞節牌坊的標準，由明朝的守節至少二十年縮短到十五年。後來，道光帝在一八二四年、同治帝在一八七一年，分別把旌表標準縮短至十年和六年。清朝旌表的節婦烈女數因此達到歷史新高：七萬八千零七十三人，幾乎到處都是貞節牌坊了！

貞節觀穩固「養兒防老」體系

為什麼歷史上一代比一代更看重女性貞節呢？

不管是守節或殉節的過程中，即使得到朝廷旌表，婦女只有付出代價、做出犧牲，卻得不到任何好處。依現代人的角度來看，這似乎是一場「沒有贏家的犧牲」。

這種文化體系的邏輯，旌表其實是做給活人看的，用意是透過實際的榜樣，特別是透過官方到處樹立貞節牌坊，讓老百姓隨時都能看到這家或那家有過節婦烈女，進而不斷暗示貞節的重要性。對節婦烈女大力表彰的另一面，就是那些不節烈者的處境越來越惡劣。從宋朝至明清，不僅是官府，民間對「失貞」女性的懲罰非常嚴厲，輕者被趕出族門，重者會被沉潭、火燒甚至凌遲處死。

貞節之所以是針對女性，而非男性，一方面是父權社會所致，更重要的是女性會懷孕生子，而男性不能。男性如果出軌，私生子還可以透過某些方式納入宗法體系之中（例如納妾）。但如果女性跟別人有性關係，會引起家族對她所生育的子嗣有所懷疑；一旦懷疑妻子懷的到底是誰的小孩，丈夫就不會願意撫養妻子生的小孩，小孩長大後也可能變成不願孝敬母親的人。如果這種懷疑成為社會普遍現象，老百姓就會不想在「養兒防老」體系中進行投資，也越來越不相信體系的可靠性，整個社會對未來的安全感就會大幅下降。

所以，在沒有金融市場的傳統社會，「養兒防老」成為主要的跨期交換、規避風險的體系，「父為子綱、夫為妻綱」是儒家用來保證這個體系安全的方式。這個方式植基於父與子的血緣關係上，血親是「孝道」等各種名分和義務的唯一界定。因此，若婦女不貞節，整個儒家大廈的根基和建立在其上的跨期交換體系就會出現動搖。這是萬萬使不得的事情，卻以犧牲、抑制女性的自由權利為前提。

今日對貞節不再重視，或者說今日夫妻關係中的忠貞要求已實現基本的男女平等，主要是因為跨期交易不再完全依靠女性，而由金融市場取代。也因為信任關係逐步轉變為由外部契約建立，不再完全依靠血緣。

重點整理

- 貞節觀念是「養兒防老」體系衍生出的規範之一。跨期交易對信任的要求太高，因為交易跨越的時間越長，就越需要防範對方逃跑、違約。由於血緣關係是天生的，只要兒子是你親生的，他就跑也跑不掉，再輔以「三綱五常」，你就更放心了！

●貞節之所以只針對婦女，是因為只有女性會生子，她的忠貞因此非常重要，這是儒家體系的基礎。

●從這個角度來看，「三從四德」是對於維護名分與貞節等一系列制度的重要補充。隨著金融市場的建立與整個社會結構的變化，在古代看似合理的習慣與規範，在今日就不是那麼絕對。

為什麼華人只認血緣？

為什麼華人只認親生兒子，不太能接受沒有血緣的人？我知道每個社會都有這種傾向，這是人的本性，也是多數動物的本性，這跟金融又有什麼關係？

一九九四年起，我幾乎每年都會帶全家人回老家，途經長沙時常入住酒店，在那經常見到一對對來自歐美的夫妻，他們高高興興地帶著剛領養到的兒童，一般是一歲左右的女孩。根據跨國領養機構統計，二〇〇四年外國人從中國領養約一萬五千名兒童，絕大多數是女孩，二〇一四年下降到二千八百人。過去十年，計有七萬八千名中國兒童被外國人領養，其中近七萬名是由美國人領養。

每次看到這種場景，都會讓我省思，為什麼中國人喜歡兒子、拋棄女兒？這些西方夫妻為什麼會領養女兒，而且是領養跟自己不同種族又沒有血緣關係的孩子？他們圖的是什麼？對我們這些只認親生子女的中國人來說，怎麼也想不通！

西方認養小孩的邏輯

我的兩個女兒在美國出生長大，她們上幼稚園和小學時，都曾和從中國領養來的孩子成為好朋友。其中，有一位叫卡洛琳的女孩來自河南，一九九四年出生，她跟我女兒非常親近，幾乎無話不談。她的白人養母美林是單身女子，從來沒結過婚。美林是資深律師，每天花很多時間陪女兒玩，接送她上下學，晚上帶她去上鋼琴課、畫畫課，讓她全面發展；週末又送她上中文學校、參加華人活動，讓她不忘記自己的文化。卡洛琳的成長環境非常好，上的也是美國一流學校，這些都是她老家無法提供的，更是遺棄她的親生父母所不能及的。

隨著卡洛琳成長，她慢慢知道美林不是她的生母，因為她很清楚自己不是白人。她的心情漸漸變得低落，也曾問我女兒：「我的親生父母為什麼要拋棄我？我到底有什麼不好？」

美林跟她保證：「我一定會帶你回河南，讓你見到親生父母。」卡洛琳一方面渴望見到親生父母，想要親自聽到答案；另一方面又擔心見到親生父母後會不會不想回到美國，如果那樣，愛她多年、與她相依為命的養母會怎麼想、怎麼生活呢？養母美林其實也擔心同樣的問題：「萬一卡洛琳不想回來了怎麼辦呢？」

之後長達兩年的時間裡，美林安排她們母女一起看心理醫生，每週見醫生兩次，透過把心裡的話講出來，增加溝通、加強雙方的理解，讓彼此都放心。

從這個我親身瞭解的真實故事發現，美林跟她女兒沒有血緣關係，卻絲毫不影響她對卡洛琳的關愛，她全心投入在卡洛琳的成長上。為了讓女兒不忘自己出身，不僅請中文老師教她們母女中文來感受中國文化，還做了中國養父母不可能做的事：帶她尋找親生父母，完成卡洛琳的願望。中國人領養孩子後，會盡量不讓孩子與親生父母來往，割斷他們之間的聯繫，但美林卻反其道而行。這說明了在美林的心中，血緣從來就不是一個因素，正因為她愛女兒，所以尊重女兒的心願，即使是花了很多時間與費用看心理醫生，得冒一些風險，她也願意。

卡洛琳跟她養母的經歷不是個案，許多調查研究也發現，這是美國夫婦領養中國孩子後的普遍現象。二〇〇二年一月，一對美國白人夫婦領養的女孩凱麗，在五歲時得到致命的再生障礙性貧血，需要進行骨髓移植。由於這對夫婦在美國找不到相同的匹配骨髓，且從醫學上來講，凱麗親人的骨髓或是中國人的骨髓最有可能相配。於是，這對夫婦帶著女兒，在當年二月來到凱麗的老家尋找女孩的親生父母，同時尋求中國醫院移植骨髓資料庫的幫忙，最後還是無功而返。二〇〇三年，這對夫婦終於在其他地方為小凱麗找到可匹配的骨髓。

還是「養兒防老」體系惹的禍

故事講到此，為什麼西方人不像我們只認血緣呢？關鍵還是在於「養兒防老」是不是解決未來生老病死風險需要的唯一安排，是否有外部金融市場，或者其他超越血緣的跨期交換體系供選擇。跟他人進行跨期價值交換的最大挑戰是信任，是對方是否違約、跑路走人。而血緣關係最大的便利是其不可變性，你是誰的子女，從出生後就不會改變，這個永恆性最可靠，為跨期契約提供所需要的便利。

其他關係就不同了，可變性太大。傳統中，有喝血酒結拜成兄弟等，但這些契約關係都是可變的，而同盟會、同鄉會、行會等就更加靠不住了。

在世界各地也能發現同樣現象，金融市場越不發達的傳統社會，對親子的排他性認同就越重。相反，在金融市場發達的社會中，親子關係的認同就沒有那麼絕對。

我女兒朋友的媽媽美林，她自己有錢，也有養老金、保險等各種安排，把她一生的經濟需要都解決了，她不必指望卡洛琳將來給她任何經濟回報。領養卡洛琳之後，她需要的是跟女兒有真正深入的感情，而感情只能透過平等交流、無私關愛、尊重對方的感受來建立。這就是為什麼美林會想方設法，為女兒考慮安排各種事情。

相較之下，華人更傾向認為，只要你是我女兒，你就必然愛我、跟我親近，我也必然愛你，卻不注重平等交流、相互尊重等對感情深化有益的事。這也是為什麼我們熟悉的場景是父親對子女的威嚴和不互動，而美國家庭裡子女甚至可以直呼父母名字。

「養兒防老」體系的需要，讓我們對血緣這種自然關係看得至高無上，「血緣至上」的心理暗示對每個人來說如此之強，以至於那些從來沒有往來、但只要知道誰是你親戚，你就會跟他格外親近。另一方面，即使一家養育你、關愛你幾十年，一旦哪天得知他們不是你的親生父母，你也可能毫不猶豫地拋棄他們。

一個社會越是以人為金融、避險工具，就越依戀血緣這種原始的因素。與古代相較，現代社會將血緣關係從跨期交易中解放出來，每個人的生活也變得更加廣闊。

重點整理

- 我們只認親子、只認血親，是基於血緣關係是天生、不可變的。這種永恆性是人與人間跨期價值交換所需要的，是「養兒防老」體系依賴的信用基礎，以確定性對抗不確定性。
- 美國養母的故事給我們的啟示：隨著金融市場的發展，人類可以跳脫「血緣至上」的傳統價值觀，不再只認先天血緣，會更重視後天交流。如此，不僅僅孤兒會更有人領養，人際關係也會少了功利，多些友愛。

延伸閱讀

在本章中，我們聚焦於儒家體系。不過很多人可能無法理解，為什麼能把複雜的儒家體系歸納成跨期交換？為什麼能將「貞節文化」「三綱五常」解釋成這個體系的一個部分？

這其實是用經濟學的眼光來理解社會現實的結果。我們知道不同的社會科學所面臨的對象都是社會、人性，只是使用不同的視角來進行不同於一般世俗、更為深刻的理解。經濟學更加關注人類生活中的生產、交換、分配、消費等環節，面對不同的選擇，理性的人會評估成本與收益而做出最好的選擇。舉個例子，請客也可以理解成跨期交換，當然你可能會說，請客是出於我們「朋友之間不分彼此」的熱忱，經濟學的角度不是否認這一點，只是點出這種行為的邏輯。你在請這次客時，通常會習慣性地預期朋友下次會回請你，所以再想想這種「朋友之間不分彼此」的熱忱，是否也包含了一些經濟學的邏輯呢？「彼此」間是你來我往的，我現在對你好，也能預期你將來會對我好，這樣付出就沒有白費，彼此的感情就不是單方面的一廂情願。推及家庭或者共有制的創業團隊，「不分彼此」這種統一產權，使得我們面對相同的激勵，行動也因此更加一致。

我們不僅找出了很多社會關係、制度安排、政治關係的經濟學根基，更能從這些經濟學根基推演出更多結論。我們知道產權界定不清晰會導致「公地悲劇」，而當把兩個不需要配合的部門畫蛇添足地結合後，產權不清晰會導致每個人面對相對寬鬆的預算約束，使得成本增加，這是我們看到很多大公司採購部門開銷巨大的原因之一。請客也有類似的傾向，作東者希望透過花費多點能讓對方更盡興，來回請客的開銷反而比每次各付各的總額還大。

總之，用經濟學的眼光觀察世界，不意味著經濟的邏輯是一切的邏輯，經濟學家並沒有否認自然親情在親子關係中的重要性。經濟學只是提供一種視角，這種視角有時候能看見更加深刻的東西，它與數學的結合能清楚明白地把複雜的關係變得簡潔。希望你能抱著經濟學的眼光看待這本書，用這本書給你的洞察力觀察世界。

3 儒家與宗祠的歷史績效

血案引爆「禮法之爭」

為什麼華人社會目前還是把「禮」看得遠高於「法」?這跟我們探究的金融有什麼關係?

我們看之前網路上熱門的血案故事。二〇一六年四月,一場血案發生在山東,緣由是債務糾紛。蘇女之前為維持自己公司營運,借了人民幣一百萬元的高利貸,月利息百分之十,後來卻無力償還。放貸方派十人前往討債,先是監視追蹤蘇女和其兒子于某,母子走到哪,催債者就跟到哪,連吃飯也被跟隨看守。後來,母親被催債者用下體侮辱、脫鞋掌嘴,在員警介入四分鐘後隨即離開,糾紛再次延續。面對無法擺脫的困局,于某選擇持刀反抗,殺死一位、刺傷三位跟監者。

兒子因為受辱的母親而殺人,被法院判處無期徒刑。

判決結果一出,社會輿論轟動,網上輿情一面倒地同情報仇的兒子,大多數人都認為兒子為母報仇，符合儒家的「禮」，違法殺人也能諒解。也就是說，人們普遍認為，在這種情況下，禮大於法！如果「禮大於法」在古代有它的道理，那麼，這個「道理」是什麼？到今天，是否還成立？

「禮大於法」的古代邏輯

在孔孟看來，「禮」是實現「三綱五常」名分等級秩序的關鍵，而最為重要的「禮」是兒子對父輩的無條件孝敬、妻子對丈夫的無條件忠貞。換句話說，如果兒子的孝敬是有條件的，可以根據不同情況而打折的話，「養兒防老」體系下的跨期保障就變得不確定，父輩就有理由擔心老無人養、生老病死無人管了。

如果不堅守「禮」的絕對性，「養兒防老」這套儒家安身立命的體系就會潰散，老百姓會失去安全感。一旦人們不能安心生活，社會秩序就會崩潰，暴力與戰爭又會成為常態。

我們透過兩個例子來看是「禮」大還是「法」大的傳統禮法之爭，第一個例子是《列女傳》中趙娥的故事，她的故事跟山東血案非常相似：

東漢女子趙娥，父親被惡霸李壽打死。趙娥的三個兄弟都想復仇，但都未能成功，兄弟三人後來死於瘟疫。聽說趙家的男丁全死，李壽特別開心，認為不用擔心趙氏這個弱女子。沒想到，趙娥悲憤交加，買來一把刀，天天磨刀，準備復仇。

鄰里聽說她要復仇，都勸她：「你一個纖纖弱女，怎麼鬥得過那惡霸？不如就此算了吧。」趙娥說：「殺父之仇，不共戴天！如果大仇不報，我活著還有什麼意義？」

有一天，趙娥碰見了李壽，一番廝打後，趙娥撲上去用手扼住李壽的咽喉，掐死李壽。之後，她割下仇人頭顱，前去縣衙門自首。縣令明白事情的來龍去脈後，很是欽佩趙娥，卻也感到為難。按照國法，殺人者死，但按照儒家教義，為父報仇是大孝，「百善孝為先」。怎麼辦？縣令最後做出決定：自己辭官而去，為的就是拒絕受理此案，同時暗示趙娥趕快逃走。

後來，當地高官聯名上書朝廷，大意是：考慮到儒家教誨，且聖朝「以孝道治天下」，請求皇帝法外施恩，赦免這名孝女的死罪。漢靈帝最終下旨，不僅免去趙娥的死罪，還封她為「孝女」「烈女」，以示褒獎。

在當時漢靈帝看來，當「禮」與「法」發生衝突時，「禮」排在「法」之上。

第二個故事是一九〇七年晚清的最後一次「禮法之爭」，當時正在修訂《大清新刑律》等法典，爭論的一方是以張之洞、勞乃宣為代表的「禮教派」，認為修訂新律應「渾道德與法律於一體」，特別不應偏離中國數千年相傳的「禮教民情」；另一方是以沈家本、伍廷芳為代表的「法理派」，主張採用世界通行的法理，以法律精神為第一。

爭論焦點之一是「存留養親」，這是北魏孝文帝開啟的制度：犯人若有年老直系親屬，但家中無其他成年人，且死罪又非十大惡，即可以申請緩期執行。流刑可免發遣，徒刑可緩期，將犯人留下照顧老人，老人去世後再執行刑罰。這是中國古代法律對「養兒防老」的重視，也是「禮大於法」的例子。

法理派認為「古無罪人留養之法」，「存留養親」不編入新刑律草案，「似尚無悖於禮教」。禮教派認為「存留養親」是宣揚仁政、鼓勵孝道的重要方式，不能排除在新律之外。

另外，關於子孫能否對長輩行使正當防衛權的問題，更是兩派激辯的焦點，也是「禮」與「法」衝突最為集中的地方。禮教派認為，「天下無不是之父母」，子孫對父母、祖父母的教訓、懲治，最多是「大杖則走，小杖則受」，絕無「正當防衛」之說。法理派則認為，「國家刑法，是君主對於全國人民的一種限制。父殺其子，君主治以不慈之罪；子殺其父，則治以不孝之罪」，唯有如此「方為平允」，才符合「法律之前人人平等」原則。

雙方雖然爭論得很激烈，但最後清廷在新刑律後，還是附加了五條〈暫行章程〉規定：對尊親有犯不得適用正當防衛，加重卑幼對尊長、妻對夫殺傷害等罪的刑罰，減輕尊長對卑幼、夫對妻殺傷等罪的刑罰等，例如父殺子就未必上刑。最後，還是「禮」勝利了。

今日還是「禮大於法」？

在儒家「禮」的規則裡，為什麼為父報仇、殺害別人是一種大孝，應該獎勵？在擅自殺人、挑戰法律權威時，在「禮」與「法」發生衝突時，儒家為何把「禮」放在「法」之前？答案就在之前提過的：古時沒有金融市場，也沒有政府福利保障，「養兒防老」是整個社會的依賴。如果子女對父輩的回報是有條件的，不是絕對的，「養兒防老」這種隱性契約就要打折。父輩對子女包括人身的支配權，也是為了強化這種契約的神聖性。

從這個體系來看，晚清的法理派雖然緊跟現代法學原則，堅持以「法律之前人人平等」為出發點，但他們沒有認識到，如果中國沒有金融市場或社會保障去替代家、家族這個「養兒防老」體系，就很難把「法」擺在「禮」之上。現代法理的執行是需要有金融市場為基礎，否則，只要「養兒防老」是大多數人解決生老病死挑戰的方式，「禮大於法」還會是主流道德。

再回到山東血案，今日我們已經有各種金融市場，生老病死的保障也有多種方式可選擇，為什麼人們還是普遍支持于某，認為他應該為母報仇，包括殺死行辱者呢？中國已經具備「法大於禮」的經濟條件，但由於傳統觀念的延續，一時間仍難以走出「禮大於法」的思維。或許，得等更多人認清儒家禮教背後的邏輯。形成文化體系的特定歷史條件一旦變化，價值觀念自然會變，只是變化需要時間。

重點整理

- 在儒家學說中，「禮」是名分等級秩序的基石。如果社會普遍不遵守禮，秩序就不復存在，「養兒防老」體系就沒有執行的基礎。
- 從東漢趙娥的故事到晚清「禮法之爭」，最後都以「禮大於法」終結，道理就在於中國人需要靠這個理念安身立命。到了現代，金融市場越來越發達，「養兒防老」不再是唯一依賴。面對以名分差別為基礎的禮制，和以平等為基礎的法制，前者的基礎變得越薄弱，後者的基礎就越來越強。

宗祠背後的故事

現在來談談宗祠背後的故事。在宋朝以前，普通人家是沒有宗祠的。

我出生在湖南茶陵，並在那裡成長。小時候，有兩樣東西讓我恐懼、厭惡：一個是族裡那高高大大、看上去很威嚴的祠堂，也叫宗祠、宗廟；另一個是各種儀式，拜這拜那的。宗祠裡有好多房間，有共同祭祀的大禮堂、不同級別的處罰間、會議室，還有共同聚餐的大小廳，每年大小節日及春秋祭祖時，族人會在祠堂舉行活動。

另外還有沒完沒了的規矩，很讓人厭煩。大人們叫你如何尊敬這個老人那個長輩、說話聲音該怎樣掌握高低、用詞如何根據說話對象而選擇，再來就是怎樣叫聽話、孝順等，好多規矩！說到底，就是要把你的稜角都磨平，變得中規中矩，否則，你就不是合格的家族成員。

宗祠和儀式規矩到底是為了什麼？在「養兒防老」體系中又有什麼作用？

祠堂與宗族的變遷

一九八六年我到耶魯大學攻讀博士，接著一直在美國工作生活。在這三十年裡，每到週六就會看到一家一家的猶太人走路前往猶太會堂，聚會同時又舉行各種禮拜儀式；到了週日，就是基督徒分別前去自己教堂進行禮拜，每週中間還有不同的讀經聚會；伊斯蘭教就更頻繁了，他們有清真寺，每天拜功五次。這些活動日復一日，週復一週，年復一年，從未改變。

多年觀察下來，我在想這些教堂、清真寺，還有每天或每週的禮拜儀式，這些宗教的貢獻在哪裡？為什麼這些宗教能夠滲透到教徒的生活中，能夠千百年地發揚至今？苦思冥想後我終於明白，這些教堂和清真寺等物理建築、禮拜儀式非常重要，因為物理建築把本來無形的宗教信仰和教義變得有形，以看得見、摸得著的方式讓教徒處處感受到宗教的存在，也提醒了教徒：你是我的信徒，我在看著你！再加上每週或每天不斷重複地禮拜，週期性地提醒教徒自己是誰、應該遵循什麼行為規範等。就這樣，不管是物理上，還是信仰、教義上，教徒想要忽視自己的宗教都很難，宗教就是這樣走進信徒的生活。

相較之下，一直到南宋朱熹之前，儒家文化除了朝廷官方的推動，在普通人的生活中，沒有像教堂這樣的物理建築載體，也沒有硬性的週期性儀式不斷提示百姓，讓儒家規範滲透到你每分每秒的生活中。跟其他主要宗教相比，儒家原本無法完全主導中國社會，甚至跟佛教比，佛教雖然沒有週期性的禮拜，但有寺廟這樣的物理載體，讓人們感受到它的客觀存在。

朱熹將儒家文化實體化

那麼，宗祠是如何出現的？宗廟制度最早產生在周代，但上古時代，宗廟為天子、君主專有，連士大夫都不敢建宗廟，老百姓就別想了。

宗祠是何時開始下放到百姓階層的呢？雖然從漢朝開始「獨尊儒術」，把儒家思想變成國家意識形態，但從漢武帝到南宋的一千多年裡，儒家的主要載體沒有走出書籍和口頭傳述。雖然唐朝開始在各地建孔廟、文廟，但一方面數量不多，離老百姓的生活很遠，另一方面也沒有做禮拜這樣的常規性儀式，所以影響力有限。

南宋朱熹為此做出很大貢獻，他推動三件大事：第一，不管是老百姓還是官員，各家族都要按規矩修祠堂、修家譜；第二，規定每年至少祭祖四次；第三，祭祖的著裝要遵循血緣遠近，按五服確定。

朱熹這三項創新，使儒家思想不再高大上，不再遠離老百姓生活。透過宗祠、家譜這些物理場所和週期性儀式，正式把儒家物理化和結構化，也把所有漢族人裝進了「孔家店」，讓你想逃也逃不掉。儒家在中國社會的影響，也在南宋之後進入全盛時期。朱熹的創新使儒家的活力可以與其他主要宗教較勁，大大提升了儒家的影響力。

朱熹等人的貢獻到底帶來多大效果？一九四〇年代，社會學家潘光旦針對大學生和高中生的調查發現，三分之二的學生「能不假參考而舉其曾祖之名」，將近一半的學生「能不假參考而舉其高祖之名」。宗祠和儀式就是這樣強化宗族的存在。

今日的宗族體系於南宋時期建立，但經歷明、清甚至民國時期的不斷鞏固補充。清朝時期，廣西桂林人陳宏謀於一七二三年考上進士，隨後在各省任職巡撫，還做過兩江總督和兩湖總督。在任職江西期間，陳宏謀大舉推進宗族體制改革，讓族長、宗長掌握規矩制定、規矩執行以及司法權。他的政策大大強化宗族在江西的勢力，進而提升、鞏固了儒家體系的地位。

為何要建立並鞏固儒家宗族呢？宗族其實是一個內部金融市場，是族人間進行風險互助、互保的體系。因此，在本來沒有外部金融市場的背景下，透過宗祠和儀式鞏固宗族體系，等於強化、鞏固這個內部金融市場，讓每個人有更多的安全感。發現這些金融邏輯，讓我終於明白小時候厭惡的那些宗祠和祭祀儀式，原來還有這樣的價值。

可惜的是，最近再回老家，一座宗祠都不存在了，儒家的物理載體也消失了。

重點整理

- 儒家作為一個強化「養兒防老」可執行度的文化體系，在南宋之前一直面對著來自佛教的挑戰，因為它以口頭和書面傳述為主，缺乏物理載體和儀式。
- 儒家體系是歷經多代、花費兩千多年時間，才逐步具體化、物理化建立起來的。宗祠、家譜、祭祖儀式就是具體的例子，朱熹的這些創新促成宗族的發展，使「養兒防老」跨期交換變得更加可靠。

儒家文化的歷史績效

儒家文化經歷兩千多年的建設與發展，對個人的約束又這麼多。在實際生活中，儒家文化是否真的有效？基於血緣的宗族體系是否真能帶來實際好處？

香港科技大學龔啟聖和馬馳騁兩位學者的研究發現，整個清朝時期，從一六四四年到一九一〇年，山東一百零七個縣的農民暴動次數差別很大，南部各縣農民暴動最頻繁、次數最多，其次是山東東北角、煙台周邊的這些縣，但山東中部的農民暴動卻不多。

同是山東境內，為什麼差別這麼大？這跟儒家文化是否有關係？如果跟儒家文化有關，那儒家文化又是如何發揮作用？龔教授他們用一個縣的孔廟數量多寡，來度量儒家文化在當地的影響力。因為儒家文化影響力越強的地方，對修孔廟會越重視，孔廟數量會越多。

山東兩個縣的數據

實際來比對兩個縣：濟南府章丘縣與曹州府巨野縣。

章丘縣地處魯西平原，位於黃河水患和旱災高發之地，在清朝遭受災荒共計一百零七次，遠高於全省各縣平均值的七十三次。然而，章丘緊鄰全省政治與文化中心——濟南，是儒家士紳與文人聚居之地。這裡不僅是宋代詞人李清照的故鄉，在清朝更是儒家文化興盛之地，共產生了二百零七名舉人，修建了孔廟十八座。章丘在整個清朝時期，農民暴動只有發生三次。

相較之下，巨野縣雖然同處黃河水患之地，但災荒頻率更低，在清朝統治時期共發生八十七次。但士紳文人大多逃離此地，文風不興，整個清朝時期僅產生了七十八名舉人，孔廟只有十座。與之正相關的，巨野在清朝統治時期，有過三十次暴動。值得一提的是，巨野是義和團的前身——大刀會的故鄉，在清末水旱災害頻發之際，一八九七年發生震驚中外的「曹州教案」。事件中大刀會圍攻教堂，殺害德國傳教士能方濟和理加略，導致後來德國占領膠州灣，讓巨野縣被十九世紀末住在山東的傳教士稱為「盜匪之鄉」。

對比這兩個縣，章丘的孔廟數量遠多於巨野，受儒家文化的影響更深，且清代章丘只發生三次暴動，巨野卻多達三十次。

從山東全省的角度來看，如果把一百零七個縣分為兩類：儒家文化影響深厚的縣（孔廟數量高於平均值的縣）以及儒家文化薄弱的縣。他們發現，在農業歉收時，儒家文化深厚地區爆發暴動的機率要遠低於儒家文化薄弱的地區，平均機率低了四〇%。

同一場災荒，不同的反應

從實際的一次災荒來看，山東各縣的反應有何不同？一八五五至一八六七年，黃河改道引發了持續水災。此次水患波及全省七十一個縣，同時還有旱災和蝗災導致的饑荒，是清代山東爆發饑荒次數最多的時期，平均每年共發生饑荒七十八次，遠多於整個清朝年平均的三十次。據史料記載，黃河氾濫所至，一片汪洋，遠近村落，半露樹梢屋脊。

那次水患使山東的暴動達到入清以來的最高峰，平均每年有二十次暴動，是清朝山東正常暴動頻率的七倍。從地理範圍來看，在水患波及的七十一個縣中，有六十三個縣發生了暴動，平均每縣四．二次，其中大都位於黃河沿岸的東昌府、曹州府和兗州府。

即便是如此嚴重的災荒，儒家文化依然發揮了緩解暴動的作用。這期間，儒家文化深厚的地區平均每縣爆發暴動二．九次，而儒家文化薄弱地區平均每縣暴動四．八次，儒家文化的確使社會秩序更加穩定。

孔家店的保險機制

儒家文化是如何降低暴動傾向？儒家花這麼多精力推廣「三綱五常」，建立那麼多宗祠和貞節牌坊，目的在於強化「養兒防老」的可靠性，強化家族宗族網絡。這樣一來，在面對災荒衝擊時，宗族內部成員間互通互助的程度會很高。宗族就相當於一個內部金融市場，隱性地互相保險在族內不成問題，在災荒發生時，農民就不會走投無路，不必靠暴力謀生存。

兩位教授的研究說明，在缺乏保險和其他金融市場的社會裡，儒家文化雖然抑制個人自由、犧牲婦女權利，但確實可以使生活更加安全、減少暴力衝突、讓社會更穩定。雖然這些效果透過金融市場也能達成，甚至效果更好，但傳統社會畢竟不具備發展金融市場的條件，所以，儒家文化曾經有過很大的貢獻。但是，今後呢？

有其他學者把今日華人家庭分為兩類：一類是「威權性孝道」家庭，父親總是威嚴，強調子女的絕對順從、絕對回報義務，處處遵循禮教；另一類是「相互性孝道」家庭，父輩與子女遵守輩分關係外，也相互尊重、平等交流。結果發現，強調傳統威權性孝道的家庭，子女對父母的經濟回報更多，跟上面龔教授的研究發現一致；而強調親情、強調地位對等的相互性孝道家庭，子女對父母的情感性支持更多，在感情關係上更親近。的確，有了金融市場之後，相互性孝道正在成為新的主流，也是社會的發展方向。

重點整理

- 儒家體系對個人約束非常多，也壓制社會活力，所帶來的實際績效如何呢？龔啟聖等人的研究發現：清朝統治期間，山東受儒家文化影響深厚的縣，即使在災荒時期，農民暴動的頻率也偏低，這證明儒家文化對社會穩定的功效。
- 宗族就像一個內部金融市場，促進族內成員間的跨期保障與互助，儒家文化就是強化這種交換的可靠性，以提高交易安全。

延伸閱讀

與儒家文化一樣，宗族在華人圈是既熟悉又陌生的話題。本章介紹了宗族背後的社會體系——「養兒防老」的代際安排，與以「三綱五常」為核心的儒家倫理規範。在中國人重視家族的文化脈絡中，與兩宋士大夫擴展儒家在民間影響力的努力之下，宗族在傳統中變得越來越重要。宗祠作為宗族的象徵，以物理化的形式提醒：同宗同源的人，需要在儒家的生活規範下相互往來、相互幫助。而龔啟聖老師等人的研究，在數據上證明了宗族的功能（特別是在社會穩定的角度）。

從許多文學與影視作品中可以發現，宗族不僅是一群人間的相互認親，更有著豐富的社會功能，例如繳納國稅、為宗族活動提供經費、贍族周濟、助學等。《紅樓夢》中賈家的私塾，災荒年間同宗間的相互周濟，這些都離不開「族田義莊」。

族田義莊，源於北宋范仲淹的「范氏義莊」，他購置田產作為族田，並將族田的收入專門用於賑濟族人。在婚喪嫁娶等大事上額外撥費，同時還訂下一系列規矩來保證族田的獨立性，確保田產不被隨意處置。這種購置族田的風氣在北宋逐漸傳開，到了明代更加普及。

從金融學的角度來看，可以把族田想像成有「未來收入流」的資產。這種資產由全族融資而得，最終目的也不僅是增加當年的糧食，而是在人與人間、現在與未來間進行交換。當它的收入被用於發展族內私塾時，就類似於教育基金，是對整個宗族都有重大意義的長期投資，若能出現幾位舉人或進士，對全族都是大利多。當它的收入被用於贍養老人時，就發揮了養老基金的功能。只不過族田沒有規定每個人的繳納義務，其資金多來自自發性的捐助。到了商品經濟活躍的明朝，族田收入的「資金管理」也變得更加多樣化，有的用來發放高利貸，有的用來經營工商業。

不管是哪一種族田，收入如何使用，其本質都是透過經濟功能來支持社會功能。在某種程度上，這也展現了金融與社會之間的關係。

4 婚姻是愛情還是避險手段？

「愛情」與「麵包」的勝負之爭

這一節要探討傳統婚姻的金融邏輯，看「愛情」如何在華人圈走向勝利。在中國歷史上，多半只有婚姻，鮮有浪漫的愛情。

這個話題讓我想到臉書創辦人馬克．祖克柏，他以五百九十多億美元身價躋身世界富豪。二〇一二年他娶華裔陳女士為妻的消息傳出時，許多華人男女都百思不得其解：為什麼世界知名富豪會愛上外表一般的人並娶為妻，而且經過這幾年看起來，他確實真心愛著她。

除了祖克柏的故事，以前也經常聽到朋友議論：為什麼外國人娶亞裔妻子時，往往沒有顏值鑑賞力呢？答案還是在經濟與金融：傳統中國社會一方面無法解決百姓溫飽問題，另一方面又無金融市場，所以，婚姻的首要任務是幫助一家老小解決生存挑戰，透過成家生小孩，規避家族各成員的生老病死風險。

也就是說，婚姻決定「養兒防老」體系是否成功，而兩人承諾白頭到老就是一種跨越長時期的保證。因此姻親成為僅次於血緣關係，建立跨期信任的辦法。所以，在華人文化中，不僅把圍繞家和家族的行為規則與相關結構發展得很極致，也把與婚姻有關的規則訂得很清楚。

當婚姻涉及大量他人的利益時，就不可能只是年輕男女自己的事，必須完全由父母、長者全權包辦掌握。相親決策者是兩方的父母，而不是年輕的當事男女。他們當然只會用長相、財富、門戶這些明顯指標來評估對象。像感情、愛情這樣非常個人化的因素完全沒有用，因為愛情對結婚雙方有價值，但對其他家庭成員未必重要。

徐立新等學者的研究也顯示，自由戀愛的婚姻更加和諧，夫妻關係更好，但妻子未必孝敬父母，父母的孝養金收入也相對較少。而父母決定婚姻帶來的夫妻關係不一定和諧，但對父母的好處是：妻子更聽話、生的小孩更多、對父母更孝敬，而且在父母年長後會更照顧老人。所以，哪種模式更好，就看從誰的立場出發了。

父母決定的包辦婚姻是養兒防老體系的延伸和保障，否則，養兒防老的跨期交易體系會崩潰。在社會長期以外在指標決定婚姻後，人們就只知道用顏值、財富、地位這些標準評價對象，所以無法理解祖克柏的想法。

愛情在哪裡？

在此看看最能代表中國人愛情、婚姻願景的一首歌——黃梅戲《天仙配》中的〈夫妻雙雙把家還〉。這首歌一直被認為是浪漫的愛情歌曲，但細看歌詞，你會發現，這個「婚姻願景」基本以利益為多、愛情為少，其實非常現實。最重要的對唱詞是：「你耕田來我織布，我挑水來你澆園；寒窯雖破，能抵風雨；夫妻恩愛，苦也甜。」首先，「你耕田來我織布，我挑水來你澆園」，是說透過婚姻組成的家，是一個「生產單位」，是不同勞動分工的組合，以此來發揮各自的技能特長，讓總體產出最大，讓生活所需得到最好的報酬。所以，傳統的家是一個生產單位，就像計畫經濟的合作社一樣，在「家」這個合作社裡，丈夫和妻子分工合作。

其次，「寒窯雖破，能抵風雨」，當然這句話從字面上來理解，就是要有一個物理意義上的房子，但也能看出背後的本質含義，就是「家」是一個跨期風險交易安排，「寒窯」指的是基於家的內部互助體系，「風雨」指的是風險。所以，成家後就能幫助彼此對付風險，有難共擔，包括收入、健康、養老、天災等風險。也就是說，「家」是利益交換或風險交易體系。

最後的「夫妻恩愛，苦也甜」，這是「家」的情感功能，給人精神上、感情上安身立命的基礎。

所以，中國傳統婚姻和家的定位，包括三大功能：一是透過婚姻組成生產單位的「家」；二是「家」是互相分攤風險的體系；三是婚姻和「家」是情感交流的共同體。直到近幾十年前，婚姻的前兩項功能，即經濟功能一直占有主導地位，愛情的分量就不必多說，那是五四運動之後的事情。

「愛情」終於獲得勝利

我檢索過晚清的《申報》等各種中文報紙，發現在二十世紀之前，「愛情」一詞只出現過三、四次，而且都是「愛」和「情」兩個字正好因前後的內容湊在一起，沒有任何浪漫上的男女之情含義。曾有歷史學者辯論說：「漢代不是有牛郎織女的愛情故事嗎？」但牛郎、織女之所以每年只有七夕才相會，就是因為愛情只是夢想，是真實世界裡不會有的奢侈夢想。古代中國肯定有許多男女愛情故事，但愛情卻始終沒有成為社會的主流，只是少數人的奢侈品。也因此，在中文報紙裡一直沒有出現過浪漫意義上的「愛情」這個詞。

有學者曾說，一九二〇年代翻譯法國浪漫詩時總會碰到一個問題：西方人用玫瑰表達浪漫愛情，但中國人對玫瑰沒有感覺，那該如何翻譯詩歌中的「玫瑰」，讓華人讀者讀到這個詞的反應跟西方人讀到玫瑰時一樣呢？方法很難找到，因為「浪漫」在傳統中太稀少，因此始終沒有製造這個詞。

許多人說包辦婚姻也能出現愛情。是會有，但很少。原本的習俗是，雙方父母透過媒婆先談好各種條件，雙方都認可後，年輕男女才可見一面，有些甚至到娶親那一天前都不能相見。這跟商業交易有何區別？怎麼可能有出現感情的機會？所以，我們的社會只熟悉顏值、財富這樣的外在指標。

十幾年前，加州大學教授閻雲翔到中國東北下岬村調查，問當地老年人他們結婚之前的過程叫什麼，是不是稱作「談戀愛」？當地人回答：「我們以前把那個過程叫『談親家』，到六、七〇年代叫『找對象』，再到後來就叫『談戀愛』了。」顯然，從「談親家」到「找對象」，是一個很大的革命。決策主體從雙方父母轉移到年輕的當事人，感情的空間與分量提升很多，但目的性還是太明確。到後來，才再轉變成「談戀愛」，談的是戀愛，目的性減弱很多，「愛情」

才算是終於勝利了，愛情也成為婚姻與家庭的主流基礎。儘管現實中並非所有婚姻都能做到這一點，但至少這已經是現代社會的主流價值取向。

為什麼「愛情」在今日終於勝利了？因為基於婚姻的「家」的理想，也發生了很大變化，家的兩項經濟功能正在被市場快速取代，而婚姻和家的情感功能在快速提升。為什麼會這樣？許多人說是因為觀念變了，是人更加現代化了，但這只是部分原因，甚至是很小的因素。更重要的原因是市場成熟了，金融商品越來越豐富了。一方面都市化、公司化發展，使得人們離開「你耕田來我織布」，走進公司工作，不再需要「家」的生產單位功能；另一方面，人們可以透過金融市場，解決跨期價值交換的需要，不再只靠婚姻家庭求得未來生活的安寧。

當然，隨著婚姻家庭的經濟功能和規避風險的功能逐步被市場取代，愛情在婚姻家庭中的分量越來越高，這也會導致離婚率的上升，同時單身人士的占比也會升高，這都是個人自由、金融發展的代價。但是，這些也正是現代人更加看重愛情、看重感情的結果，也是現代人的選擇權利變多的結果，這並不是壞事。更何況，既然有那麼多人不能理解祖克柏的婚姻選擇，那就說明社會對感情、愛情的認識還有許多改善空間。

重點整理

● 在沒有金融市場的傳統社會裡，婚姻不只是年輕男女兩個人的事，更是父母和其他親族的事，每個人的跨期避險利益都在裡面。所以，由父母包辦婚姻就不奇怪，談親家就跟談生意一樣，只看雙方家庭條件和能力等外在指標。

- 中國傳統婚姻和家的定位，包括三方面：一是透過婚姻組成生產單位的「家」；二是「家」作為互相分攤風險的體系；三是婚姻和「家」是情感交流的共同體。市場的發展使前兩種功能逐步被市場取代，同時感情的分量在上升。
- 隨著金融市場的進一步發展，「愛情」逐漸走向勝利。

為什麼要將女兒遠嫁？

婚姻可以規避風險嗎？人類是多麼聰明，在沒有金融市場時，會利用所有能用到的工具，包括人和婚姻，去提高生存能力。也讓你再次瞭解到，傳統社會中為什麼沒有自由。

故事是一對印度的農村父母，他們喜歡把女兒嫁到遠方，而且會分別把不同的女兒往不同的方向遠嫁。你可能覺得很奇怪，難道印度父母不像我們那樣疼愛自己的女兒？嫁很遠不是很難回娘家看父母、看兄弟姐妹嗎？怎麼會這樣？在華人社會，更為流行的是嫁富人、高攀大戶，難道印度人不是這樣？

嫁很遠是為了避險

原始社會、農耕社會完全靠天吃飯，一場旱災、水災，或者一場瘟疫、蝗災、地震，都可能導致歉收，讓人們活不下去。但是，並非所有地方在同一時期會遭遇同樣的災害。一般來說，兩地距離越遠，同時遭遇同樣風險事件衝擊的機率就越低。

所以，如果有辦法讓不同地區的人一起合作，彼此互相保障，在一方出現生存問題時，另一方提供幫助，那不就是多贏嗎？問題是怎麼讓不同地區的人相互信任，願意與外地人進行合作互保呢？如果有跨境經營的保險公司，只要大家都相信保險公司信用，各地的居民透過參保，就能完成跨境來攤平未來風險衝擊。

原始社會時期，遊牧部落採取的辦法就是在出現旱災時，趕緊帶著老少，騎著驢、馬或駱駝，往其他沒有災害的地區遷徙。反正他們沒有罎罎罐罐，隨時可以移動，而且土地也不分你我，天下為家，沒有土地私有概念。因此，隨時流動遷徙是原始人類應對災害衝擊的辦法，這個辦法或許不夠理想，但遇到某些風險時，還是可以應付的。既然物不能跨地區流動、資金不能跨地區流動，只要人還可以流動，也能對沖一些風險。

但到了定居農耕社會，情況就複雜了。農民有了「家」、房子和許多家當，搬家成了大工程，所以，全家、全村流動的可能性不高。更何況，土地都是私有的，每塊地都有主人，你不能走到哪裡就在那裡落腳。北宋在一一二七年被金兵攻下後，幾百萬中原人南逃，跑到哪裡就被當地人驅趕。南遷難民只好躲到沒人要的山中安頓，同時蓋起如碉堡一樣的圍龍屋，防範當地人隨時來攻打。

農業社會的人遇到麻煩，不能透過遷徙來避開風險，又沒有保險市場甚至物流市場來對沖風險。印度農村的情況也一樣，因此他們利用女兒的婚姻，盡可能把女兒嫁得遠，用姻緣在兩村間建立跨期交易所需要的信任，以達到跨地區平攤風險的效果。女兒外嫁建立姻緣後，如果親家出現困難，另一方會給予幫助。兩村之間的距離越遠，這種跨村風險保障效果會越好。印度農村平均女兒外嫁距離為三十公里，甚至有的外嫁五十公里以外。

什麼情況下需要把女兒遠嫁？

耶魯大學的教授羅森茨維（Mark Rosenzweig）在八〇年代針對印度的研究中發現：第一，越是有女兒遠嫁的家庭，在遇到災害衝擊時能得到女兒夫家的支持，其生存問題就越小，保險效果明顯。第二，女兒越多，就越能夠往不同方向遠嫁，效果就越好。第三，災害風險越高的地區，就越會把女兒嫁得很遠。第四，富裕家庭不會把女兒嫁得很遠，因為他們的財富可以幫助他們抵禦風險。因此，婚姻作為避險工具的情況非常明顯，且效果顯著。

正因為避險需要，在印度，遷居異地生活的人口中，三分之一都是因為婚嫁；生活在他鄉的婦女中，八〇％是因為外嫁而遷徙的。而且，正因為女兒的婚姻是為了幫助全家規避未來風險，所以婚姻必須由父母完全包辦，直至今日依然如此。研究也發現，在經濟實力上門當戶對是最穩定的婚姻基礎，因為如果雙方都從避險角度看待婚姻的話，一方富有，一方貧窮，富有的一方一定會覺得吃虧，會覺得在他們未來發生風險時，親家給不了什麼幫助，這樣的婚姻交易就不會長久穩定。

在中國，也有許多類似分散風險的安排。例如，如果有好幾個女兒，父母會盡量把女兒嫁給不同職業、不同地方的人，最好一個嫁給醫生、一個嫁給工程師、一個嫁給工人、一個嫁給從軍等。在農村，更是會往不同村嫁。在城市裡，父母也喜歡安排一個兒子去當官、一個當學者、一個去經商、一個去從軍，這些都是在進行內部風險配置。

如果當時有豐富、發達的金融市場，父母就可以完全透過金融市場上跨地區、跨產業的投資，達到同樣效果，不必委屈兒女，抑制他們個人的興趣與意願，以完成父母的需要。

或許，用女兒婚姻達到全家避險的效果也滿好的。可是，這是以犧牲女兒的自由權利為基礎。為什麼她就不能有婚姻自由，選擇跟她喜歡的人過一輩子呢？原來，她不能有自由選擇的權利，是因為父母沒有其他辦法來規避未來風險。

重點整理

- 在金融市場欠缺的背景下，女兒婚姻被用來建立跨地區的風險分攤體系，能更好地對沖風險。也正是這個原因，導致包辦婚姻成為必然，女兒也沒有自由選擇的權利。
- 如果有多個女兒，父母就會把她們分別嫁往不同方向、往遠處嫁。由於婚姻是用來規避風險，兩家的財富水準應該門當戶對，否則是不穩定的交易。
- 傳統社會的家庭會對兒女做各種不同的安排，而不是由子女自由選擇，目的是讓全家未來的整體風險降到最低。

古代為什麼是賣妻而不是賣夫？

前面的兩個故事中：一個是非洲部落裡沒有貨幣，亦無金融工具，便用山羊和女人作為財富載體；另一個故事是由於舊時中國沒有金融，特別是沒有避險工具，災荒一到，許多人家活不下去，便把妻子或女兒賣掉，用變現的錢，讓一家人活下來。現實中，近幾年的印度，還是有農民因為災荒或者負債太重，被迫賣妻求生的報導。

有讀者會問：「為什麼以前總是賣掉妻子、女兒，而不是賣掉丈夫、兒子？怎麼總是婦女倒楣呢？」

從交易成本談起

想像一下，如果是把張三賣掉，賣給李家的女兒為夫，張三過去以後會怎麼想呢？根據我小時候看到入贅女婿的情景，張三過去李家大多會非常難受，一刻也不想待著，隨時會想跑回張家。因為他認為，自己不屬於李家，應該回到張家。

打從出生開始，張三父母和周邊的人便不斷地跟他講：「你是張家的人，是張家未來的繼承人。你將來肩負延續張家香火的重擔！將來你要孝敬父母！」就是這樣，在張三心裡埋下了種子，他活著是張家人，死了還是張家鬼。所以，當張三被賣給李家後，不太會認同李家，每多待一秒鐘，張三心裡就無地自容，失敗感、內疚感會占據他。一有機會，他就會跑回張家。

因此，把丈夫賣掉或兒子賣掉，是不穩定的交易，這個交易無法安全可靠。所以，丈夫、兒子是別人買不起，也不敢買的。交易成本太高，交易的不確定性太大。

相較之下，如果賣的是妻子、女兒，交易會很穩定、很安全。因為女孩從一出生開始，父母和周邊的人就會跟她講：「你長大後不是我們家的，以後你要嫁到別人家，到別人家生活，幫別人生小孩、建立家庭。」從小到大，一個女孩就這樣被不斷地教育、暗示。到最後，她在心裡很清楚地告訴自己：「我是女人，今後是別人家的人！」所以，把妻子、女兒賣給別人，就不會出現太大的交易不確定性。婦女被賣掉做別人的妻子，不會無時無刻想逃回娘家，或者想逃回前夫家，因為她覺得自己不是這家就是那家的。因此，賣妻賣女的交易非常安全，交易成本也很低。

文化就是這樣發揮作用的。實際上，從清朝刑課題本中，記錄著十八、十九世紀一些兒子被賣掉的交易，而且價格比妻妾、女兒要低很多。我乍看覺得奇怪，不是誰都想要兒子嗎？怎麼價格會更低？細想後，這些價格其實很合理，因為男人要不起，不敢買，買了會跑路。

還是「養兒防老」惹的禍

為什麼舊時的文化會把男人、女人內訓成這樣？孔子說要修身養性，就是要把文化的規範內化到每個人的心裡，讓你在違反文化規範時，即使沒人看到、沒人知道，自己也會深深感到內疚、無地自容。文化影響人的最好方式是不需要刑法，也不需要別人，你自己就知道錯，自己比別人更急著糾正自己。

儒家選擇的是男性這條線，以「親子」這條血緣線為主軸，來安排不同輩分間的撫養義務和孝敬義務關係，也就是「養兒防老」體系。在這個體系中，婦女只是負責生孩子的配角，要遵循所謂的「夫為妻綱」，在家從父、出嫁從夫、夫死從子。既然兒子、丈夫是整個養兒防老體系的主軸，從男人出生的那一刻起，長輩就一定會不斷灌輸：「你是張家的人，你是張家未來的繼承人，你肩負延續張家香火的重擔。」所以，在任何情況下，都不可能賣掉丈夫、兒子。在父系社會中，丈夫是家裡所有產權（包括妻子、子女）的擁有者，主人當然不會把自己作為資產賣掉；但變賣婦女，就不成問題。

儒家社會非常看重男性，從清朝康熙二年（一六六三年）開始，官方對「一產三男」的婦女進行旌表，凡一產三男或男女並產，八旗由禮部具題，直省由該督撫具題。再由部題覆行戶部，准給米五石、布十匹。乾隆時期一共給予七百八十五位婦女「一產三男」旌表，每年獎勵十三位，也有因「一產四男」給予四位婦女旌表的記錄。這樣做的目的當然是鼓勵老百姓多生兒子、少生女兒；自康熙十三年（一六七四年）後，如果一胎生多個且都沒有兒子，便不予旌表。只是，在當時產科技術的條件下，獎勵再多其實也不能保證生男。

父系社會、父權社會又是如何形成的？遊牧狩獵的原始社會時期，各地人類大多都是母系社會，以女性來定位財產的歸屬，也以一妻多夫為主。可是，就如恩格斯（Friedrich Engels）在《家庭、私有制和國家的起源》（*The Origin of the Family, Private Property and the State*）一書中所提，自從人類進入定居農耕，不再外出遊獵謀生，特別是開始使用鐵犁後，生產活動中男女優勢變得嚴重不對稱，男人的體力優勢被凸顯，導致父系父權社會體系開始形成。等到孔孟推出儒家文化時，中國社會已經定居農耕六千多年，已經是個明顯的父權社會。所以，孔孟會基於男性打造養兒防老文化體系，也就不奇怪了。

最終，還是因為舊時沒有發達的金融市場解決跨期交換的挑戰，導致災荒時期賣妻而不是賣夫。

重點整理

- 儒家「養兒防老」體系以男性血親為主軸，男性是整個體系的主人。所以，在面對災荒危機時，主人不會把自己賣掉，但可以賣掉作為附屬品的妻女。
- 鞏固男權體制的方式是要求每個人「修身養性」，把兒子當作香火的延續人、孝道的軸心載體。這些觀念內化到每位男性的內心深處。因此，賣丈夫、兒子變成極為不穩定的交易。即使有人賣，也沒人敢買，因為交易成本太高，但賣妻妾的不確定性就低很多。

延伸閱讀

從本章中可以瞭解，交易成本會直接影響供需雙方的交易是否成功。如果商品的交易成本過高，例如買賣男丁，市場的成交量就會萎縮，市場價格也會降低。要如何降低交易成本，這就是制度經濟學所要探討的內容。制度經濟學的探討角度主要有兩個：第一是經濟發展需要什麼樣的制度機制；第二是如何建構這些必要的制度機制。

制度經濟學判斷制度優劣最重要的標準，是看它是否有利於國民效用的最大化，這又反映在市場交易是否順暢、市場參與者間的關係是否平等、市場上的商品是否豐富等現象上。總而言之，好制度應該要能促進市場交易的發生與深化。

當然，制度成本不僅指在市場交易發生過程中實際要支付的成本，還包括由於制度障礙而根本無法實現或選擇放棄的市場交易（機會成本）。這種機會成本包括「本來可深化的市場」，但因制度障礙只能半途而廢或勉強發展的市場。

制度經濟學關注的核心是產權保護與合約執行機制。這個聽起來似乎很狹隘的主題，實際上包括了國家制度的各個方面，如法制、政府權力、制衡結構與司法獨立等。例如，不受制約的行政權力可能導致對私人產權與合約權益的侵犯，因此對行政權力的制約問題，其實也是產權、合約權益的保護問題。產權保護與合約執行機制，是經濟深化發展的必要前提。如果沒有可靠的產權與合約權益保護制度，人們就無法預期市場交易與投資的結果，無法確定交易、投資中獲得的利益是否屬於自己。經營、交易結果的不確定性，將迫使人們停止交易，不願進行投資；即使想進行市場交易，交易成本也可能高得令人望之卻步。最終市場發展會停滯不前，經濟成長無法持續。

5｜保險的真相

保險產品有哪些？

不管是儒家禮教，還是愛情觀的發展，人們追求的往往是跨期價值交換的保障，而保險是與跨期保障相關性最高的一種金融工具。

保險因人們分散風險的需要而誕生，起源可能是古埃及石匠中的互助基金組織，向每位成員收取會費，以支付個別成員死亡後的喪葬費。這樣一來，個人所面對的風險便由整個集體共同承擔。由於集體中所有人都在同一時間遇上突發情況的可能性較低，由互助會成員捐助累積的資金，一般來說都能應付個體的突發需要。

保險產品分為社會保險和商業保險兩類：社會保險包括養老保險、醫療保險、失業保險、職災保險和生育保險；商業保險則是分為財產險和人身險兩類。現代社會中，社會保險已經成為重要的轉移支付手段，是社會保障國民生計的「安全網」之一。

中國的保險產業發展迅速，目前總資產規模已經超過人民幣十五兆元，是世界第二大保險市場。能夠挑選的保險種類也日益豐富，財產險、人壽險、健康險等，並有幾十家保險公司可選擇。在中國，保險產業需要經過嚴格審查，也就是獲得所謂的「保險業牌照」。

近年來，網路公司積極在金融領域布局。騰訊、阿里巴巴等與相關保險公司合作，或購買自己的保險經營牌照，利用網路公司擁有的龐大用戶基數，進行「推廣＋個人訂製」的保險推廣。

保險業是怎麼發展起來的？

中國前海人壽在過去幾年引發很多關注，在老闆姚振華跟萬科管理階層的長期較量中，最後以姚振華被迫出局而落幕。值得關注的是：前海人壽怎麼會有這麼多錢，去不斷增持萬科的股份？為何人壽保險業都這麼有錢，卻沒有健康險、財產險、災害險等其他類別保險公司參與大型公司收購？前海人壽背後的融資是什麼模式呢？

保險業務進入中國

保險引進中國是十九世紀的事，第一家出現在中國的保險公司是英國的「諫當保安行」，於一八〇五年在廣州開業。當時清廷只允許外國人在廣州經商，所以英國的保險公司只能落腳於此，專為來往於廣州的外國商船提供運輸保險。中國出現的第一家人壽保險是英國的「標準人壽保險公司」，自一八四六年開始，為住在廣州、上海等通商口岸的外國人提供人壽保險，因為本地人對保險不感興趣。

自一八〇五年後長達六十年的時間裡，中國境內只有洋行保險公司，沒有中國人辦的保險公司。第一家中國人自己辦的保險公司是「上海義和公司保險行」，成立於一八六五年，經營的是水運保險。在之後的幾十年裡，許多保險公司相繼成立，但發展很慢。到一九四九年，也就是八十四年後，共計只有六十多家國內保險公司。

中華人民共和國成立後，隨即開辦「中國人民保險公司」，整併全國六十多家保險公司，同時要求外國保險公司退出中國。自一九五八年後，中國的保險業務基本上停擺，特別是隨著國有計畫經濟的進行，商業保險更顯得多餘。一九七八年改革開放後，保險業才重新發展。

為什麼保險業進入中國後，在一個多世紀裡的發展如此艱難？保險業的經驗是否顯示出關於金融這種「洋務」在中國的水土不服呢？

保險業務的文化挑戰

十九、二十世紀的中國，災害、戰爭、政治風雲一波接一波，人們對未來的不安全感一刻都沒有停息過，這些本來應該激發人們對保險業務的需求，但事實並非如此。

保險自十九世紀引進中國以來，一直面對文化上的阻力，因為中國人向來不願意談論不幸事件，認為那不吉利。如果你是保險業務員，沒有人願意聽你說「如果你家發生火災」「如果你明天出車禍」，這些不吉利的話會把人嚇跑，更別談銷售了。尤其是，如果為了賣人壽險，說出「如果你哪天死了……」這樣的話是絕對的大忌。

保險進入中國後的遭遇，跟鐵路、電報等「洋務」遇到的狀況很類似。這些洋鬼子的玩意和現代金融，都是十九世紀洋務自強運動時期進入中國的，進來後都遭遇可笑的戲劇性經歷。這透露了很重要的訊息：為什麼金融在中國不容易發展。

鐵路在一八六五年首次出現在中國，一位英國商人為了向朝廷官員展示現代技術的奧妙，在北京宣武門外，自掏腰包修建〇．五公里的示範鐵路。雖然這條小「鐵路」僅是展示並無實際用途，卻令京城人們充滿恐懼，被「京人詫為妖物」。後來，步軍統領衙門以「觀者駭怪」為由快速拆除，才平息風波。中國第一條實際營運的鐵路也遭遇同樣命運，一八七六年英國怡和洋行鋪設由上海延伸到吳淞的吳淞鐵路，全長十四．五公里。但清政府和民眾都視鐵路如洪水猛獸，通車營運一年後，被清政府以二十八萬五千兩白銀贖買，隨即被拆除。

電報於一八七一年進入中國，第一條電報電纜由香港鋪到上海，再連結到日本長崎，成為英國打造的國際電報網路之一。滑稽的是，清朝保守派官員堅持認定電線破壞風水，甚至認為電線能夠快速傳遞資訊，是用了死人的靈魂，必須禁止。這些說法讓電報遲遲不能進入京城，多年後才允許電報發到天津，再從天津送進京城，而不是直接在京城設立電報站，就是要防範魔鬼進京。到了一八八四年才允許電報線鋪進京城，且必須繞開墓地、民房，以免破壞風水。

打開市場的萬能險

即使到今天，中國保險的覆蓋率，也就是買保險人口占總人口的比率，也只有三%左右。購買保險人口主要集中在城市，而美國保險覆蓋率為百分之四．五，是中國的一．五倍。

在產品結構上，截至二〇一六年年末，中國保險業總資產超過十五兆人民幣。其中，六七%是人壽險和投資性壽險產品，而財產險占二〇%，健康險僅占一一%左右。為什麼保險業的結構是這樣？為什麼會這麼高度依賴壽險？

二十世紀末前，中國保險業其實一直以水火等財產險為主，壽險保費占比很低。中國人在觀念上不願意討論不吉利的事，但經過長期的不斷薰陶，迷信程度已降低很多，對談論火災、車禍、生病等，越來越能接受，但仍舊忌諱討論「如果你哪天死了……」這樣的話題。所以，人壽保險一直難以擴大銷售。

那麼，壽險到底是怎麼發展起來的？

在初期，保險主要是透過公司、雇傭單位進行團體銷售，針對個人進行直接銷售的不多，基本上是賣不動的。當時個人保險的銷售只占壽險的一成左右，其餘皆為團體保險。而人壽保險在整個保險產業的占比一樣很低，不到一成。

二〇〇〇年「萬能險」（編按：可以任意支付保費，及調整保險給付金額的人壽保險）這種商品引進中國後，壽險類產品才開始快速成長，壽險類保費不僅躍升第一，也讓整個保險業的總保費突破人民幣兆元。「萬能險」其實是以保值為主、兼顧升值的投資產品，類似於有保本的理財產品，但同時也包含傳統的人壽保險，被保險人過世後，其繼承人會得到額外補償。

萬能險能夠比一般壽險受歡迎，主要是因為文化的影響。萬能險被當作投資理財產品販賣，許多民眾覺得和銀行理財產品一樣沒有風險，就有了意願購買。此外，萬能險也淡化了中國人忌諱跟「死」掛鉤的壽險屬性。萬能險的理財屬性，讓人壽險終於融入中國社會，這也是為什麼大型人壽保險公司能有那麼多資金的核心原因。

我和幾位學者近期的研究也發現，在中國受儒家文化影響越深的地區，買保險的人口比例就越低。因為這些地區的家族、宗族更加發達，族內成員間的互通有無，降低風險衝擊的能力更強，因此，對外部保險市場的需求偏低。這研究也從另一個角度證明，文化對保險業發展的影響。

所以，金融產品的設計不能只看客觀需要，因為風險挑戰哪裡都有，金融服務哪裡都需要；還必須考慮社會的文化土壤，否則水土不服的過程會花上很長一段時間。

重點整理

- 保險等現代金融產品是十九世紀洋務運動時期引進中國。當時的中國不僅沒有金融賴以發展的文化土壤，而且儒家體系還跟保險互斥。
- 醫療、災害、災荒等保險產品的銷售，尤其是壽險銷售，跟中國人避談「不吉利」話題的文化有所衝突。可是，如果不談這些潛在的「不幸事件」，保險產品就會無法銷售而難以發展。
- 「萬能險」等複合壽險類產品的成功，說明在面對文化障礙時，還是可以透過淡化保險產品對「不幸事件」的依賴度，來改變產品的可銷售性。

保險產品背後的經濟學原理

小王結婚不久後買了車。頭三年，他們老實地買了汽車保險，但從沒出過車禍，沒有獲得任何理賠。小王心裡不爽：「怎麼光付錢，沒回報呢！」就決定不再買保險。他妻子知道後，也沒說什麼，因為確實不划算。可是，從此之後她開車格外緊張，一看到周圍車多就神經兮兮，生怕撞上別人賠不起。有一天，她真的撞到別人的車，車壞了，雙方駕駛住院搶救，不僅賠光家裡的錢，還差點坐牢。

保險的預期報酬通常為負

小王的故事很典型，同時也點出一個問題——為什麼要買保險？到底該如何評估保險的價值？

仔細來看看保險是如何運作。你之所以想買汽車保險，就是擔心開車時出意外，因為一旦發生車禍，可能自己的車會損壞、自己也會受傷，也可能給別人帶來損失和傷害，所以，買保險買的是「安心」，讓你開車不用總是緊張，無法做出正常判斷。也就是說，你開車面對的「壞風險」是：一旦發生車禍，可能要遭遇很大損失，將來要付出很大代價。因此，你希望透過保險規避這種「壞風險」。

汽車保險本身也是一種金融產品，它的支付結構包含不確定性或者說風險，如果你不發生車禍，保險公司就不會給你任何理賠，所以，保單是否會給付是不確定的。但對你來說，保險產品包含的風險是「好風險」：你現在付保費買保單，將來如果發生車禍，就可以得到理賠，等於是用現在的錢換未來不確定的理賠。也就是說，保單給你的理賠和你可能遭遇的損失，正好是相反的，是百分之百負相關的。所以，透過保險，把保險所包含的「好風險」跟你承擔的「壞風險」加在一起，讓你的整體風險為零。不過這種「好風險」不是免費的，而保費就是它的成本。

每個人都可能遭遇各種「壞風險」，除了車禍，還有生病、失業、創業失敗、親人發生意外、房子失火等，如果有金融產品，不管是保險還是其他，只要這種金融產品未來的支付結構，正好跟我的「壞風險」是負相關，我就願意花錢去購買。即使這種產品的預期報酬為負，我也願意。因為這些產品所包含的風險對我來說，是「好風險」。透過購買這些保險產品，讓別人幫我承擔我的「壞風險」。

金融產品的避險屬性與投資屬性

任何金融產品跟我的「壞風險」越是負相關，我要求的報酬就越低，甚至虧本（負報酬）也願意。因為越是負相關，這個金融產品帶來的「避險性」就越強，投資屬性就越弱，提供的「安心感」就越多。小王的故事證明了「買保險，買的是安心」這個道理。

進一步延伸，即使某種金融產品本身有風險，就像保單一樣；但是，如果它帶來的報酬跟我的「壞風險」的相關性低，它對於降低我的「壞風險」的價值就大，所要求的預期報酬就越低。

這個金融邏輯似乎跟以往說的「報酬與風險正相關」的結論相矛盾，但其實不是。因為保險產品很特殊，是針對個人具體的「壞風險」精準設計，是個人化的；而一般性金融產品，比如股票、基金、債券等，不是針對個人而來，它們所包含的風險相對你的就業風險、創業風險是疊加性的，是「雪上加霜」性質的風險。

所以，股票等金融產品的風險也是「壞風險」，如果要你承擔這些「壞風險」，你當然要求額外的高報酬、高補償。對疊加性的「壞風險」來說，報酬要跟風險正相關。

除了保險，還有哪些金融產品具備負相關性或低相關性的特色？

黃金算是一種，人類自古以來就把黃金看作避險資產，即使到了今天，在一定程度上還是如此。所以每逢世界經濟或者主要經濟體發生危機時，股市、債市可能會大跌，但黃金、白銀價格反而會大漲。此時許多人會把財產往貴金屬轉移，用貴金屬來避險保值。所以，在過去上百年的資本市場歷史中，黃金價格整體上跟股市、債市呈現負相關性。

正因為這個原因，黃金一般而言不是真正的投資商品，而是半保險品，其預期報酬不應該高，甚至有時黃金的預期報酬應該是負的。例如在經濟平穩、社會穩定、股市上漲時期，黃金會乏人問津，價格呈趨勢性下跌或不動；這種時候，黃金的報酬不會有吸引力。但即使如此，也不該失望，因為黃金本來就不該當作投資商品來看待，別忘了黃金的保險屬性。

同樣的道理，許多金融衍生商品其實更像避險性產品，就像商品看跌期權、股票看跌期權等，我們無法用這些衍生商品是否能帶來很高的投資報酬，來評估它的社會價值。這些金融衍生商品，本書後面章節會再細談。

農產品、肉食品等大宗商品的價格，跟「壞風險」的相關性也很低，原因是不管經濟、社會發生什麼波動，人總是要吃飯的。尤其是經濟出現危機、社會出現動亂，或者自然災害導致災荒時，這些食物的價格反而會大漲。所以，很多投資者和職業基金管理人，喜歡持有一些農產品、肉食品等大宗商品期貨，目的不是追求高報酬，而是看重其低相關性所帶來的避險價值。

所以，並非所有的風險都是壞的，有的風險可能跟你承擔的風險正好為負相關或低相關，這些風險便是「好風險」。保險產品就是這樣，這類金融產品，即使低報酬甚至虧本也有市場。

重點整理

- 保險產品的價值是避險，帶來的是「安心」，所以，預期報酬可以為負。「好風險」可以用來對沖「壞風險」，其溢價為負。
- 黃金一般看成穩定的價值載體，不受經濟波動、社會動盪的影響，也不會因國情而有所不同。所以，黃金價格與各種投資市場逆向而行，呈負相關性。因此，黃金是半保險性產品，預期報酬偏低甚至也可能是負報酬。同樣，農產品、肉食品價格跟其他風險的相關性較低，一樣具有降低投資風險的功能。

● 一項金融產品的報酬跟投資者自身風險的相關度越低，其避險價值越高，所要求的報酬會越低。例如，如果你在金融產業工作，你的投資應該淡化金融類股，應該多關注一些跟金融不相關的產業股票，即使其他產業的投資報酬較低也值得。「壞風險」對應高的報酬要求，「好風險」對應低報酬要求，甚至負報酬。

延伸閱讀

在二十世紀眾多天才中，馮紐曼（John von Neumann）是最為閃亮的存在之一。他同時是數學家、電腦科學家、物理學家和化學家，現代電腦的基本設計原理正是基於他提出的「馮紐曼機」。同時，馮紐曼在經濟學也做出了卓越的貢獻。他在一九四四年與摩根斯坦（Oskar Morgenstern）合著《博弈論與經濟行為》（*Theory of Games and Economic Behavior*），是開創博弈論的奠基性經典著作。

主流經濟學利用數學工具刻畫理性人的行為，而馮紐曼與摩根斯坦確立了存在不確定性時，分析人類行為的框架，其核心就是「期望效用函數」。效用函數的建構，使得經濟學進一步數理化、精確化。

回顧本章內容，不確定性可能是事物往好的方向發展，也可能是往差的方向發展，總之是不可預測的部分，也就是所謂的風險。經濟學用「效用」來表示量化後的幸福感指標，效用的高低也是人類做出決策的唯一依據，其他的指標都可以轉換為效用來度量。當面對不確定性時，效用會受到怎樣的影響呢？

按照理論，隨著個人財富的增加，每單位財富的增加能為個人帶來的幸福感將逐漸減少，或者說財富能帶來的「邊際效用」將遞減，這也符合大多數人的心理。畢竟無論是高檔跑車還是普通小轎車都能正常行駛，但如果身無分文，一塊錢就可能造成是否會餓到暈倒的差別。

回到現實中，面對創業選擇時，若一項事業有五〇%的機率賺一百萬、五〇%可能會血本無歸，而另一項事業百分之百能賺五十萬。雖然這兩種選擇的預期收入相同，但多數人還是會選擇後者，因為這五十萬報酬是確定的。上述是實驗室中的心理學實驗，卻解釋為什麼大多數人都偏好安安穩穩地工作，少有人有勇氣（或者說承受風險的意願）踏上有風險的道路。

經濟學中，把剛剛提到的絕大多數人稱為「風險厭惡者」，與「風險偏好者」「風險中立者」不同。風險厭惡者透過保險等方式，確定自己的未來收益，進一步獲得比在不確定情況下更高的效用。

6 金融改變社會

金融可以減少犯罪？

人組成的社會是各種關係的集合，人的各種權益有了新的可靠保障時，會發生什麼變化呢？本節將探討金融為什麼可以減少犯罪，促進社會和諧。你可能會覺得奇怪，金融市場怎麼能夠降低犯罪行為？

若算進我在耶魯大學攻讀博士的四年，我一共在耶魯工作了二十二年。這些年來，總有耶魯校園周圍發生搶案的報導，儘管這些年已經改善不少，犯罪率也下降，但偶爾還是會發生。兩年前，一位叫史密斯的年輕人在傍晚時分攔路搶劫。被逮捕後，他供稱：「我的工作要到月底才發薪水。可是我這個月十八號就沒錢了，還有十二天要怎麼過呢？跟朋友借錢借不到，又沒有銀行願意貸款給我，我靠什麼活下去呢？只好去搶了！」

史密斯未必想違法搶劫，只是到月中青黃不接，他沒錢過日子，被逼得走投無路。金融本來可以為史密斯這樣的人提供類似「過橋貸款」（bridge loan）的支援，因為他十二天後有月薪，只是現在沒錢。所謂「過橋貸款」，就是提供他一些錢，讓他度過未來十二天這個「橋」。也就是把他未來的部分收入轉移到今天花用，好處是讓他不必去搶劫，可以繼續做好人。

發薪日貸款的功能

實際上，在美國有專門針對史密斯這種「青黃不接」的貸款業務，叫作「發薪日貸款」（payday loans），只是美國五十個州中有十五個州的法律禁止這種業務，甚至很多社區也立規禁止。

發薪日貸款是這樣運作的：史密斯在十八號沒錢了，還有十二天才能領到月薪，但是沒關係，他可以帶著近幾個月的薪資條、個人支票和最近的銀行帳戶明細，到發薪日貸款公司，寫上三百五十美元的個人支票，把簽名日寫成月底的發薪日，然後他就能借走三百美元。由於中間要付出五十美元費用，若算成利息成本，每年利息超過四〇〇％，成了絕對的「高利貸」。正因為這個原因，再加上看起來似乎像是乘人之危、擠榨借款人，美國許多州和社區便禁止這種「高利貸」公司。結果，很多美國人就像史密斯這樣被逼得走投無路，只好去偷盜或者乾脆搶銀行。

史密斯搶劫背後的邏輯到底有多普遍呢？是否能有大量數據資料的佐證？芝加哥大學教授摩斯（Adair Morse）對加州的一千三百個社區做了系統性研究，這些社區中，部分允許「發薪日貸款」業務，部分則嚴格禁止。她發現，在一九九六年後的七年中，一旦碰到自然災害衝擊，兩種社區都會發生個人破產率增加，搶劫偷竊案發率、酗酒發生率、夫妻吵架率、救護車呼叫率等指標也都會上升。但是，允許「發薪日貸款」等高利貸業務的社區，情況顯然好上許多，搶劫、偷盜、夫妻吵架的增加程度相對少很多，那裡的社會秩序反而更加穩定。

她的研究顯示，金融幫助老百姓攤平突發衝擊帶來的影響，讓短暫的收入短缺不至於造成無米下鍋。金融工具讓這些「史密斯們」，可以繼續做個遵紀守法的好人，而不是被迫走上犯罪的道路。

高利貸帶來的好處

由於美國大多數州還是允許「發薪日貸款」等高利貸機構合法經營，所以，金融降低生存壓力的好處在大多數地方還是能夠享受到。根據一個研究機構統計，每年大約有四千多萬美國人使用「發薪日貸款」，占全美國人口一五%；每年「發薪日貸款」的總金額，超過四百億美元。這些使用「發薪日貸款」的美國人，平均一年借八次左右，對「發薪日貸款」的依賴可想而知。

不妨想像一下，假如沒有「發薪日貸款」幫忙，這四千多萬美國人中，有多少會被逼上搶劫、偷竊之路？所以，立法者出於好心禁止高利貸，但倒楣的是老百姓，因為將導致許多人走投無路，最後鋌而走險。

一九八五年到二〇〇二年，美國有位著名的參議員菲爾．格萊姆（Phil Gramm）。他出生於喬治亞州，很小的時候父親就因殘疾沒有收入，母親靠著同時做兩份工作才勉強照顧殘疾丈夫，同時撫養三個孩子。由於家境艱難，收入風險太高，沒有銀行願意給她母親貸款買房。為了讓一家人有自己的房子住，母親最終的唯一選擇就是借高利貸買房。

所以，就有了格萊姆參議員的名言：「如果次級貸款被禁止，如果高利貸機構被禁止，我母親就不可能在我們兄妹三個都很小時買到自己的家。有了高利貸，我的母親讓我們有辦法住在自己的家。」

如果監管者為了自己方便禁止民間金融、禁止高利貸，千千萬萬個低收入家庭就永遠買不到房子，受害的是中低收入的老百姓，而社會也不得安寧。

重點整理

- 人之初，性本善。對絕大多數老百姓來說，如果有辦法讓自己繼續遵守法紀，不太有人會選擇搶劫偷盜。
- 「發薪日貸款」等高利貸金融，有其特殊的需求和社會意義。許多中低收入階層是一般銀行、金融機構不會服務的對象，他們的信用評等不是很低，就是根本沒有信用資料。唯一願意提供他們服務的是高利貸機構，因為高利貸機構願意承擔風險，接受信用評等低的人。
- 如果禁止這些高利貸業務，會把中低收入族群「做好人」的路都堵住。一旦碰到青黃不接或者發生意外災害時，這些老百姓會被逼上絕路、走向犯罪。民間金融不只是解決經濟發展的問題，更是社會穩定的基礎。

為什麼我們愛送禮？

在聚焦討論各種正式金融問題前，再談一個離我們生活很近的話題，就是禮尚往來文化，我們為什麼愛送禮？背後的金融邏輯是什麼？

我的母親九歲時就以童養媳身分嫁到我父親家，依照她對我們兄弟的說法：「嫁到你們家！」我小時候最欽佩母親的是，她從來沒讀過書，也不識字，但她隨時可以說出哪家什麼時候送了多少禮、什麼禮，也可以隨時講出我們家哪天要給哪家還禮、誰家何時要蓋房子，或者娶媳婦、嫁女兒之類的。我始終不知道她是如何在腦中管理如此複雜的帳本，因為我們村很大、人口很多，資產負債表一定很複雜，但是她腦海裡的資產負債表是清清楚楚的。但是，她從來沒有因為哪家的禮沒有還，而得罪了人。

「禮尚往來」背後的邏輯是什麼？為什麼送禮文化正在改變？

禮尚往來的金融邏輯

母親經常向我說明送禮與回禮的道理：第一，收了人家的禮，一定要還，否則親戚或朋友關係就沒了；第二，還禮時，不能少於對方送來的禮，至少要加一成；第三，對親戚，逢年過節要送禮；第四，親戚和朋友蓋房、紅白喜事、生孩子或有其他喜事時，都要送禮。

從我母親傳承下來的禮節文化發現，禮尚往來是典型的跨期價值交換，交換的信任基礎是友情關係。張家今天送一百塊的禮物到我們家，我母親之後會用一百一十塊錢的禮物來還禮，這中間的投資報酬是一〇％。我們家給別人送禮後，也會有類似的報酬預期，否則，「禮尚往來」就不會「往來」了。

送禮一般都發生在一戶產生大量開銷時，例如蓋房子、搬新家、娶媳婦、辦喪禮，鄰居親友都會向那一家送禮；等到我們家也出現這種大額開支時，別人家也會還禮。因此，送禮實際上是一種換個說法的融資行為，「禮尚往來」等於是一種不斷重複互相融資、互相投資，幫助彼此解決大額開銷的過程。

只要大家都有意願繼續當親友，這個「禮尚往來」的過程就會持續，而且親友圈越大，其內部金融市場的效果就越好，因為融資面、融資額、分攤跨期風險的範圍就可以越大。但有個前提，大家世世代代都要住在同一處，不能移民或遷徙他鄉。一旦有人開始遷徙他鄉，或者經常不在同樣地方住，重複博弈的過程就會停止，信任基礎也會被破壞。

在傳統的中國社會，只要人口很少流動，生產和生活所需的開銷不會太大，基於「禮尚往來」的親友圈金融市場就很夠用。但是，一旦開支金額、風險程度都大幅提高，這種金融市場便顯然不夠，因為不管你的朋友有多多、親族有多大，能夠融到的資金、能夠分攤的風險都是有限的。為了進一步擴大融資範圍、增加融資規模，就需要向更大的陌生人群去融資，這就需要現代金融仲介和現代金融市場。

因此，現代金融市場不僅會取代過去基於親友的融資圈、改變融資範圍和融資結構，也會改變甚至削弱傳統親友圈的作用，重創傳統社會網絡的性質和含義。當然，這也會使「禮尚往來」從原來注重「融資功利」，轉變為注重無所求的真正友情。

轉型中的傳統社會型態

你可能覺得奇怪，研究金融的人怎麼老是喜歡從利益的角度去解讀社會、解讀文化背後的成因？的確有許多人指責：「經濟學家的心胸好狹窄，總是從利益的角度解釋一切。難道世界沒有愛嗎？」但這不是研究金融的人心胸狹窄，跟我們為人處世的方式也沒關係，而是我們研究的對象——人類，就是這麼現實！經濟學家關心的是人類行為背後的驅動力，包括文化的形成過程與變遷過程背後的驅動力，是什麼讓人類創造出這種或那種文化內涵並且能夠延續下來。

在今日社會，各地的金融發展程度差別很大。農村還是很傳統，金融產品很少；一線城市已經很發達，金融市場豐富多彩；二、三線城市則依次介於一線城市和農村之間。既然一線城市的金融很發達，農村則相反，是不是一線城市的人便不再依靠「禮尚往來」融資，而是依賴現代金融市場？城市越大，送禮的頻率就越低、越少呢？

為了回答這些問題，我過去做了三次問卷調查，結果發現，農村居民幾乎都會送禮，每年送禮開支占收入比很高。城市規模越大，送禮的傾向就越低、頻率越少，每年的送禮開支占收入比也越低。因此，大城市的文化與農村文化顯然完全不同，上海和深圳人在送禮等觀念上，已經跟美國社會很接近。

正因為在融資、投資角色上，現代金融市場跟原本的親友圈有很強的相互替代性，隨著金融市場的發展與豐富，親友們的經濟作用在下降，禮尚往來的必要性也因此下跌。金融市場使得禮尚往來文化逐漸成為歷史。

重點整理

- 在傳統中國社會，沒有金融市場，因此碰到蓋房、生子、婚嫁等大額開支時，親友都會送禮，減輕短期大額開支帶來的生活壓力。「禮尚往來」的規則是：今後必須還禮，而且是超出當初禮物價值的一定比例金額還禮。所以，「禮尚往來」是換種說法的跨期融資、跨期投資，親友圈等於一個內部的金融市場。
- 隨著現代金融越來越發達，人們向親友融資的依賴度在減少，特別是人口流動增加以後，作為重複融資體系的親友圈，所需要的信任基礎在瓦解。金融正在改變傳統「禮尚往來」文化，也改變我們熟悉的社會關係和社會結構。

日本明治維新的金融創新

你可能知道明治維新讓日本走向現代化，但未必知道明治維新背後的金融故事。一八五〇年之前，日本對外實行閉關鎖國政策，對內實行封建等級制度。那時的日本，比起大清帝國來說，只是一個彈丸小國。但是，短短幾十年內，日本經濟與軍事實力迅速擴張，不僅在甲午戰爭中擊敗大清王朝，迫使清朝割地賠款，之後更稱霸亞洲，與西歐列強平起平坐。這一切發生的原因很多，故事也很多，我們就集中在明治維新的金融故事上。

日本現代化的起點

明治維新是日本現代化轉型的起點，在這之前，日本實行的是封建等級制度，天皇是名義上的政治權力中心，但是幕府將軍掌握著實際的統治權力。在地方上，各藩的領主——大名，掌握著地方的控制權，與幕府分庭抗禮。在大名之下，是享受著各種特權的武士階層，武士不僅擁有佩刀等政治特權，還享有家祿等經濟特權。所謂家祿就是政府向武士免費提供的經濟補助，通常以祿米的形式發放。武士階層在日本很龐大，德川幕府時期，武士階層占當時日本人口的六至一〇%。到明治初期，武士仍占日本總人口的的六%。一八五三年七月，美國東印度艦隊司令、海軍准將培理（Matthew Perry），率艦隊抵達日本爆發了「黑船事件」，就此打開日本封閉的國門。

一八五四年三月三十一日，培理再臨日本，同時代表美國與日本簽訂第一份不平等條約——《日美親善條約》。美國的入侵激化了幕府與地方強藩之間的矛盾。尤其是具有維新思想的長州、薩摩等藩，反對幕府與外國列強妥協，進而結成聯盟並暗中聯繫天皇，主張推翻幕府。

一八六七年，新登基的明治天皇向倒幕派授意，號召他們推翻幕府統治，實行大政奉還。隨後幾年，德川幕府派與倒幕派兵戎相見，爆發了戊辰戰爭。戰爭結局是倒幕派獲得勝利，明治天皇重新掌握政治權力，並開始推行一系列體制改革。

推翻幕府統治之後，銳意進取的明治政府，改革是否就一帆風順？實際上，在推翻幕府統治後，明治政府遭遇到巨大的改革阻力，首先面臨的就是如何安撫地方藩主的問題。推翻幕府的主力軍是長州、薩摩等強藩，這些地方勢力不但手握地方兵權，還控制當地的銀礦、土地等經濟資源，新生的明治政府卻只是一個空殼，手上既沒有兵，也沒有錢。

古今中外，體制改革都要動到許多人的「乳酪」。核心問題在於，如何讓各方都能從改革中受益，進而支持改革，特別是如何防止既得利益階層阻撓改革？改革本身就是利益的重新再分配，而最不願意改革的當然就是舊有體制內的既得利益團體。鄧小平在一九七八年的改革開放中，是透過「讓部分人先富起來」贏得既得利益者的支持。明治維新的案例中，地方大名與武士階層無疑是舊體制下的既得利益者，因為他們享有廣泛的特權。究竟，明治政府是如何處理這個問題？

漸進式體制變革的金融基礎

為提高政府的談判能力，明治政府推行徵兵制，用以取代原有的武士階層，同時廢除武士佩刀的特權。這一變革對武士的衝擊意外地小，因為，由於武士長年享受特權已經成為典型的寄生階層，戰鬥力已大大減弱。因此，採取徵兵制、取消佩刀特權，影響並不大，只要武士仍然享有家祿這個經濟特權就好。

但是，武士階層享有的家祿經濟特權，也成了明治政府的財政負擔。一八七一年的日本財政收入為五千零四萬五千日圓，財政支出為五千七百三十三萬日圓，其中家祿支出為一千六百零七萬日圓，約占財政支出的三成；當時的陸軍軍費排名第二，為七百三十四萬六千日圓，還不及家祿支出的一半。

但是，要改革家祿制度談何容易！享有家祿的世襲武士階層，不僅是當時最大的既得利益集團，手中還掌握著軍事與政治資源，處理不當很容易引發內戰。

當時明治政府中的政治家提出了解決方案：贖買，也就是透過政府債務融資，籌集資金一次性買斷武士階層的家祿特權。明治政府於一八七三年在倫敦募得二百四十萬英鎊的公債，利息七分，折合一千一百一十七萬二千日圓，加上政府本身的財政準備金、秩祿償還金等資金，用來贖買武士階層等貴族手中的家祿特權。

不過即便透過對外借款，政府仍然無法籌足用於贖買家祿特權的資金，因此明治政府進行了金融創新：建立秩祿公債計畫，根據原來各藩武士俸祿高低而發行面額不同的債券，由政府支付固定利息來代替原有的俸祿。

為此，政府向三十一萬零九百七十一位武士，發放總計達一億一千三百萬日圓的金祿公債證書，一次性贖買武士階層的家祿特權。這一贖買政策，在日本歷史上稱為「秩祿處分」。

此外，明治政府採取了另一個更重要的金融創新：一八七六年，政府修改了國立銀行條例，規定個人可以用「秩祿處分」中的金融公債為資本金設立銀行。此一規定，大大緩解日本銀行業發展初期資本金缺乏的困境，使得日本銀行在短短兩年內，從七家迅速增加到一百五十多家。到了一八七八年，二萬九千三百六十位武士與貴族，控制了三千零五十八萬日圓的銀行股份；其他四千七百三十位股東，只控制了八百八十七萬日圓的股份。儘管武士與貴族掌握的銀行股份不斷被轉手到他人手中，到一八八二年，武士階層仍然掌握著四分之三的銀行股份。

明治政府金融創新的另一個好處是，透過將武士階層手中的政府公債轉化為銀行資本金，讓武士階層成為經濟改革的支持者，讓他們與整個體制改革形成所謂的「共融利益」。也就是說，當年最反對改革的群體，現在成為最支持改革的群體，因為改革越成功，經濟發展越好，他們的收益就越大。

上述故事可以發現，體制變革往往會遭遇既得利益團體的阻礙，如何處理這一矛盾是決定改革能否成功的關鍵因素。當面對掌握強大政治與經濟權力的利益群體時，如何透過好的體制設計，達到既得利益團體與體制變革的相容，是關心改革的人都需要認真思考的。這個過程中，金融創新也許能給體制改革的設計者帶來新的思考方向。

重點整理

- 體制改革要妥善處理既得利益團體的利益訴求，否則將面臨極大挑戰。這也是歷史上體制變革鮮少成功的重要原因。日本明治維新時，金融領域的創新解決了體制改革中的核心挑戰。
- 透過贖買既得利益階層手中的特權，同時將其轉化為經濟發展所需要的資本和動力，是日本明治維新之所以能成功的關鍵金融創新。

第二部分

借貸的真相

7 借錢是怎麼回事？

年輕人借錢來花不好嗎？

一般情況下，年輕人是比較缺錢但需求又是最大的族群。除了薪水和家裡資助，借錢來花往往是最常見的方式，例如向身邊朋友借錢、用信用卡或網路貸款。但因為自我約束能力有限，加上部分貸款形式缺乏法律約束，很容易發生各種問題。那麼，年輕人到底應不應該借錢來花用呢？

從父母、親戚到官方，一般都會反對或禁止向大學生辦理貸款業務。為什麼會這樣呢？校園借貸的確問題很多，一些放貸機構誘貸、騙貸，或者透過高利貸惡意敲詐學生，這些違法悖德行為必須得到懲治。但是，還是應該要從根源上瞭解年輕人借錢花的必要性，再從實際營運上改善校園借貸，與其他年輕人貸款品項的挑戰，不是一味地禁止。

青年時期是一輩子中收入最少的時期

回頭看我的大學生涯，的確是一輩子中最缺錢、收入最低的時候，即使有獎學金，但能花用的錢真的很少。不只大學四年如此，後來在耶魯大學的研究生時期也一樣，有些微薄收入，但比起我現在的收入低很多，只能勉強過日子。但人生中，年輕時卻是最需要花錢的時期，花錢能得到的感受最好，實際效果也最大。

一方面，此時需要讀書學習、累積人力資本。如果當時有更多錢，便能買更多書，到更多地方旅遊學習、參加不同的講座、拓展知識面，也能更主動規畫自己的人生。

另一方面，此時也正是談戀愛、找對象的時候，是個人成長中非常重要的經歷，是對人力資本的投資。雖然年輕人談戀愛沒有到必須有車有房的程度，但如果你連請女朋友看電影、吃飯的錢都沒有，擇友範圍就會大大縮小。不管你現在是青年還是已經為人父母，都能瞭解財務約束對人生一輩子的影響非常嚴重。等到結婚成家，青年家庭更需要財力去發展維持。

青年時期是最需要花錢，但又偏偏最缺錢。到現在，我已五十歲出頭，女兒大學畢業了，家裡的開銷不怎麼大。但我也不像年輕時那般享受花錢，吃得不如當初香，玩得也不像那時起勁，但這時候又偏偏是一輩子中收入最多的時期。

原來，收入的人生軌跡跟開支的人生軌跡間存在明顯的矛盾。那是否有辦法把年長時期的收入轉移到青年時期去呢？

花未來的錢，改變今天的生活

今日的大學生和其他年輕人比我們當時幸運，如今有助學貸款和其他金融服務。傳統中國社會沒有這些金融服務。靠的是家庭內部的代際交換來迎接這種挑戰，長輩用他們的收入支援需要花錢的晚輩，等晚輩自己也成長輩了，再去支持下一代。

但是，代際交換模式在很多情況下並不夠用，而且負面作用與道德風險嚴重，這個部分後面會再談。像我的父母生活在農村，不可能在我大學畢業後繼續給予支援，代際轉移支付難以進行，無法利用血緣網絡轉移太多未來收入。所以，對許多人而言，代際互助安排是不夠的，不足以解決收入與開支需求的年齡差矛盾。

因此，年輕人借錢花、借錢創業是解決收入與開支的根本辦法。我以前的確也經歷過，從大學到攻讀博士，我沒存到錢；博士畢業開始工作後，還是沒存到錢，甚至會根據需求借錢。當時我曾向朋友說：「我現在收入少，為什麼要把錢存下來，等到未來收入更高時才花呢？」當然，朋友們無法理解，也不敢相信這樣的想法，因為華人的主流觀念是從小起就開始存錢。但是，按照經濟學邏輯，只有跨越年齡平衡收入，才能把一輩子的整體幸福感最大化。

許多人認為借錢只是「透支未來」。實際上，借錢也是在改變未來，因為你借錢花之後，可以改變、擴大接下來的生活和工作的選擇範圍。

一位朋友感嘆說：「為什麼來自農村的官員比較容易貪腐？是因為他們在長大、讀書的過程中有很多兄弟、親戚出資支持，所以等他們有出息做官後，就需要回報親戚，被逼著貪腐。

如果農村很早就有教育貸款，那官員承受的貪腐壓力可能就不一樣了。」雖然這種說法有些偏頗，因為城市出身的貪腐官員也不少，但其中的意思很明確，轉移部分未來收入到青年時期花，不僅緩解那時的財務壓力，也能改變接下來的人生和事業選擇。

八〇年代，中國大學生和研究生不必繳學費，政府還提供多數大學生獎助學金，研究生每個月還有薪水領。當時，不同家庭背景的學生間在經濟上雖然也有差距，但差別沒有像今日如此大。今日，助學金的補貼不僅不多，還要繳學費，對貧困學生來說，助學貸款、校園貸款就變得很重要。否則，不管他們學成之後未來收入前景有多好，今日都無法繼續求學或最大化地充實自己。其實，即便對於家庭條件優良的學生，也應該提供他們各種貸款選擇，讓他們藉此建立獨立人生、發展獨立人格。

重點整理

- 傳統社會金融市場不發達、金融產品不豐富，人們只好盡可能存錢以備不時之需，同時減少消費。因此，也會貶低甚至打擊借錢花用的行為。
- 大學生和年輕人借錢花用不是壞事，只要不過分即可。青年時期是一生中收入最少但最需要花錢的時候，到年長時收入達到最高而支出需求偏偏又最低。這種收入和開支之間的年齡矛盾，不僅降低個人一輩子的總體幸福感，而且抑制每個人的事業發展潛力。金融市場正好可以幫助年輕人解決這種矛盾。

借錢花逼你有出息

你可能聽過以下言論：借錢花是愛享受但沒有自制力的表現，尤其是如果年輕時就借錢消費，長大了那怎麼得了……

來看個真實的故事：劉教授在一所大學歷史系任教，二〇〇六年，他來耶魯大學訪問一年，其間，向我說了他小舅子的故事。二〇〇四年，劉教授在上海的小舅子小王結婚，要花人民幣一百二十萬元買間四十五坪的房子。小王和未婚妻都在金融公司工作，兩人年收入總共為十八萬元，手頭上的積蓄有三十萬元，所以，要買房還缺九十萬。這九十萬要怎麼湊呢？

一種可能是小王從銀行貸款，如果以三十年為期、年息五％計算，小王今後的月付額大約四千八百三十二元，年支出不到六萬元。這金額他們支付得起，但會花掉夫妻未來年收入的三分之一。

不過，小王和未婚妻並不願意貸款。他們向父母說，貸款會讓他們剛成家就背著每月得還款的包袱。小王的父母想想也是，不能讓年輕夫妻背著這麼重的擔子。正好小王父母已退休，手頭上有六十萬元養老用的積蓄。就這樣，小王父母拿出六十萬元的積蓄，劉教授本人貢獻了全部積蓄的二十萬元，另一位親戚出了十萬元，讓小王順利買房。

小王的故事似乎是皆大歡喜吧？算不算典型的中國式安排？

短期便宜害了大家

當然，劉教授小舅子的故事對華人來說很習以為常，只是這種安排改變了小王大家庭的關係和性質。第一，劉教授本人現在一想起這事就生氣，作為歷史學教授，自己的收入並不高，二十萬元積蓄是他當時所有的錢。加上自己的房子也不過二十多坪，憑什麼得把所有的積蓄供小舅子買間四十五坪的大房？所以，從那以後，提起小舅子，他先想到的是自己的積蓄，而不是跟小舅子的感情有多好，況且那筆錢也讓劉教授跟夫人的關係變得緊張。

第二，本來小王父母可以把六十萬元的養老金進行理財投資，待更年老時，能夠養活自己，也能有自己的尊嚴和自主。如今錢都給了兒子，今後的養老就只能靠兒子，不管今後跟媳婦是否相處融洽，也沒有別的選擇，只能跟他們一起住、靠他們供養、等著他們給錢。本來可以獨立養老的小王父母，今後就只能靠別人，不能想要怎麼花錢就怎麼花。

更糟糕的是，正因為小王很容易地得到九十萬元的幫助，無法深刻感受到靠自己勞動養活自己的責任，那看似「免費午餐」的九十萬元，只會培養惰性。美國石油大王洛克斐勒曾說：「如果你想讓一個人殘廢，只要給他一對拐杖，只要幾個月就能達到目的。換句話說，如果在一定期間內你給一個人免費的午餐，他就會養成不勞而獲的習慣。別忘了，每個人在娘胎裡就開始有被照顧的需求了。」他進一步說：「資助金錢是一種錯誤行為，會使一個人失去節儉、勤奮的動力，而變得懶惰、不思進取、沒有責任感。更重要的是，當你施捨一個人時，你就否定了他的尊嚴。你否定了他的尊嚴，你就搶走了他的命運。」

還款壓力使人積極向上

如果小王的九十萬元是向銀行貸款，自己借錢來花，表面上會給小王夫婦帶來還款壓力，但這種壓力不是壞事，會迫使小王奮發向上，培養「自食其力」的個人責任。同時，這也保住了父母的養老金，老後有自尊的財產基礎，可以理直氣壯，不需要看子女臉色。對劉教授夫婦來說，他們的關係就不會出現惡化，當然也不會讓劉教授一想起小舅子就想到失去的積蓄。

實際上，這兩種安排，給每個人帶來的自由度也截然不同。試想，小王拿了親戚的九十萬元買了大房子，他們夫妻今後進行消費，親戚自然有權過問、有權管，就像劉教授抱怨小王的房子比他自己的大很多一樣。

在美國，借貸消費已經是整個社會文化的一部分，是如此自然，以至於兩年前當我準備以現金買房時，我女兒說：「現金購屋合法嗎？」她的意思是說：一般人都借錢買房，怎麼會用現金買？

當然，美國並非一直如此，借貸消費的做法源於十九世紀中期。當時美國社會特別是教會對借錢極為排斥，認為借錢的人道德自律性一定很差，因為「他們花掉今天的收入還不夠，居然還要借未來的錢花」！所以，那時美國人借錢花時都不敢告訴別人。但到了一九二〇年代，借貸消費已經非常普遍，這讓一些學者開始研究，借貸消費到底使美國人變得更獨立、更勤儉了，還是變得更懶惰、道德更敗壞了？

當時哥倫比亞大學經濟系主任、經濟學家賽里格曼（Edwin Seligman）教授，蒐集了一九〇〇年後美國人的借貸和消費等詳細資料，整理研究後發現：每月還款壓力不僅沒有使美國人懶惰，而且迫使他們更加向上，追求自立。特別是因為還款壓力，許多家庭開始注意理財、精心安排家庭收支。同時還催生出家庭財務規畫這個專門職業，以確保每個月能按期還款，「家庭財務紀律」成了新的流行語。

現在，不少父母也越來越意識到，靠血緣網絡內部互通有無，完成人際跨期金融交易，並不能激勵每個人奮發向上，會培養出等待「免費午餐」「搭便車」的精神。之前，有一對夫婦不滿兒子揮霍無度，哪怕得多繳六十萬元的稅，也要從兒子手裡收回價值兩千萬元的別墅。母親李女士說：「兒子這麼大了，只知道花天酒地，用錢揮霍無度，也不結婚……」為了敲醒不爭氣的兒子，他們決定把先前為了避遺產稅而轉贈給兒子的別墅轉回自己名下。雖然如此無法躲避遺產稅，還得多付六十萬元的交易稅，他們也堅持。

不管父母、親友是否有錢，給年輕人「免費午餐」絕非上策。利用外部金融市場讓年輕人「自食其力」，最終不僅為個人空間、個人自由的最大化提供基礎，還能迫使年輕人成材、成功、有出息。

重點整理

- 由於原本缺乏金融市場，所以各路親友為年輕人出資，幫他蓋房、成家是常見現象。因此也帶來扯不完的親戚關係、理不清的家族矛盾。更糟糕的是，可能培養出靠「免費午餐」度日的懶漢。這種傳統太根深柢固，即便今日有了金融市場，也無法在短時間內改變人們的習慣。
- 如果讓年輕人借錢花，雖然沒人喜歡還款壓力，但可以激發年輕人奮發向上、成材成功的鬥志。美國社會的發展也證明，借貸消費帶出「自食其力」的自立精神，培養出個人財務紀律與個人責任。

消費也是投資：借錢花的邏輯

看到這個標題你一定會有疑問，消費怎麼會是投資？

一九九〇年我在耶魯博士畢業之前，提前七、八個月開始尋覓大學教職工作，所以我著手準備各種面試，打算到不同大學進行學術報告，那時候，一位耶魯青年教授跟我說：「職場上找工作，不光是把你的研究講清楚，讓他們知道你的學術研究能力和發展潛力，掌握好你的形象一樣重要。要給人一個很振奮、有激情、很敏銳的印象，因為他們看重的不只是你的論文，也會評判你這個人。」

這位教授推薦一本書給我，名為《為成功而著裝》（*Dress for Success*）。作者指導男性該如何挑選西服、襯衫、領帶、鞋子、鋼筆等，還特別強調不要讓妻子、女朋友幫你購買職場服裝，因為妻子看重的跟適合職場的往往不同，女士喜歡的男人模樣不一定是職場看重的男性形象。但是，這本書裡推薦的西裝、領帶款式都很經典、也很貴，不是沃爾瑪能買到的便宜貨。

對於我這個一直在讀書的窮學生，哪裡有幾千美元去購置這些經典裝束？那位教授說：「不能把這筆支出看成消費，應該當成投資，是對你未來職業的投資。」我當時半信半疑，但還是去銀行借錢，給自己購置了一批昂貴的職場服飾。穿著這些，的確讓我在面試、講學的過程中感覺更有精神與自信。雖然很難確定這些服裝對我找到工作是否有決定性影響，但絕對沒有讓我失分。

借貸消費文化的形成

多個世紀以來，對借錢消費的道德指責從未停過。依照這些道德標準，我當時借錢治裝的行為也該受到譴責。如前面所提，美國的借貸消費文化是從十九世紀中期開始，到一九二〇年代進入全盛期。當時美國的報章雜誌，特別是婦女雜誌，到處是分期付款、借貸銷售的廣告。大到房子、汽車，小到糖果，任何商品都可以先享受，之後再分週或分月還款。

當時有個很有名的廣告這樣說：「吉米今年三十歲，年收入三千美元，他的身價至少有十一萬二千二百九十美元。如果他今天把身價中的一部分拿來花，那他可以買什麼呢？他可以買大房子、好車、好西裝，去好餐館……」吉米的身價值約十一萬美元，是因為他至少還要工作二十年。如果未來每年有三千美元的收入，把未來二十年的收入按一〇％左右的貼現率做折算，就有約十一萬美元的總身價，這是他的人力資本價值，也是他未來的總收入。這個廣告便是告訴你：「如果你把未來的錢借來花，那你今天可以買到哪些東西呢？」這種廣告吸引了眾多老百姓，特別是中低收入族群去借貸消費。

因此帶來了什麼結果？一九一〇年，全美國的分期付款信貸餘額為五億美元，到一九二九年上升到七十億美元，短短十九年裡就翻了十三倍。到一九三〇年年初，約七五％的汽車、家具、洗衣機、電冰箱等大額銷售都是靠消費信貸完成的；若以一般非耐用品來看，超過四〇%的銷售是透過分期付款完成。這時，美國消費文化的發展歷程算是完成了。

當然，千千萬萬借貸消費的家庭和個人中，一定有因為抵擋不住廣告、物質的誘惑，導致負債太多，最後傾家蕩產的例子。媒體上也充滿因負債過重而不能翻身的故事，並攻擊借貸消費行為和這些黑心公司。但是，也有人提出質疑：這些人是因為自己不能自制而負債過重，還是因為放貸者不負責任的引誘所導致？這跟那些強姦犯說「不是我的錯，是因為對方穿得太漂亮，所以我忍不住」有區別嗎？該受到譴責的是借錢失控的人，還是那些放貸方？

消費也是投資

在對借貸消費的一片指責聲中，賽里格曼教授蒐集到大量資料，包括借貸消費人的身分、年齡、借貸金額、利率、期限、還款記錄等，透過對這些資料的研究發現：在最低收入族群中，大概有十分之一的人使用分期付款消費，而收入越高，分期付款消費的傾向就越強；都市人也比鄉鎮居民借貸消費的可能性更高。原來，不只是窮人借錢花，中產階層也借錢花。此外，其中的壞帳率通常在一至二%左右，並沒有像媒體宣傳的那麼糟糕。

賽里格曼教授更重要的貢獻在於，他為借貸消費正名。他提到，把「消費」和「生產」、「消費」和「投資」區分並加以對立，是沒有任何意義的。因為消費也是投資，消費也是生產並產生價值。在經濟學中，會把「人」的創業賺錢能力稱作「人力資本」。在今日資訊時代、金融經濟時代中，最重要、最有價值的是人力資本，而非物質資本。

什麼才算是在為人力資本進行投資？如果不吃飯餓死了，人力資本就死了，因此吃飯是投資；如果吃不好或營養不良，你的天賦再好也無法發揮。如果穿不暖，凍到生病了，人力資本也白白浪費掉了，所以買衣服、看醫生也是投資。

有人認為，吃飽、穿夠就好了，為什麼要借錢買更好的、買名牌？這不是多餘的消費，不是浪費嗎？前面談到我在博士畢業前借錢買衣服、找工作的經歷，就顯示了更好的職場著裝能幫助我在面試、講課過程中加分，幫助我找到更好的工作。做業務的朋友都知道，如果你開賓士去和客戶談生意，你談成的機率會更高。即使你不是業務，每天在職場上，你也是在銷售自己的能力，你需要更好地表現自己。而要做好這一點，就需要在自己身上進行投資，而借錢消費也是投資。

青年時期，最重要的事情是為自己的未來打基礎、投資自己的未來。最大化自己的未來，是年輕人最重要的創業投資。

重點整理

- 未來是不確定的，所以，借貸消費有時發生違約很正常。如果有一百萬人借款消費，一%的壞帳率也會導致一萬人面對困局。但不應該只看到這一萬人的遭遇，而忽視其他九十九萬人得到的好處。但歷史上對借貸消費的道德指責，往往僅基於這一%的故事。

- 是否能夠抵擋誘惑是消費者的事。如果一個人過度借貸消費，這位不理智的消費者應該承擔主要責任，而不能把責任歸結到放貸方。
- 把「消費」和「投資」、「消費」和「生產」對立起來是不恰當的。消費也是投資，關鍵在於是否把人力資本看作資產。在今日經濟環境下，人力資本是最重要的資產，因此根據需要借錢花也是投資。

延伸閱讀

現在我們瞭解到，適當的負債反而有利於激勵年輕人努力奮鬥。實際上，適當的政府負債還有可能有利於推動政策改革，促進國家進步。為了更深入地瞭解「借錢」如何能促進國家的發展，不妨來看看歷史的啟示。

如果把一六〇〇年左右的國家分成兩組，一組是國庫儲蓄豐厚的國家，如明朝，中國當時國庫藏銀一千二百五十萬兩、印度國庫藏金六千二百萬塊，類似的國家還包括土耳其帝國、日本等。另一組是負債累累的國家，像西班牙、英國、法國、荷蘭、義大利城邦等國家。

在四百年後，哪組國家發展得比較好？當年國庫藏金萬千的國家，除了日本透過明治維新改變命運外，其他國家到現在還是發展中國家，而當時負債累累的卻成了今天的已開發國家。為什麼借債花錢非但沒使西方國家垮掉，反而更加強大呢？

第一，國庫錢越多，朝廷銀庫越滿，當權者就越不需要依賴來自民眾的財政支持，因此會變得更加專制。而越是當權者欠債累累的國家，政府就必然有求於百姓，希望民眾能夠繳稅。最終民眾能制約國家的權力，促進民主與規則的發展。

第二，市場上國債的交易反映了民眾對國家政府的信心。如果政府存在失職行為，國債價格就會下跌；而如果政府得民心、國家發展情勢良好，國債價格就會升高。也就是說，國債市場提供評估政府政策與制度優劣的具體工具，透過國債價格的波動直接反映了政府是否上軌道。只要繼續發債的需要還在，國債價格的下跌必然逼著政府對其政策或法律進行修正。由於國家對證券市場的監督、評估、定價隨時都在進行，國債市場對投票決議制度也發揮了有益的影響。

總而言之，負債的政府其權力受到民眾（債權人）的監督，政府的作為也能被證券市場的價格波動及時反映。不論對個人還是對國家，負債都不一定是壞事，反而可能是促進奮進的動力。

8 借貸關係中的重要變數：利率

利率的作用與邏輯

利率到底是怎麼回事？為什麼這麼多人恨它？

香港大學的李教授有四個小孩，前不久在路上碰到他，聊起子女上學的事，他說：「我現在經濟壓力好大！大兒子在讀研究所，其他三個小孩都在讀大學，我的薪水要負責三個半人的大學學費，實在是吃不消。真希望他們都趕快畢業。」我跟他說：「你為什麼不讓他們自己辦理就學貸款，或者乾脆你自己貸款呢？」他回答說：「那我還要付利息呀，虧大了，我才不幹！」

李教授沒有學過經濟學，更不瞭解金融，他的思維我們很熟悉，是一般人的典型想法。實際上，他的情況恰恰說明貸款有利息是應該的，也很合理。他是港大的終身教授，收入到退休前會很穩定，每年還會有些成長。可是，未來四年孩子的學費支出壓力很大，但是之後經濟狀況就會完全反轉：李教授屆時不需要再付學費，薪水也會比現在高一些，四個小孩也有收入了。所以，他將來不僅不太有花費，收入還比現在多。按理說，李教授的情況最能證明借貸利率的合理性，他應該很高興地支付利息，因為貸款可以幫助李教授攤平來年的經濟壓力，讓生活不至於現在吃不飽，未來吃不完。

利率的效用邏輯

經濟學中，常把利率稱為「資金的價格」。如果年利率是一〇%，你今天使用別人十元，一年後還本金的同時還要支付一元的利息成本。正常的情況下，這個「資金的價格」除了透支未來十元外，還能給你帶來的額外好處，例如：幸福感、享受、愉悅等「主觀效用」的增值。

當然，具體的理論模型更為複雜，這邊不細談。但這個理論的基本結論是：利率取決於一塊錢給借方帶來的額外好處，用經濟學的術語來說就是邊際效用。這種額外好處越多，利率就越高。如果貸款可以幫助減少李教授未來四年的痛苦、平衡他一家人的每年開支，那他應該願意支付利息。而利息到底應該多高，就由高到多少他就不願意借錢來決定。例如，利率為二%，他願意借一百萬港幣；若利率為三%，他願意借七十萬港幣；如果利率為八%，他就不想借了。所以，對李教授而言，利率最高不能超過八%。

基於借方的「主觀效用」來確定利率高低的理論，在歷史上也多次受到道德人士的抨擊。原因在於，一般都是在青黃不接或者災荒逼迫很多人活不下去時，才會出現大量借貸需求，對於這些沒有錢就活不下去的人來說，借一塊錢可以帶來的主觀效用增值是無窮大的，因為借到的任何錢都是救命錢。所以，按照市場經濟邏輯，利率不管多高都是合理的。但是，這樣不是趁火打劫、乘人之危發橫財嗎？於是，過去有了長達幾千年「打擊高利貸」的歷史。後面會再討論這個「民間借貸是否應存在」的話題。

利率的機會收益理論

利率到底應該由什麼決定呢？因為資金是有成本的，而對一般人來說，今天的一塊錢比明天的一塊錢更有價值，所以，我們也必須從資金的提供方（放貸方）來看利率。畢竟，銀行也好，願意做放貸的個人或公司也好，李教授絕對不是他們放貸投資的唯一對象。銀行可以把資金用於購買政府公債，這樣沒有違約風險，投資也很可靠；或是貸款給那些生產性企業、房地產公司等。所以，李教授願意支付多少利率成本，那是他的事情。如果政府、公司和其他個人借方願意提供一〇%的利息回報，如此一來，李教授也得同樣支付一〇%的利息，不然就別想貸款了。

也就是說，其他投資機會的收益也對李教授必須支付的利率有所影響，畢竟各行各業和各類金融市場是同一個經濟共同體，需要資金的各方同時相互競爭。誰出的資金價格（利率）最高，誰就先得到資金，也得到最多的資金支持。這就是為什麼在錢賺得多、賺錢容易的時候，利率會高；反之亦然。正是利率把各種投資市場、各行各業連結在一起，我們在分析經濟、產業走向時，不能個別孤立起來分析，而要相互關聯在一起。某個金融市場的波動會牽動其他市場，一個產業的變化也會帶動其他產業的變化。各國央行都把宏觀經濟調控重點放在基準利率上，道理也在這裡。

從機會收益角度來看利率的決定因素，而不是從資金需求方的主觀角度出發，更能理解為什麼利率會隨著宏觀經濟情勢的波動而變動了。如果政府從銀行借出大量資金大搞基礎建設，建高鐵、機場、橋梁等，同時各家公司也大肆借錢擴張，家庭也透過貸款買房，各方對資金的需求量會大增，火熱競爭下，利率必然會上升。因為大家都願意，也必須出更高的資金價格，否則別人會把有限的資金先借走。

反過來看，如果經濟變冷，政府也不搞基礎設施投資，企業也很謹慎，家庭也不敢借錢花。那麼，利率就會走低。

一般情況下，特別是中國這樣民間消費占經濟比重較低的國家，個人和家庭往往不是利率水準的主導者。不過，像美國這樣的民間消費GDP超過八〇%的經濟體來說，民眾的投資和消費決策，會對利率產生決定性影響。

最後，來看看一個否定利息的極端理論，這是古希臘哲學家亞里斯多德在西元前三百多年提出的，至今仍有影響力。《政治論》中他談道：「以鞋為例，同樣是利用這雙鞋，有的人用來穿在腳上，有的人用來進行交易。那位把鞋交給正需要穿鞋，以換取金錢或食物的人，也是在使用『鞋之所以為鞋』，以有餘換不足。交易行為（符合雙方需求的以物易物）原本是自然地發展起來的。」但如果交易的目的不是滿足需要，而是為了營利，那交易是不自然的，所以他否定為營利而進行交易的價值。這就跟現在流行說法，房子只是用來住的邏輯一樣。

亞里斯多德還說，有息放貸「不再從交易過程中牟利，而是從作為交易仲介的錢幣身上取得私利。為了交易的方便，人們發明了貨幣，但錢商竟然強使金錢增殖」。這種做法無異於強迫父親生孩子，因此，「在致富的各種方法中，錢貸確實是最不合乎自然的」。所以要禁止，不能夠有任何利息，因為賺利息是反自然的，是所有賺錢行為中最不道德的。

即使在今日的華人社會，這種反對從借貸關係中營利的思維，仍有相當的影響力。這也是為什麼在中國發展金融依舊不容易。

重點整理

- 借貸可以幫助借方緩解短期開支壓力帶來的負面影響，提升借款人的主觀好處或「主觀效用」，所以，利率就是這種主觀效用增值的表現，利率是合理的存在。
- 整個經濟體中，對資金存在各種競爭性需求，包括政府、企業、家庭和個人等，這些不同的資金需求方願意出的資金價格往往各異。競爭性決定利率水準，誰出的資金價格最高，誰就得到最多的資金支持，利率也由此而定。
- 經濟大好時，誰都想借錢擴大投資，因此利率會走高。而經濟過冷時，資金沒人要，利率就會走低。

利率為何居高不下？

為什麼利率從古至今總是居高不下？

在之前提到的山東辱母報仇血案中，于某母親公司借款月息一〇％，年息一二〇％，高利貸是整個血案的起因。如果沒有高利貸，也就不會有血案了。這個案件暴露出的問題是，金融發展到今天，民間借貸利率怎麼還是這麼高？有哪些改革能夠把持續多個世紀的高利貸根除呢？

歷代皇帝都試過管制利率

對高利貸的痛恨，不是今天才有。在古代，由於生產和商業投資的規模都很小，生產性借貸不是主流，像于某母親公司那樣的商業借貸很少。當時多半是一家人沒飯吃的情況下才會去借錢，所以，過去對利率的管制多是出於道德考慮，防範貸方趁火打劫。

最早從周朝就開始管制利率，根據《周禮》記載，為了防止商人過於剝削，周王由泉府經營官方放貸，利息一般在二〇至二五％。

漢代規定利率最高不超過百分之百，規定「一本一利」，禁止複利。放貸方不能在利息的基礎上再要求利息，不能「利滾利」。例如，山東于某母親公司借了一百萬，月息一〇%，如果不允許複利，年息就是一二〇%，一年後的本金加利息為二百二十萬元；但如果允許複利，年息便成二一四%，一年後的本息為三百一十四萬元，兩年後為九百八十五萬。複利的確很厲害！

唐朝武則天再把利率上限往下調，規定官營放貸利率不超過六〇%，民間放貸利率不超過四八%。這兩種利率上限一直維持到宋朝末期，對民間借貸限制也更嚴格。一〇六九年，宋代王安石推出青苗法，每年夏秋收成前、青黃不接時，百姓可以向官府借錢或糧食，年息為四〇%。但是變法收效甚微，且被時人指為與民爭利，「名為濟民，實則專利」。

到了元明，民間利率上限繼續下降，不能超過三六%，還特別打擊複利，違者後果自負，不在法律保護範圍內。清朝繼續前例，到十九世紀利率上限為二四%，到了民國時期政府規定民間最高利率不得超過二〇%。一九五〇年代後期，民間借貸被逐步禁止，民間金融轉入地下，因此產生許多非法集資案件。直到最近幾年，中國民間金融包括民間借貸才慢慢恢復，二〇一五年中國最高人民法院發布《關於審理民間借貸案件適用法律若干問題的規定》，明確規定民間借貸年利率超過三六%便無效。

利率管制的效果如何呢？很遺憾，上有政策，下有對策。例如，張三跟李四借款，契約上記載借款九百元，且是零利息、一年到期，但是張三實際僅拿走六百元，實際利率變成五〇%，但契約上記載零利息，官方要查也查不到。所以，利率管制的結果只會使許多借貸走向地下，增加借貸契約的執行風險，因為，一旦發生債務違約、出現糾紛，借貸雙方不能走法律途徑，只能私了。而私了的過程中，往往非法且充滿暴力。

過去幾年，我們，蒐集了大量清朝和民國時期的借貸利率資料。根據資料顯示，十八、十九世紀的全國平均利率維持在二〇%，貨物借貸利率大概要高出一．五倍；民國時期至一九五〇年代，貨幣借貸利率平均在四〇至六五%，貨物借貸利率平均則在一〇〇至一八〇%。為什麼市面上真正的利率與政府規定的結果不同呢？

管制反而使利率走高

利率管制了兩千多年，民間至今還是充滿高利貸，這說明了單靠人為禁止是無效的，最多是治標，但沒有治本。道理很簡單，就是對利率的限制忽視了借貸市場的實際情況，特別忽視了資金供給端為什麼會要求高利息回報。許多人一定會說那是因為放貸者黑心。但是，如果對放貸人權益的保護很可靠（就像我們現在要求保護股市裡的中小散戶權益一樣），借貸交易又很安全，特別是當其他投資選擇不多或者報酬比較低的情況下，人們還是願意在利率不高的條件下願意放貸。如果能做到這些，高利貸問題不就可以解決了嗎？

我們發現，以一九三〇年代初期為例，中國各省的借貸利率差別非常大。浙江的平均借貸利率最低，僅二一%；福建第二低，為二二%；江西第三低，為二四%。而寧夏平均借貸利率最高，為五〇%，陝西第二高，為四七%。為什麼各省差別這麼大呢？

量化的歷史研究顯示，能部分解釋省分利率差別的因素有三：

第一，人均耕地面積越大的省，其借貸利率水準越高。主要是因為這些省分可能是傳統的農業大省，在文化上對商業較為排斥，對契約的認同度和遵守度可能更低。因此，那裡的借貸違約機率較高，違約風險要求的溢價也會更高。所以，這些地區的放貸資金供給不多，借貸利率也會更高。

第二，搶劫案占當地刑事案件的比率越高，該省的借貸利率就越高。這是因為當地的民風較差，違約賴帳的機率更高。因此，借貸的違約風險溢價高，利率自然更高。

第三，省的金融機構越發達，占借貸交易量的比重越高，那裡的借貸利率就會越低。這仍舊跟借貸契約文化高度相關，金融機構越多，借貸交易就越正常，交易安全度就高。因此，貸方要求的利率就會低。

前面許多利率資料和研究，其實都是在顯示一個簡單道理：利率管制解決不了高利貸問題。如果要治本，就必須像浙江、福建、江西那樣，改善商業文化，認同契約精神，提高民間商業秩序，特別要保護放貸人的權益，增加放貸人的安全感，而不是譴責、打倒放貸人。只有改善借貸市場的投資環境，人們才敢把資金投放出去，要求的利息報酬才可能低。

重點整理

● 從周朝開始，歷代皇帝都試過管制借貸利率，立意在於打擊高利貸，幫助窮苦老百姓。雖然這些基於道德的努力持續了兩千多年，至今還在繼續，但高利貸的問題始終沒有解決。因為單方面地限制利率，只是治標罷了。

- 為了治本，就必須從資金的供給方面著手。從各省利率資料以及許多跨國比較的研究結果來看，商業文化發達、契約精神可靠、社會秩序優良的地方，放貸資金的供給就多，作為資金價格的利率就低。
- 治理高利貸的辦法是開放並鼓勵民間金融，政府需要透過法治保護放貸人的權益，鼓勵更多人加入放貸行列，而不是把高利貸打入地下。打擊高利貸只會使借貸資金供給短缺，利率不跌，反而上漲。

延伸閱讀

金融是跨期價值交換，也是跨時間的承諾，由於金融直接涉及利益，是各類經濟活動中最困難，卻也是大眾共同的需求。所以，金融也比其他人類活動更能催生出文字。當然，文字也可以記錄其他東西，像詩歌、思想和英雄故事，但這些在原始社會時期都太奢侈，而跨期利益交換涉及人的生存需要。

考古學者發現，人類最早的文字大約是在五千五百年至七千年前出現的，最早出現在古巴比倫的美索不達米亞一帶，即今日的伊拉克南部。當地也是人類最早放棄遊牧狩獵的地方，在一萬二千年前就開始定居農耕，所以當地的蘇美人是最早發明文字的民族也就不奇怪了。最早，考古學者大多是研究當地的建築結構、地理特徵等，並沒有從經濟角度思考過文字的起源。

德州大學的考古教授丹尼絲・施曼特貝瑟（Denise Schmandt-Besserat）卻不一樣，她自七〇年代初開始的研究發現，蘇美人在大約七千年前便使用陶籌（即陶片）記錄物品，這些陶籌就是文字的早期雛形。當時的蘇美已經有人口達數萬的城市，城市裡的寺院發揮了很重要的物資調節作用。每年，各戶人家必須捐贈一定數量的大麥等農產品到寺院的倉庫，由寺院按額度救濟物資短缺的市民，特別是在災荒等自然風險發生時，其作用跟中國明清時期的「常平倉」雷同。

當張三今天把一擔大麥送進寺院倉庫後，倉庫會給他等同於一擔大麥的陶籌做憑證，張三除了可以用陶籌證明已捐贈了大麥，如果日後發生意外，需要倉庫救濟，也能拿著陶籌去倉庫換取他所需要的物品。張三送去的東西也可以是其他物品，所以，當時有代表不同物品的各類陶籌，這些陶籌慢慢演變成後來的楔形文字。更重要的是，陶籌發揮著跨期價值儲存的作用，是信用的載體，是準貨幣或「代幣」，其意義跟現在的紙幣與金融合約一樣，也跟中國商周時期的貝錢類似。

施曼特貝瑟教授進一步發現，這些陶籌也逐漸變成物品量的記帳單位。例如，兩片大麥陶籌對應兩擔大麥、三片牛陶籌對應三頭牛等，會計的基礎也逐步成形。這些陶籌之所以能作為記帳基礎，是因為陶籌的發行方有隱性承諾，他們不會亂發，別人也不會偽造。發行方要保證陶籌所承載價值的永恆性，否則就沒有人會認真看待陶籌。

由於寺院調節功能是以強制性捐贈為前提，所以出現歉收時，就會有人拖欠，此時寺院就會用楔形文字在泥土陶片上記下欠帳、借貸。保存至今的古巴比倫借貸契約陶片中，有十幾份為四千五百年前所作，上面寫著欠債人名以及所欠大麥的數量。以白銀為標的的借貸契約稍晚出現，至今保存的白銀契約大約發生在四千四百年前。

從考古學者的研究中看到，由於早期為農耕社會，不管是現貨交易還是跨期交易，交易額都較小，而且都是熟人間的交易，所以，一般人的大腦記憶就夠用，違約風險也會因彼此是左鄰右舍不至於太高。但古巴比倫發展為城市後，情況就大為不同，交易規模大幅上升，交易雙方也不再僅是過去的熟人，尤其是跨期交換需要客觀的跨期記憶工具，這就催生了文字。早期的陶籌不僅是文字的雛形，也是最古老的金融工具，亦即是跨期價值載體。

金融在人類歷史上就是這樣出現，並刺激了後來文明化的最重要工具——文字的發明。所以，說「金融書寫歷史」也不為過。

9 借貸是壓榨還是便利？

借貸命案發生時到底誰是兇手？

這一節要談借貸中的暴力問題，暴力與高利貸的關聯性有多大？暴力會降低借貸利率，還是會抬高利率呢？

許多詮釋黑心財主的作品，經常有這樣的情節：貧苦農民迫於生計找財主借高利貸，無法償還後，只好外逃躲債。債主拿不到欠款，就逼迫農民的家人做一些他們不願意做的事，例如賣子女、變賣家產抵債等。一些被逼急的農民便採取極端手段抵抗債主的逼迫，有時出於悲憤便失手打死債主。債主一旦被打死，圍觀鄉民總是一面倒地拍手叫好。

這樣的場景我們很熟悉，所以我們都恨透高利貸業者。但如果借貸中總是放貸方被打死，那還有多少人願意放貸呢？如果借貸市場上資金供應因此下降，資金的價格（即利率）會上升，還是下降呢？高利貸的歷史之所以兩千多年來從未止歇，是否跟主流文化偏袒同情借債方、普遍痛恨放貸方有關？如果看到借債方逃債，我們就喝采，這種道義文化是否鼓勵債務違約、提高借貸風險溢價呢？道義文化越是痛斥放貸人，官方越是透過法律把高利貸打入地下黑市，借貸交易就越不安全，放貸方就越會要求更高的風險回報，高利貸的情況只會更加嚴重。

歷史上的借貸命案規律

二〇一四年我和彭凱翔、林展發表的研究中，系統性蒐集近五千個清朝借貸命案案例。這些大樣本中，基本情況符合我們的預期。這些命案的平均借貸利率為一九・九%，而絕大多數命案不是故意謀殺，是討債糾紛過程中發生衝突所導致；且多像山東辱母血案的情況一樣，官方都是在命案發生後才介入處理。

一旦借貸發生命案，被打死的一方比較可能是借方還是貸方呢？

一般有兩種假設。第一種假設：依照「光腳的不怕穿鞋的」道理，應該較常看到貸方被打死，因為貸方打死借方的機率很小；而且把借方打死了，借款更加拿不回來，自己還要「一命還一命」，被官方判死刑。第二種假設：由於貸方往往是有權有勢者，有很多狗腿子打手，所以借方被打死的情況較多。

然而實際情況是：如果借貸中沒有利息，五七%的借貸血案中是借方被打死，四三%是貸方被打死；如果借貸利率大於零，局面正好反過來，六一%是貸方被打死，三九%死的是借方。而且借貸利率越高，貸方被打死的機率就越高，如果借貸利率超過三六%，借貸血案中七九%都是貸方被打死。

研究發現，道義在債務命案中發揮關鍵作用。例如，若借貸安排中沒有利息，如果借方連本金也不還，貸方在道義上就占據制高點，討債衝突中貸方的暴力傾向較強，因此，被打死的往往是借方。特別是，討債次數越多，討債三、四次後借方還是不還，貸方便會覺得「理」在他那一方，打起來會更加猛烈，死的更可能是借方。

若借貸利率比較高，道義制高點可能會反過來，借方會覺得「理」和「法」都在自己這邊，打架中的暴力傾向就會更強，被打死的便是貸方。特別是借貸利率若高於法定利率上限，借貸交易為非法的情況下，借方就更加無所畏懼了。

前面談到，從周朝開始，歷代朝廷都偏向保護借債方，同時透過法律對放貸人的行為加以限制，借貸引發的懲罰中更多為懲治貸方。《大清律例》強調，豪勢之人「不經官司，強奪他人產業，杖八十以上，超過本利部分追還借方」「奪人妻女，杖一百，如有姦占等情，處以絞刑」。「一本一利」利率管制規則也強調，「違者罰沒多收的利息，處以笞杖刑罰！」

從借貸命案的研究能看到，道義文化不管是在過去還是今日，都嚴重貶低甚至仇視放貸者，特別是痛恨高利貸者。這種文化變相縱容鼓勵借債人拖欠，甚至有錢也不還，反正社會與法律都會偏袒他。在發生討債暴力時，道義文化更是鼓勵借債方猛打。當然，如果借貸是無利息的，那就另當別論，但是，資金有機會成本，投資者的資金可以隨時投入其他機會，所以，不能透過零利息來建立貸方的道義制高點。

為了解決高利貸問題，需要做的是透過法律保護放貸方，社會文化也應該褒揚放貸人，而不是反之。從道義上貶低放貸人，只會鼓勵更多人對放貸人施暴。放貸的暴力風險增加後，高利貸只會更高，除非暴力風險得到溢價補償，否則沒有人願意去冒險放貸。利率在中國一直很高的道理正是如此。

重點整理

- 人性的善良面決定社會往往同情、偏袒借債方，中國也不例外。在過去金融市場欠缺或不發達的背景下，道義文化在借貸關係中一直是主角，道義一直站在借債方這邊。
- 從清朝借貸命案大樣本的研究中發現，道義原則使放貸人不敢收利息，因為收利息會大大增加貸方的暴力風險：利息越高，發生債務暴力時被打死的越有可能是貸方。這樣一來，就迫使貸方要求更高的利息回報，以抵消自己的生命風險。
- 道義文化阻礙金融市場的發展，這也是為什麼利率管制始終無法解決高利貸問題。最終的辦法在於從保護放貸人的角度降低契約風險，讓資金供給的通道順暢。

印度免債風暴的啟示

「好心」會變成壞事嗎？借貸在人類至少有五千年的歷史，為什麼至今還沒有發展出健全良好的體制？為什麼至今高利貸還是那麼多？前一節談到道義文化是其中的阻礙因素，這節則會發現政治家的「好心」也會阻礙金融的正常發展。

印度總理莫迪曾經保證免去兩個邦的農民約幾十億美元的債務，結果其他邦的農民紛紛上街遊行，要求得到同樣的免債待遇。按照美林證券的計算，在二〇一九年大選前，莫迪政府將免除印度農民四百億美元的債務，相當於印度全年GDP的二%。

莫迪為什麼要如此給農民大規模免債？透過政治性的大規模免債，會導致什麼結果？誰是受益者，誰又是受害者呢？中國過去也有類似歷史，儘管規模沒有印度這麼大，所以我們還是要釐清這些問題，否則就不能搞懂金融發展的艱難。

印度的免債習慣

印度龐大的人口與中國相似，農耕傳統也同樣悠久，在文化觀念上偏向不信任市場，排斥民間有息借貸。一九八〇年，印度人均GDP大約為中國的一半強，到一九九〇年兩國人均GDP不相上下，但近期卻不到中國的一半。其實近幾年印度經濟的成長速度一直高於中國，未來或許也能充分利用工業革命帶來的變革，讓經濟趕上中國。但是在這之前，印度需要面對許多政治和觀念上的挑戰。

印度自一九四七年獨立後，很快地成為民主政體。由於當時印度人口八〇%以上是農民，即便今日農村人口仍占六九%，因此民主選舉往往受到農村選民影響，偏好左派人士。所以一直到了八〇年代，印度政府對經濟的管控程度不亞於中國。雖然印度土地為私有制，企業也以私營為主，但政府透過法律規範對各行各業的管制都很嚴格，特別對外資和外國商品的進入限制很多。政府為了保護傳統零售店等目的實行管制，所以國內缺乏連鎖超市，也沒有像家樂福這樣的全國性連鎖店。

早在一九九〇年，總理辛格就曾給印度農民免債十六億美元，讓許多農民感激不盡。但在接下來的多年裡，銀行和金融機構不太願意貸款給農民，特別是曾經利用政策故意逃債的人。即使貸款給農民，也會要求很高的利息。之後，得花上十幾年時間才能慢慢修復受傷害的借貸文化，放貸者怕再次面臨逃債風險，信任遲遲無法恢復。

二〇〇八年，印度政府進行了更大規模的免債，免去農民一百零八億美元的債務，相當於當時印度GDP的一．三%。那次免債舉措中，只要你證明你無力還債，政府就會幫你承擔債務，或者貸方被迫承受部分損失。後來的研究顯示，其中最大受益者是經濟條件相對比較好的農民，因為他們本來可以還債，但因為政府要幫忙免債，就故意找理由不還，讓政府承擔債務。

現任總理莫迪為民族主義者，慣於利用民粹言論獲得民意支持，特別瞭解如何贏得農民選票。他在二〇一四年當選總理後，便迅速幫農民免除九十六億美元債務。二〇一七年，莫迪把注意力放在二〇一九年的大選上，選舉將決定他是否能再掌權五年。而能否勝選又取決於幾個人口大邦，特別是北方邦及馬哈拉斯特拉邦。

在這樣的背景下，二〇一七年四月北方邦邦長選舉時，莫迪為了確保執政黨能控制北方邦，前去助選時保證說：「如果ＢＪＰ（印度人民黨）的候選人當選，北方邦二千一百五十萬農民的五十六億美元債務將被全免！」結果，莫迪派的候選人果然當選，上任後的第一個內閣會議就決定免去農民五十六億美元債務，承諾兌現。

緊接著六月初，馬哈拉斯特拉邦的農民開始上街遊行抗議，也要求免債，同時罷市拒絕把蔬菜、水果等農產品拿到市場上，導致物價猛漲，嚴重影響都市人的生活。馬哈拉斯特拉邦的邦長也是莫迪派的人，在莫迪的授意之下，很快答應免去四十六億美元的農民債務。

同時在中央邦，農民也大舉遊行，與員警發生嚴重衝突，至少六人被員警開槍打死。中央邦的邦長也是莫迪陣營的人。在壓力之下，中央邦政府做出讓步，同意給農民免債。於是，其他邦的農民前仆後繼也上街遊行，要求免債！

免債的後患

人民收入分配的結構，對民主選舉選出左派還是右派政府的影響研究，在不同學術領域中都相當多。一般認為，如果富裕的選民多，選舉結果會傾向於親市場的候選人與政府。從印度的經驗中看到，由於印度絕大多數選民為農民，經濟狀況普遍不好，因此他們會傾向於選擇保證立即給予實惠的候選人。

當然，民主政治不是政府免債舉措的必要條件，只是加強了這種傾向性。在中國和其他國家的歷史上，社會運動或政治運動也時常引發免債減債、免租減租的結果，或者運動本身就是以此為目的。

那麼，印度正在發生的大規模免債政策，後果會如何？

首先政府財政會惡化，政府接手相當於GDP的二%的債務，等於財政赤字增加了GDP的二%。政府必須發行更多公債，導致整體利率水準上升，也增加了各行各業的融資成本。也就是說，此舉是把農民債務分攤到社會的各行各業去承擔。

再者，政府一次次把農民的胃口養大後，道德風險不斷被放大，使農民對日後免債的期盼持續上升，讓更多人即便有錢也不還債，拖欠等著政府宣布免債。

最後，銀行和其他金融機構也不敢貸款給農民，因為會擔心農民有意拖欠，借貸契約的執行風險太高。農民貸款的供給減少後，農民借款利率只會上升，反而犧牲農民的未來利益，也從根本上阻礙民間借貸市場的發展。

如同前面提過的，要解決高利貸問題，正確做法是透過法律保護放貸方，社會文化也應該褒揚放貸人，而不是從道義上貶低他們。政府肆意進行政干預來免債，只會減少借貸市場的資金供應並抬高利率，破壞借貸文化。借貸市場需要的是市場文化，而不是權力干預文化。

重點整理

- 由於選舉需要，印度總理莫迪和其陣營為農民大舉免債。由於印度的收入分配結構中，低收入階層，特別是農民族群占比很高，民主選舉使政府更傾向於選擇左傾民粹經濟政策，而不是親市場的經濟政策。
- 雖然免債可以帶來立竿見影的救濟效果，但是道德風險是顯然的。有錢的人也會選擇不還債，結果是金融機構不願意再給農民放貸，最終害了農民。
- 免債、減債的道義制高點，和民粹政治價值顯而易見。但印度的免債故事進一步告訴我們，除非政策重點從借方轉移到保護貸方權利的制度上，否則，民間借貸市場難以走出高利貸的陷阱。

金融是富人專屬的遊戲？

金融對一般人來說，有兩種很深刻的印象：一是金融為富人服務，對富人才重要。二是借貸市場上都是富人借錢給窮人、富人剝削窮人。因此，金融在大眾心中就是富人剝削窮人的工具。

這兩個印象符合事實、站得住腳嗎？之後會談到，金融如果受到太多行政管制，被過分抑制，可能真的會成為富人俱樂部，老百姓想分一杯羹也別無他法。例如，在開放金融服務之前，中國老百姓除了把錢存在銀行，沒有任何其他金融服務可以運用。

本章對借貸市場的分析中發現，如果民間金融的發展空間足夠、通道順暢，金融對普通老百姓其實更重要，金融是可以普惠大眾的。對於借貸市場歷來就是富人借給窮人、剝削窮人的印象，其實跟實際情況不符。

湖北王垸村的故事

以很尋常的湖北省王垸村為例：王垸村位於湖北省荊州監利縣，地處洪湖岸邊，家家戶戶都有水產養殖。但與多數村莊一樣，這裡有機會創業致富、增加就業，可是缺少資金，每年資金缺口約人民幣五百萬元。另外，雖然本地人錢不多，但從老人到年輕人，很多人有投資需要。特別是老農民，他們不僅承受一般意義上的「三農」（編按：三農問題指的是中國農業、農村和農民問題，特別是農業經濟規模無法擴大、農村建設落後，與農民收入和權利缺乏保障的問題）之苦，而且還因子女數量少、子女外出工作等因素，面臨極不確定的養老挑戰。對他們來說，互助性金融機構不僅最合適，而且是最需要的。

依《南風窗》報導，二〇〇六年三月時，李昌平和村委會成立了「王垸村老年人協會」，協會實際上是以放貸為主的老年人基金會。當時有八十六人入股，股金總額為人民幣二十七萬元；當年底分紅時，每位老人拿到二百八十元。至二〇一〇年年底，協會股金總額一百零四萬元，有二百一十九位老人參股。

對都市人來說，幾百元分紅可能無足輕重，但對這些老農卻是另一回事。以村委會七十五歲的守衛老人為例，她獨居村委會提供的宿舍，二〇一〇年收入一共二千六百元。所以，協會分紅的五百元，就顯得非常重要。此外，在會員生日和去世時，協會還會提供幾十元的慰問金。

在這個例子中，放貸方實際上是基金會的股東，也就是村裡的普通老人，得到貸款的是村裡需要資金、經營水產養殖的年輕人，也是普通農民。完全是普通人與普通人間的交易，而非富人借錢給窮人，這是典型的「大家都不富，但各有不同金融需求，所以需要互相交易」的局面。

養老基金會的好處很多：一是資金投放在本地，增加年輕農民的就業機會；二是有利於社會和諧，讓年輕農民不必背井離鄉，能與父輩和子女在一起生活；三是透過老人股東每年的分紅收入，緩和養老問題；四是減輕政府的養老負擔，幫助解決「三農」問題。政府補貼農民的慣性做法很好，但更重要的是，把金融權利還給農民。

但是，像這樣對個人、社會和政府來說是多贏的養老基金會，曾於二〇〇七年和二〇一一年被勒令取締兩次，理由是該基金會未經過有關部門批准。在銀行監管體系下，農村金融機構的設立存在區域、股東資格、資金門檻等諸多限制。這些限制非常嚴格，以至於根據中國人民銀行統計，到二〇一〇年年底，全國數萬個鄉鎮中，已開設的新型農村金融機構僅三百九十五家。大多數農村金融機構只好透過工商管道註冊，獲得「準身分」、打「擦邊球」。監管部門一不高興，這些自發性金融機構隨時可能會被認定為「非法集資」。

六十七歲的王垸村老年人協會理事長說：「一不犯法，二不貪污，村民也滿意，為什麼不能辦呢？」在養老協會召開會員大會討論時，九〇%的會員支持「繼續辦」。

王垸村是否為特例？中國國務院參事湯敏博士，幾年前去內蒙古武川縣的農村調查發現，當地也有普通老百姓互相融通資金，而非富人貸給窮人的互助機制。但在民間金融被壓制的情況下，許多人特別是退休老人，無法透過擴大金融業務，讓自己為自己養老。

既然民間金融好處如此明顯，為什麼會遭受懷疑甚至禁止？其實還是由於對民間放貸的不信任，沒有走出剝削論的思維。當然，也擔心民間金融會帶來金融危機的風險。例如，九〇年代農村合作基金會壞帳近人民幣三千萬元，甚至有虧損數億元的說法，最後由中國人民銀行填補壞帳，隨後官方便打壓農村金融。不過即使農村金融有幾十億元呆壞帳，也遠比中國四大國有銀行在二〇〇五年之前，產生的三兆元呆壞帳少上許多。更何況農村金融服務了廣大的八億農村人口，改善了他們的民生。為什麼沒有因三兆元的呆壞帳取締國有銀行，卻為了幾十億元的呆壞帳禁止農村金融？

清朝借貸中是誰借給誰？

我們從清朝刑課題本蒐集了近五千筆借貸資料，透過研究十八、十九世紀的農村借貸關係發現，六八％的借方為雇農、二三％為佃農，而貸方中六三％為雇農、一四％為佃農、一二％為自耕農，所以，放貸人中地主、富農只占一一％，而八九％的放貸人為雇農、佃農和自耕農。如果我們認為放貸人都是剝削者，那大多數的剝削者就是雇農階級了。

為什麼傳統農村的借貸多數是雇農借給雇農，而不是印象中的地主借給雇農、佃農呢？道理其實很簡單，就像今日的千億富豪一樣，他們的財富都集中在股票和其他資產中，這些財富基本上是不能動，也不容易變現的。所以，如果你找他們借錢，他們手頭現金反而不多。當年的地主和富農也是如此，他們富有，但財富都在田地、房屋和不動產上。相對而言，雇農、佃農沒有財富，沒有田地房產，所以他們僅有的財富為現金；因此，普通人找他們借錢，反而有錢可借。此外，普通人借款金額小，富人不太有興趣做這種小額貸款。這就造成了不管是古代還是今天，普通人需要借錢時，更可能是普通人借給普通人，而不是富人借給窮人，富人對大額的商業放貸會更感興趣。

所以，為了推動有利大眾的金融體系、改善老百姓福利，需要從基本觀念上梳理清楚、消除誤解。金融可以有利於大眾，而不只是放貸人剝削借款人的關係。關鍵在於是否開放民間金融，允許並保護私營銀行和各類民間金融機構。金融是否能普惠蒼生，真的就在一念之間。

重點整理

- 民間金融既能解決創業、就業問題，又可以解決養老、「三農」問題，也能減少老百姓背井離鄉的必要性。
- 只要能開放民間金融、保護民間借貸權利，金融就不會是富人俱樂部。不管在當今的民間，還是古代，民間借貸絕大多數是普通人借給普通人，而不是富人借給窮人。金融不是富人專用的剝削工具，而是普通人達到互助、進行跨期交換的工具。

延伸閱讀

從本章可以發現，政府插手市場可能造成雙方自願性的平等交易無法完成，反而損害市場效率。政府管控對市場的扭曲不局限於借貸市場，其他商品的供需關係，也可能受到政府強制性手段的影響，導致市場分配資源的機制失靈。

舉個例子，租房市場直接影響了低收入族群是否有地方安身立命，很多人就理所當然地認為應該設置房租上限，避免無良房東剝削租客。紐約就曾頒布法令，要求將住宅租金凍結在一九四三年三月的水準上，禁止房東提高租金。但設置了租金上限後，人們卻驚愕地發現，低收入族群的日子變得更難過。這是為什麼呢？

原來，房租管制讓租房市場出現供不應求的局面，許多人原本可以透過多付一點錢找到合適的房子，現在卻只能花大量時間和精力尋找房源，還要和他人進行非經濟層面上的競爭，使得租房市場充滿了不必要的摩擦，交易難度突然升高。另一方面，租金設置上限讓房東缺乏維護、翻新房源的激勵機制——反正好房子也租不出好價錢。這樣一來，人們面對的租屋選擇也越來越差。

在經濟生活中，政府「好心辦壞事」是時常出現的現象。追根究柢，就是要尊重市場規律，不過多干涉市場的正常運作，才能充分發揮市場分配資源的作用，提高整體經濟的運作效率。

第三部分

現代企業與公司金融

10 一 橫空出世的公司

現代世界中富可敵國的實體

我們常說，投資公司、配置資產，才可能做到像巴菲特說的那樣躺著也能賺錢。公司為什麼值得投資？它們創造價值的能力比個人、家庭高嗎？跟國家相較又如何呢？

當今世界上，公司真的很厲害，甚至比絕大多數國家還厲害。以二〇一七年六月為止的部分公司市值為例，蘋果公司市值排名第一，超過八千億美元，跟GDP排名全球第十七位的經濟體——印尼相當，超越荷蘭、土耳其、瑞士等國家。如果把蘋果當作一個國家來看，它的規模要比全世界一百八十多個國家還大。

Google的市值六千六百七十億美元，相當於瑞士的GDP；Amazon市值四千六百四十億美元，跟比利時規模相當。這些公司的整體規模，都超過世界一百六十多個國家。

即使以營業收入計算，沃爾瑪一年營收為四千八百億美元、蘋果二千二百億美元，這種年營收也遠超過世界絕大多數國家的GDP。

以往人們喜歡把注意力放在國家上，討論這個國家、那個國家。其實，更應該把眼光放在公司上，因為許多公司比絕大多數國家還厲害。即使不看市值和營收，光看對人類社會的影響力，蘋果、微軟、Google、沃爾瑪這些公司的影響力，也是世界多數國家所不及的。所以，分析公司的差異甚至比分析國家差異更加重要。至少從投資的角度、從判斷未來走勢的角度來看，這樣做其實更有用。

公司的力量為何這麼強大？如同國家是人為組織，公司也是人為組織，只是公司創立的目的比國家單純，就是透過商業來營利賺錢，追求的是利潤最大化。不少學者表示，因為公司作為商業組織，目標比國家單純，所以，發展公司才比發展國家更容易，世界上成功的公司比成功的國家要多很多。另外，公司可以進行跨國投資、經商，改變各地社會的生活，而國家難以這樣做。在現有主權體系下，國家間不能相互滲透，但公司沒有這種限制，這也使得公司更加有影響力。你可能會說：「國家權力可以隨便壓制公司，公司算什麼？」在一定程度上是如此，但是公司可以選擇從這個國家遷移到另一個國家，以這種方式對抗國家權力。

公司的本事為何這麼大？

公司的力量

對於公司的力量，早在晚清十九世紀末，清朝外交官薛福成就已有深刻體認。他認為西方之所以強大，在於它們有彙集大量資本、召集眾多才智、集中各種資源、分散創業風險的方式，即西方的強大在於股份有限公司。他說：「公司不舉，則工商之業無一能振；工商之業不振，則中國終不可以富，不可以強。」所以，薛福成在一個多世紀前就認可了公司的力量，不興辦公司的話，繁榮富強的中國夢也就無從談起。

薛福成又如何解釋公司力量為何如此巨大呢？來看看他發表在《申報》的一篇文章，這篇文章題目為「論公司不舉之病」。

薛福成說：「西洋諸國開物成務，往往有萃千萬人之力而尚慮其薄，且弱者則合通國之力以為之。」意即：西方國家要建設做事，往往能調動千萬人的力量；若有不足之處，更能調動全國的力量來完成。薛福成所處的時期，中國開始受到西方列強的欺辱，自然會以強大的西方為參考。

薛福成接著說：「於是有鳩集公司之一法，官紳商民各隨貧富為買股多寡。利害相共，故人無異心；上下相維，故舉無敗事。由是糾眾智以為智、眾能以為能、眾財以為財。」意思是，因此產生了糾集公司的辦法。不管是官紳、商人，還是普通百姓，都可根據貧富而適當出資買股。這樣一來，眾人的利益都捆綁在一起，就人無異心、上下相維了；還能夠集中眾人的智慧、能力，以及財力，難道還有什麼事情做不成的嗎？

薛福成進一步說：「其端始於工商，其究可贊造化，盡其能事，移山可也，填海可也，驅駕風電、制御水火亦可也。有拓萬里膏腴之壤不借國帑借公司者，英人初闢五印度是也。有通終古隔閡之途不倚官力倚公司者，法人創開蘇彝士河是也。西洋諸國所以橫絕四海莫之能禦者，其不以此也哉！」這裡是說，公司的發明起初是因商業而為，但後來不斷延伸發展。公司能完成的事情無所不能，可移山填海，能搞定風電水火。例如，英國人就是靠東印度公司，而非國家財力，拓展了千萬里的富饒資源土地，取得印度各地。法國人也是透過公司，造出蘇彝士運河，打通了自古相隔離的兩人海洋。所以，西洋各國之所以橫行稱霸四海，難道不是因為公司的力量所致嗎？

所以，薛福成除了闡述公司為什麼強大，也說明了公司的力量並非等到二十一世紀才展現。實際上，西方殖民的過程也是以公司為主角，而不是我們認為的國家。十七世紀開闢美國、加拿大等殖民地的是數個英國公司，而非皇家軍隊，開闢印度殖民地的是英國東印度公司，開闢印尼殖民地的是荷蘭東印度公司。

薛福成對於西洋公司力量的感嘆還僅止於十九世紀末，實際上，當時西方公司「糾眾智以為智、眾能以為能、眾財以為財」的組織能力遠遠不如今天的公司。十九世紀中期，美國公司中股東數量最多的也僅二千五百位左右；到一九二九年，美國只有三個上市公司的股東數量超過二十萬，其中最多的是美國電話電報公司（AT&T），將近五十萬名股東。一九〇〇年，全美有四百四十萬名股市投資者，一九二九年有一千八百萬名。

到了今日，大約六〇％的美國人直接或間接持有股票、股權基金，等於將近有一億九千萬名左右的股市投資人。而其中的一七％，也就是約三千萬人，直接或間接擁有蘋果的股票，Google、沃爾瑪的股東數也差不多。所以，今日公司集「眾財以為財」的能力，真是史無前例的高。

在集「眾智以為智、眾能以為能」方面，十九世紀的公司最多雇用上萬名員工，但沃爾瑪今日在全球有二百二十萬名員工，而富士康雇用的工人就更多了。這些都是十九世紀的人做夢也想不到的。

如果薛福成還活著，他會驚喜地發現，雖然他說的公司力量在十九世紀末時還未發揮完全的實力，但二十一世紀是公司的世紀，不僅在西方如此，在中國也如此。在今天的中國，兩種人造組織的資源調配能力最強，第一當然是國家，第二是公司，昔日的家族和個人都無法相比。

二十世紀初美國著名經濟學家、哥倫比亞大學前校長巴特勒（Nicholas Murray Butler）說：「股份有限公司是近代人類歷史中，最重要的單一發明。如果沒有它，連蒸汽機、電力技術發明的重要性，也得大打折扣。」

重點整理

- 國家調動資源的力量是基於壟斷的強制力，家族是基於血緣親情帶來的跨期信任，而教會調動資源的能力是基於共同信仰。公司作為人造的商業組織，基於利益把眾人聚集在一起，集「眾智以為智、眾能以為能、眾財以為財」。正因為公司目的的單純性，因此對社會資源的組織力更強。
- 在英國、荷蘭和法國的殖民歷史中，主角是公司而非國家。自工業革命和全球化以來，公司的組織力持續上升，逐步超越個人、家族和教會，向國家力量邁進。

●今日公司富可敵國，影響力超越多數國家，原因之一是公司可以跨越國界投資經營，而國家不能。公司的跨國界能力強於國家，但在一個國家境內，公司力量便不如國家。投資者應該瞭解公司背後的驅動力，掌握決定公司競爭力的要素。

網路企業的誕生：股票與公司

騰訊創辦人馬化騰的身價上千億人民幣，主要是因為騰訊的股票市值高達三千三百億美元。為什麼騰訊值這麼多錢，是不是股市太瘋狂？作為投資者，又該如何判斷類似騰訊這樣的公司的投資前景？

網路公司的產出函數

有使用微信的人對騰訊不會陌生，騰訊成立於一九九八年，之後於二〇〇四年在香港聯交所上市。上市至今，股票價格從當初的港幣〇．七元，到達今日的三百三十多元，翻了四百七十多倍。

二〇一六年，騰訊公司年營收達到人民幣一千五百一十九億元，利潤五百六十一億元。若以員工三萬人計算，平均每人產值達五百零五萬元。同期中國農業總產值在六兆三千億元左右，以三億農民計算，平均每人產值二萬一千元。騰訊的人均產值是農民的二百五十倍，差距非常巨大，怪不得騰訊能擁有三千三百億美元的市值。

為什麼騰訊的創造營收能力超越農業這麼多？是否跟收入分配制度有關，或者是騰訊員工比農民更貪婪？其實，關鍵是騰訊這種全新產業的經濟特色跟農業截然不同，兩者的產出函數完全迥異。在經濟學裡，會把經濟活動的產出多少跟投入的資源之間的關係，用數學函數表達，便於研究其商業特徵。簡單的說，就是研究資源投入的變化，將會如何影響產出的變化；相同的投入，帶來的是固定比例（線性）的成長，還是越來越快的指數型成長呢？

例如，農業的產出與投入間有著極強的線性關係，這就限制了農民的創造收入空間。如果耕種一畝地需要花上一百個小時的勞動、二百元的種子和肥料成本，最終產出一百公斤糧食。所以要生產一千公斤的糧食，就需要耕種十畝地，投入一千個小時的勞動，與二千元的種子和肥料成本。並不會因為耕種完了這畝地，下一畝地就可以省去一些勞動時間或肥料成本，每畝地所需要的勞動和成本投入是相互獨立的，這就使農業生產難有規模效應。這就是幾千年來，沒有農民僅靠種田成為億萬富翁的原因。

而騰訊的產出跟投入間的關係不僅是非線性的，甚至沒有太大關係。在騰訊的QQ空間裡，一頂虛擬帽子的設計可能要幾個設計師與程式師花上幾天時間。一旦設計好了，虛擬帽子一頂售價一塊錢，賣一百萬頂就有一百萬元收入。由於虛擬帽子的銷售為電子記帳收費，每賣一頂又沒有重新製造成本。所以，賣一億頂虛擬帽子跟賣一萬頂在成本上沒有太大差別，但收入卻千差萬別！這就造成了騰訊收入跟成本投入間的關係非常弱，但賺錢能力是史無前例地高。

零邊際成本的現代公司

網路遊戲公司當然也是如此，另外就是系統軟體產業。微軟的商業模式差了騰訊一些，但也有類似特色，因為一旦微軟把系統軟體開發完成，銷售一萬份或是十億份，整體成本上不會有太大變化，每份的額外成本（也就是邊際成本）幾乎為零。

金融服務業、華爾街的產出與投入關係，與騰訊也很相似。投資銀行高盛要幫客戶張三公司融資一千萬美元，可能需要組一個八人團隊花上十天時間；而另一家客戶李四公司需要融資十億美元，高盛可能也派出一個八人團隊花上十天時間進行。兩項融資案的成本基本差不多，收益卻相差一百倍。正因為這種規模效應的差別，高盛不會接一千萬美元，甚至幾千萬美元的單子，金額太小對他們來說不划算。這說明投資銀行的收益跟成本間是非線性關係，兩者間甚至沒有太大關係。

正因為金融交易的規模效應特徵，讓小額個人信貸、小額企業貸款等對大眾提供服務的金融少有人願意做。花同樣多的時間和精力，還不如做大客戶、大專案、大公司的金融服務。或者，即使做小額貸款，就得收夠高的手續費；但社會又喜歡把手續費一併算進利息中，因此計算出很高的利率，但高利貸又會受到社會的指責。所以在這種兩難之下，小額貸款、大眾金融總是得面對很大的挑戰與壓力。

金融產業容易賺錢，一方面取決於金融交易的規模效應，另一方面是因為金融產業的性質。金融交易的價值創造跟勞動時間關係不大，也不完全取決於成本投入，而取決於金融從業者的人力資本，包括他們所受的教育、累積經驗、組織能力、個人情商、誠信和人脈關係等。所以，金融服務的利潤跟成本投入間的關係很弱，也就不足為奇了。

傳統製造業、餐飲業的產出投入關係雖然不是線性的，但是跟農業太像了，很難達成接近零的邊際成本。每製造一輛汽車、賣一輛車，就需要引擎、車門、輪胎等零件。雖然大量採購有折扣，有一定的規模效應，但最終還是難以像銷售軟體般達到邊際成本為零的情況。電腦製造業同樣也是如此。

你去星巴克買咖啡，可能覺得他們太貴了，一杯咖啡成本雖然不到人民幣二、三元，但是你得付二十元，毛利有約十八元。但是，服務每位顧客的時間可能要三分鐘，若一天營業十個小時，一台收銀機每天服務約二百位客人，毛利三千六百元。一般的星巴克門市有兩台收銀機，每天的總毛利為七千二百元。即使店經理嚴格管理，把服務每位顧客的時間縮短到一分三十秒，一間店每天的毛利最多也就增加到一萬五千元。再考慮到員工薪資、店面租金等，便大致能計算出每間門市一年的利潤上限。幾乎固定的邊際成本、實體店面服務的硬性需求，讓餐飲業要快速賺錢的成長難度一目了然。

現代公司之所以富可敵國，不僅僅是因為股份有限公司的發明，也因為公司體制激發、催生發展出來的網路等，這些現代產業讓賺錢的邊際成本幾乎為零，同時讓銷售的規模幾乎無限。

重點整理

- 騰訊之所以能成長這麼快、賺那麼多錢，是因為它的產出跟成本投入間，幾乎沒太大關係。每一塊錢收入所付出的額外成本，也就是邊際成本，幾乎為零。產出跟投入間的關係是線性、非線性，還是根本沒有太大關係，是投資者判斷公司獲利前景的重要視角，也是我們理解現代經濟的座標。零邊際成本是最高境界。
- 許多網路公司、金融公司、軟體公司都具備產出跟投入關係很弱的特色，而農業、製造業、餐飲業等傳統產業則不然。
- 如果你還迷茫，不知該去哪個產業發展，試試用產出跟投入關係的視角去判斷。一般而言，越是接近零邊際成本的產業，待遇成長空間越大。

公司的本質：一堆法律契約的組合體

現代公司富可敵國，但自古以來就有商業組織，為什麼這些傳統的商業形式無法像現代公司般有著超強的影響力？同樣，即使在現代社會中，雖然有很多組織打著公司的旗號，但沒有學到公司的精髓。現代公司到底是什麼？讓它真正與眾不同的力量究竟在哪？

從萬科股權之爭談起

萬科是中國最大的房地產企業之一，前身是深圳現代科教儀器展銷中心，一九八七年改名為深圳現代企業有限公司，同年十一月進行改組為股份制，開始發行股票。一九八八年萬科股票在深圳特區證券公司掛牌，一九九一年一月在深圳證券交易所上市。公司以創始人王石的理念奠基，強調道德倫理重於商業利益。萬科認為，堅守價值底線，拒絕利益誘惑，堅持以專業能力獲取公平報酬，是成功的基石。公司多年入選「中國最受尊敬企業」「中國最佳企業公民」等榮譽。

萬科的成功跟王石的名字緊密連結在一起，王石不僅建構起萬科的企業文化，同時也透過個人的不懈努力推動萬科的外部傳播和品牌塑造。萬科的品牌離不開王石，王石是公認的萬科精神領袖。

依照傳統的想像，許多人會認為萬科就是王石的公司，王石就是萬科，至少他應該是公司的控制人。但是，王石追求的是事業成功而不是股權與商業利益，他只持有可以忽略不計的股份，更放棄了對萬科的控股權。在當時，王石作為公司創始人和精神領袖，沒有股權照樣也能控制萬科。

到了二〇一五年，由姚振華執掌的「寶能系」透過多次舉牌購買萬科股票，事情開始有了變化。當年八月，「寶能系」已持有萬科一五．〇四％的股票，超越華潤集團，成為萬科的第一大股東。隨後華潤兩次增持股票，奪回第一大股東之位。十一月二十七日開始，「寶能系」繼續不斷買入萬科股票，讓股價從人民幣十四．五元漲到十二月十八日的二十四．四三元。這就是所謂的「萬科股權之爭」。

看到這個局面，王石在十二月十七日的內部會議上對寶能提出諸多質疑，並明確表態「不歡迎」，表明寶能「信用不夠，會毀掉萬科」。次日，「寶能系」發表聲明，稱「集團恪守法律，相信市場力量」。隨後，萬科發布公告宣布停牌，暫停股市交易。

到底誰該掌握萬科的控制權，誰說了算呢？萬科是王石一生傾注的心血，寄託了自己的理想和情懷，為萬科打造以職業經理人主導、保證其基業長青的「事業合夥人制」。萬科就是王石的「孩子」，他無法接受失去支配權，無法接受外來「野蠻人」成為控股股東。最後結局是寶能輸掉了這場爭奪戰。現在，我們就以萬寶之爭為背景，討論現代公司跟傳統企業的區分。

現代公司是什麼？

通常，「現代公司」指的是「股份有限公司」這種商業組織。某些公司法學者喜歡把「現代公司」定義為「一堆法律契約的組合體」，即公司完全是人造的組織，是依法律建構的利益關係組合，包括股東與股東、公司與管理團隊、公司與員工、公司與供應商、公司與服務商、公司與政府、公司與客戶間的利益關係。如果沒有現代法律與司法架構，就只會有紙面上的現代公司，不會有實質意義上的真正現代公司。這也是為什麼並非所有社會都能成功發展出現代公司。

以下從三個方面來看現代公司：

第一，傳統企業一般是無限責任的，而現代公司則是有限責任。即使公司經營失敗，沒法還債，包括拖欠的員工薪資和供應商款項，債權方不能要求股東賠償，股東的損失最多不超過已經注入公司的資本或股本。股東的損失以已投入的股本為上限，這一點非常重要，是現代公司制度的核心原則之一。這等於把公司和股東在人格上、財務上、責任上進行區分隔離，讓公司的錢獨立於股東私人的錢，讓公司的責任獨立於股東個人的責任，公司的生命也就獨立於股東個人的生命。這種獨立與隔離保護了股東，讓股東個人不至於被公司拖累；同時也保護了公司，公司不會被股東個人的債務和行為所牽連。

有限責任公司在法律面前有著法人的身分，公司跟自然人一樣受法律保護，與一般自然人一樣可以起訴其他法人或自然人，當然也可以被起訴。公司的獨立法律人格很重要，讓公司能擁有自己的章程和決策規則，依照自己的生命力無限地生存下去。以萬科為例，公司作為獨立的法人，只受股東和董事會控制，如果王石沒有股權，那麼股東可以選他做董事和董事長，當然也有權不選他；但王石無法說：「因為我是創始人，所以我有權控制公司，決定萬科的事務」。在法律前面，股權說了算。

相較之下，傳統企業因為跟自然人捆綁在一起，沒有獨立的法律人格，其生命力往往是有限的。公司跟創始人的自然人生命連在一起，也許頂多富不過三代。在有限責任的隔離安排下，公司之所以具有幾乎無限的生命潛力，能夠成為百年、千年老店，原因在於它能獨立地聘用職業經理人，實現管理權與所有權的分離。也就是說，股東享有公司的財產權和收益權，但掌握公司經營權的，可以是跟股東沒有任何血緣關係的職業經理人。如此公司管理者可以擴大招聘人才的範圍，不一定非要是股東或自己的親戚，讓公司更有可能找到更稱職、更有能力的人來管理。因為股東自己的子女數量有限，雖然靠得住，但能力不一定高。另外，選擇職業經理人的權力掌握在由股東選舉產生的董事會，而非沒有股權的創始人或其他非股東的人。

正因為有限責任以及上述衍生出來的公司特色，讓公司能在更加寬廣的社會上融資，實現薛福成所講的「官紳商民各隨貧富為買股多寡……上下相維，故舉無敗事。由是糾眾智以為智、眾能以為能、眾財以為財」。試想一下，如果股東責任是無限的，除了賠掉全部股本外，股東自己的家產和子孫後代也要為潛在的負債付出，有誰會願意入股一個由沒有血緣關係的人創辦、管理的企業呢？經營權跟所有權又如何能夠分離？又有誰敢雇用一個沒有血緣關係的職業經理人？所以，有限責任是在廣大社會進行融集資金、分攤風險、賦予公司無限生命、讓經營權與所有權分離的重要關鍵。

第二，傳統企業的股權一般不能自由買賣，而股份有限公司的股份可以在自然人或法人間進行交易轉讓。這種存在於公司之外的股份交易市場，又衍生出其他差異，因為透過股票的市場交易定價機制，影響了公司管理層的決策評估。好的決策受到投資者歡迎後，股價會呈現上漲，壞的決策則會立即受到市場的下跌懲罰。這就是市場對管理層的紀律約束，市場交易成了公司決策以及公司前景的「晴雨表」。在關鍵時刻，甚至能迫使管理層改變決策、糾正錯誤。相較之下，傳統家族企業的股權因為沒有被交易，也就沒有被定價，即使管理者出現嚴重錯誤，也不見得有機制能及時糾正。

第三，一旦公司股權能交易轉讓，特別是能很快地買賣轉讓，會鼓勵更多投資者提供資金，讓公司的融資規模進一步上升，融資範圍也會擴大，因為股東們不用擔心資金砸進去後會出不來。所以，股票的流動性對擴大融資範圍和融資量非常關鍵，這也解釋了為什麼現代公司的組織力是如此強大。

現代公司是好東西，但對法治環境的要求也相當高。因此，要發展其實並非易事。

重點整理

● 現代公司之所以力量強大，是因為有限責任保障。公司作為法人在人格上獨立於創始人和股東，公司股權具有自由交易的流動性。現代公司的第一原則是「股權說了算」。

- 因為作為法人的公司獨立於創始人和自然人股東，公司可以廣泛地聘用最合適的職業經理人。於是，創始人和股東的自然人生命雖然有限，但公司的生命可以無限，讓公司比傳統企業更能實現「百年老店」的目標。
- 現代公司是「一堆法律契約的組合體」，所以，公司完全是人造的商業組織，是靠法律建構的利益關係組合體。也正因為這一點，發展現代公司不是易事。

延伸閱讀

進入現代社會後，人類不再完全依靠政府、教派或宗族這些傳統組織，「公司」這種新的組織形式，開始有了舉足輕重的地位。諾貝爾經濟學獎得主寇斯（Ronald Coase）曾證明，公司相較於市場的優勢在降低了內部的交易成本。雖然公司招募員工、面議薪資，需要花上一些時間尋找人才，還得進行待遇的討價還價，但一旦談妥到職後，上級的指令就成為各種行為準則，不再像市場中做什麼事情都得先談價錢。不過如果公司的核心成員或團隊跳槽，不僅得重新招募新的員工，更可能蒙受技術外洩、戰略暴露等更大損失。為了降低這種背叛帶來的交易成本，公司需要在員工與企業間解決一個重要的問題——信任。

金融告訴我們，籌集資金對於企業規模的擴大非常重要，但從另一個角度來看，錢只有錢多錢少的數量差別，找到什麼樣的員工卻有著品質上的差別。制約企業規模擴大的另一個因素——是否能集結一批忠誠的人，因此可能是更為關鍵的。張維迎教授提出：在信任度越高的社會，企業的規模就會越大。若依人口密度計算，北歐是世界上擁有最多大規模企業的國家。而越是屬於知識型的產業，人力資本占公司總資產比重越大，人才轉移帶來的損失越大，招募人才就不得不更加慎重，因此企業規模擴大會更慢。所以像快遞業、速食業等，背叛帶來的損失很小，企業因此能擴張得更快。

另外，把企業交給誰去管？這過企業繼承的信任問題，直接決定了企業的未來。如果認為血緣能提供信任的基礎，把企業交給兒子管理，代表兒子可能不會背叛你，但其才能上卻不一定能勝任。同時，只對兒子信任，代表著對其他經理人的不信任。信任作為一種互相的態度，片面的家族繼承可能讓為公司效勞已久的經理人認為自己不被信任、升遷無望。華人企業「王安公司」的例子，就能證明這一點。美國華人移民王安創辦的電腦公司，當時是一顆高科技產業的新星，曾在一九八四年創造了近二十三億美元的營收。但在王安準備隱退時，這位閱人無數的華人企業家堅持傳位給自己兒子，而眾多與王安一同創業打江山的美國經理人沒有得到應有的提拔，感到自己不被信任或重用，公司因此人心四散，很多有才之士離開公司。而且王安的兒子也未能表現出與其父親相當的能力，公司接連虧損，最終在一九九二年申請破產，華人創業的一代神話就此消殞。

解決信任問題，可以靠正式的契約、公司章程，也可以透過情感的維繫。但如何在兩者間掌握好平衡，是一門藝術。如果王安公司的升遷制度能夠更有規則，每位經理人能預期自己的升遷之路，或許依賴這種正式制度，就能讓經理們忠於公司。

好的企業文化，會從內在的角度，直接增加員工的信任感與歸屬感，或者用經濟學的術語來說，增加了背叛的「主觀成本」。日本企業無疑在企業文化上做得相當出色，日本人下班後常常得一起喝酒，雖然酗酒是一種不好的習慣，但日本主管能在喝酒時擺脫白天的上下級關係，以一種平等的同事情誼來對待下屬，在某種程度上能提供歸屬感。日商公司時常舉辦團體活動，像是同一間辦公室的人，不管是上級還是下屬，一起到風景區度假幾天。這在華人文化中顯得非常奇怪，華人不會認為企業是另一種形式的家庭，但這在日本文化中非常普遍。

顯然，如何振興發展公司，不單純只是經濟學的問題。

11 現代公司在華人世界的發展

為什麼中國難有百年企業？

現代公司富可敵國，難道過去的歷史中就沒有富可敵國的商業組織嗎？為什麼中國過去沒有很厲害的企業？如果過去有成功的企業，又是靠什麼成功的？透過回答這些問題，就能幫助現代投資者找到靠得住的投資標的。

據統計，至二〇一二年，日本創立超過百年的「長壽企業」有二萬一千家；超過二百年的企業有三千一百四十六家，為全球最多。其中有七家企業的歷史超過了一千年，世界現存最古老企業的前三名都是日本公司。歐洲也有不少超過二百年歷史的長壽企業，德國有八百三十七家，二百二十二家在荷蘭，還有一百九十六家在法國。就連建國僅有二百多年的美國，百年家族企業也達到一千一百家。

而在中國，超過一百五十年歷史的老店大概有七家，包括六必居、張小泉、同仁堂、陳李濟、玉堂醬園、王老吉以及全聚德。

現代公司不僅進入中國較晚，即使是傳統的商業企業，在昔日中國也發展得很艱難。為什麼傳統中國企業難以長壽？對於判斷過去的商業環境、發現今日公司的投資價值，又有什麼啟示呢？大家都知道，公司存續的壽命越短，投資價值就越低，除非公司會被別人以高價買走。

三百年老店的玉堂醬園

來看看山東濟寧的老字號——玉堂醬園的故事。濟寧位於大運河旁，是歷代漕運的主要中心之一，集聚了許多來自蘇州以及江蘇其他地方的商人，他們特別想念家鄉醬菜。蘇州人戴玉堂於清初一七一四年，在濟寧開了一家醬菜鋪，就是玉堂醬園的前身。在戴玉堂離世後，醬菜鋪陸續由兒子、孫子經營管理，但傳到孫輩時，經營出現困難且債台高築，加上當地政府和地方惡少的訛詐威逼，以及一些地痞找碴鬧事，戴玉堂的孫子輩決定要出售企業，卻遲遲找不到買家。真是「富不過三代」的詛咒呀。

到了一八一六年，冷長連和孫玉庭出資一千兩銀子買下醬菜鋪。冷長連是濟寧精明的藥材商，他看重「姑蘇戴玉堂」這塊馳名京城的牌子，但又怕地痞惡棍、政府衙門的敲詐，擔心自己招架不住。於是，他找到時任兩江總督的大官孫玉庭，由冷家和孫家各占一半股份、聯合經營，藉孫玉庭的權勢保護企業。按照「賣店不賣字號」的協議，把店名由「姑蘇戴玉堂」改為「姑蘇玉堂」，又名玉堂醬園。

接手初期的二十年，冷家和孫家的人直接管理玉堂醬園。後來，兩家達成協議，雙方親戚都不介入玉堂的管理，而是聘請第三方總經理，把所有權和經營權分離。於是，公司聘請了外人梁聖銘來擔任總經理。梁聖銘精明幹練、有魄力，在其苦心經營下，玉堂由一個小小的店鋪發展成濟寧獨一無二的品牌。梁聖銘病逝後，玉堂還聘用過幾位外部總經理，但由於太平天國等內亂不斷，玉堂醬園搖搖欲墜。直到一九〇五年冷氏完全退出經營，股份由孫家獨家擁有、經營，才把玉堂從泥潭中救出來。

由於玉堂醬園注重品質和口味，產品十分暢銷，規模和品項不斷擴大，生產的醬菜、酒類南北風味兼有，企業持續成長。一八八六年，軍機大臣孫毓汶（即孫玉庭的孫子）將玉堂「小菜」送進皇宮，慈禧太后品嘗後，連連稱讚：「真是京省馳名、味壓江南！」並命玉堂把醬菜當貢品，每年送進皇宮。一九一〇年，玉堂的遠年醬油、什錦蘿蔔等，在南京召開的「南洋勸業會」上榮獲優等獎章。一九一五年，玉堂產品在巴拿馬太平洋博覽會上榮獲金牌，包括萬國春酒、宴嘉賓酒、冰雪露酒、金波酒、醬油，共獲五塊金牌。

一九四九年後，經過公私合營，玉堂醬園成為濟寧市第一家國有企業。改革開放以後，玉堂由於體制僵化、管理混亂，一度陷入困境。幸好，一九九八年被中國貿易部授予「中華老字號」證書，一年後再獲「山東名牌產品」稱號。於是，這個三百多年的老字號存活下來，成為中國七家最古老的企業之一。

這個故事聽起來很普通，跟其他千千萬萬的傳統企業沒什麼兩樣，為什麼玉堂醬園可以活三百年，其他的家族企業卻無法？中間有什麼祕訣呢？

連世界著名的中國歷史學家彭慕蘭（Kenneth Pomeranz）都專門研究過玉堂醬園，他的名著

《大分流》至今還轟動中西方歷史學界。彭慕蘭說：「玉堂醬園有兩大股東及十幾個小股東，但都不介入生產經營，而是從夥計中選拔總經理。總經理沒有股權但掌管著玉堂的經營管理、人事、財務大權。這不就說明中國很早就把所有權和經營權分離了嗎？怎麼會說中國傳統企業的發展落後於西方呢？」

前面一章提過，現代股份有限公司是「一堆法律契約的組合體」，特色之一是所有權與經營權的分離。但要讓法律契約有效，就必須有可靠的法治環境，否則所有權和經營權的分離就難以長久實現。但是，清朝沒有現代意義上的法治，玉堂醬園是如何從十八世紀開始，一路存活到今天呢？

玉堂醬園生存的祕訣

玉堂醬園能夠勝過千千萬萬傳統企業，歷久不衰，是因為它太特殊了。

孫玉庭的家族從乾隆時期開始就一直出現高官，到清末都是濟寧一帶最強勢的望族，這讓有孫家參與的交易和契約，是他人所不敢隨意違背的。不僅讓玉堂聘請的外部總經理不敢亂來，也讓孫家參與的商業投資項目受到其他商人的青睞，大家都想加盟。

孫玉庭的父親孫擴圖在乾隆元年（一七三六年）考中舉人，任杭州府錢塘縣知縣，進入清朝權力精英階層。孫玉庭本身則在一七七五年中進士，一七八六年擔任山西河東道，嘉慶初年升按察使。之後歷任湖南、安徽、湖北省布政使；一八〇二年開始陸續擔任廣西、廣東和雲南巡撫，以及雲貴總督、湖廣總督、兩江總督。在清朝，兩江總督是朝廷之外的最高官職。到了道光年間，孫玉庭任大學士，直接參與朝廷決策。

他的長子孫善寶，一八〇七年考上舉人，做過刑部員外郎，最後官至江蘇巡撫。孫玉庭的第三個兒子孫瑞珍，一八二三年考上進士，任職包括翰林官、戶部尚書等。

孫玉庭的孫輩中，孫毓溎於一八四四年成了全國進士第一名的狀元，官至浙江按察使；另一位孫子孫毓汶，也於一八五六年考上進士第二名的榜眼，官至兵部尚書。曾孫孫楫，則是一八五二年的進士，翰林院庶吉士，官至順天府尹。

從十八世紀中期開始，孫氏家族四世任官不斷，歷任清朝政要，祖孫三代官至一品，家門之盛是北方士族無法相比的。因此，孫家企業的權威幾乎無異於國有企業，無論是在財產安全還是在契約安全上，不是一般人所能比的。連與孫家一起合夥做生意的冷氏也只是出資，未必有發言權。如果企業的權勢背景很強硬，即使社會缺乏公平法治或以人治為主，該企業的契約權益也不會被挑戰，對方違約的機率也很低，這樣的家族企業便能基業長青。但是，有幾個家族能像孫家這樣幾代都是高官呢？所以玉堂醬園是無法被複製的。這就是為什麼中國歷史上能夠長期活下來的家族企業很少，也是為什麼以前的家族企業會不惜代價讓子孫考進士，因為做官是家業存續的重要保障。

另一個值得注意的細節是，在孫家的各種文書和當地縣誌、府志中，幾乎都不會提到孫家跟玉堂醬園的關係。當時社會當然都知道玉堂的後面是孫家，但之所以不在正式文書上提到孫家的商業經營，就是因為作為儒家士人，言商經商顯得過於低俗，是不能放在桌面上、陽光下的。

在中國歷史上，商業行號的絕對主流是家族企業。但是，如果家族裡沒人持續做官，企業便難以壯大，更難以成為百年老店，科技創新這種長期投資就更是不可能了。即使像孫家這樣高官不斷、顯赫好幾世，他們也無法大刀闊斧地發展商業勢力，因為儒家士人對商業的鄙視，讓他們不能正大光明地走出來。由此，便能理解為什麼在歷史上，中國商業難以發展成為獨立的力量，其勢力更不能跟國家、家族相較。

重點整理

- 近代歷史上，中國的「百年老店」比德國、法國、美國少很多，尤其比日本少。原因當然很多，但其中一個重要原因是在高度人治的環境下，家裡要有人在做高官，否則你就無法保障家族企業的產權和契約利益的安全，各種委託代理關係和契約關係就不好應對，企業也做不大、做不久。玉堂醬園這樣的成功案例太少，因為濟寧孫家這樣的世家太稀有。
- 儒家士人對商業的排斥，也使得商業組織難以走上獨立的正大光明之路，所以，商業組織在中國過去難以成為可與官權、家族力量相較的第三方獨立勢力。
- 玉堂醬園和其背後的邏輯告訴我們，如果現代公司和其所需要的足夠獨立的法治環境不能建立好，民營公司的長久持續能力就要打折扣，這就會降低它們的長期投資價值。

從商業聯姻看家族企業

傳統企業大多數是家族企業，家族企業常會利用子女婚姻擴大商業網絡，那麼商業聯姻到底有無效果？投資者是否喜歡家族企業這樣操作？

前些年，俏江南創始人張蘭的兒子汪小菲的婚禮好熱鬧，張蘭花大錢辦婚禮，娶了明星大S。現在，很多人關注王思聰的婚姻打算，因為他是首富王健林的獨子，但王思聰曾表示：「他是個不婚主義者，只為了交女朋友而交往，從未考慮什麼時候結婚。」如果現在的富二代都追求明星、追求自己的感受和愛情的話，這當然是進步，也為他們高興。可是，子女這樣做對這些家族企業是福還是禍？對這些公司的投資者是好還是壞呢？特別是，中國目前的億萬富翁都是創業的第一代，他們基本上都只有獨生子女，當子女都去追求婚姻自由時，他們企業的發展前景，是否比其他國家的家族企業更充滿挑戰性呢？

商業聯姻一向是家族擴張的手段

大家都熟悉韓國的三星手機、ＬＧ電視、現代汽車等，但你可能不知道這些韓國財團其實本一家，都同屬於一個巨大的婚姻網絡。三星集團創始人是李秉喆，他的子女、子孫分別跟LG集團、東方集團、東亞集團、Life 集團等大財團的家族子女聯姻。LG集團創始人具仁會的家族，又跟現代集團、大林集團、斗山集團等多家財團的家族通婚。而三星集團、LG集團和現代集團的家族，又分別跟許多高官世家聯姻。

在日本，透過聯姻發揚家業的文化就更深刻了。豐田集團的家族聯姻網絡中，有兩位首相和包括三井家族在內的七大商業世家。而三井集團、三菱集團、日立集團的背後，商業聯姻網絡也同樣龐大。

一九五〇年代時，中國的家族企業都被公私合營、國有化了，所以商業聯姻發展家業的傳統被中斷。但是，香港和東南亞華人家族企業的做法可以窺見一二：何氏是香港四大家族之首，第一代家長何仕文是英國人，在十九世紀娶廣東女子為妻，生有五子三女，包括何東（何啟東）、何福（何啟福）、何甘棠等。其中何東共有三子八女，何福則生了十三位子女。透過龐大子孫綿延，加上與香港、澳門世家的聯姻，何家的商業網絡之大，包括政界、貿易、金融、影視、地產、博彩、文化、教育等各界。例如，澳門賭王何鴻燊、電影明星李小龍是何家的第四代等。

中國透過聯姻強化家族勢力的歷史一樣很悠久。二〇一四年，美國加州大學柏克萊分校的教授譚凱出版《中古中國門閥大族的消亡》，書中研究的問題之一，便是姻緣網絡對過去的門閥世族到底有多重要，他們依靠什麼讓豪門世代為續。從出土的唐朝墓誌中，他發現盧氏的故事非常典型。盧氏出身唐朝東都洛陽的望族世家，她的祖先在漢朝就已是豪門，一直到唐朝末期的七百多年裡，數百位宗男歷任各種官位要職。盧氏十四歲時，出於家世門第的考慮，家裡人幫她安排了一位門當戶對的望族年輕人。不幸的是，她丈夫年輕時就離世了，但盧氏仍然有貴族身分，並有五個孩子。所以，她忙著安排兒子讀書有出息，同時也安排子女的婚事，確保親緣能鞏固家族勢力。讓她最欣慰的是，不僅兒子中了進士，出身洛陽貴族的女婿更在八七八年成為唐朝宰相。後來，八八〇年的黃巢起義攻進洛陽，殺掉了盧氏的女兒、女婿和兒子，她帶另外兩個兒子逃出洛陽後也染上瘟疫病死，就這樣終結了盧氏家族。雖然結局不完美，但從這個故事可以看出，早在漢唐時期，婚姻已經是望族擴大、維護家族勢力的重要手段。

越是在法治不可靠的人治社會，家族企業就越需要子孫去當官，最好是有眾多子孫都中進士。但畢竟單靠每代都進入官場並非易事，且姻緣又是僅次於血緣的跨期信任支柱，所以盡量讓子孫當官，同時充分利用子女婚姻實現商業聯姻、政治聯姻，是家族企業一直採用的策略，也就不足為奇了。

姻緣網絡的價值有多高？

二〇〇八年，香港中文大學教授范博宏與兩位同事做過一項研究，對象是泰國最大的各個家族企業，整理出家族企業掌門人的子女和親戚的結婚對象。由於這些泰國家族企業的掌門人大都是華人，所以，他們的行為基本能反映傳統華人文化。

研究蒐集了一九九一年至二〇〇六年的二百個家族企業婚姻樣本，並把樣本分成三類：第一是政治聯姻，家族企業子女的婚姻對象是政府官員子女；第二類是商業聯姻，對象也是家族企業的子女；第三類是沒權力因素，也沒有商業目的，是以愛情為基礎的婚姻。其中，三三％為政治聯姻，商業聯姻占四六．五％，這兩項加總占了全部樣本的七九．五％，接近八成。在家族企業子女中，只有二成的婚姻是因為愛情結合。更有趣的是，當上市家族企業把子女婚姻對象的消息公布後，如果是單純愛情婚姻，股市對該家族企業的股票不會有反應；但如果對象是官員或者其他企業的子女，股價會在一個月內平均上漲約五％。所以，股市很明顯喜歡家族企業利用子女婚姻擴大商業網絡的行為。

家族企業子女的婚姻普遍沒有自由，更不是愛情的結果，多半是為了家族商業利益去跟其他財團、政府官員家族聯姻。因為聯姻能擴大家族企業的交易機會和資源空間，降低跟其他家族企業間的交易成本。

為什麼在泰國以及其他亞洲國家子女婚姻往往成為商業手段，但在美國等西方社會這種現象已經不多？

答案在於法治環境，也就是市場制度的發達程度。如果商業契約、公司契約很可靠，各產業的機會對誰都平等開放，商家與官權聯姻的必要性也就會下降，子女婚姻的自由也因此而解放。如果陌生企業間的契約執行和交易信用不是問題，也就用不著透過聯姻來強化信用關係。商業聯姻、政治聯姻是外部法治不到位，信用機制主要還依賴血緣、親緣的產物，是法治與市場不發達的表現。

為了進一步說明這點，來看看哪些產業的家族企業更傾向於使用政治聯姻、商業聯姻？范教授的研究發現，需要得到官商批准才能進入的產業中，家族企業子女的婚姻高達九三％是政治、商業聯姻。特別是房地產與建築業的家族企業，其子女有九六%是為了商業利益去聯姻，遠高於政府管制較少的產業。反過來看，市場化程度高的產業，家族企業子女愛情婚姻的比例也高。

相較之下，美國的比爾．蓋茲或巴菲特，這些企業掌門人不會要求自己的女兒為了家族企業利益而嫁人。其實西方舊時社會也與泰國、中國的情況相似，也會利用子女婚姻完成利益交換。在描述中世紀歐洲的電影中，經常看到一國王室讓子女跟另一國家的王室通婚，以聯姻為兩國帶來和平與利益；當時西方的家族企業也是如此。只是，隨著契約機制所需要的法治環境在近代的深化發展，加上政府管制的減少，企業家子女的婚姻便逐漸被解放。

對於今天中國民營家族的企業來說，做官的道路不像原來科舉考試時那麼明朗，難以模仿清朝的孫玉庭家族，且在過去一胎化政策的影響下，姻緣擴張這條路也不可行，因為只有獨生子女，無法形成廣大的親緣網絡。所以，傳統家族企業發揚光大的兩條主要途徑，如今都不管用了。那麼，透過契約雇用職業經理人讓民營企業持久發展呢？這又取決於獨立、可靠的法治環境。

重點整理

- 在缺乏法治的傳統社會中，聯姻是僅次於血緣的家族企業擴張發展手段。在過去的中國如此，在今天亞洲的其他社會也是如此。主要是因為在缺乏法治之下，跨期信任挑戰只能靠血緣、親緣這種不變關係來緩和。

- 從泰國的上市家族企業來看，股市投資者顯然更喜歡家族企業掌門人利用子女婚姻去擴大商業網絡、打通政府關係。越是利用子女進行商業聯姻的家族企業，長久發展前景就越好，股票也越受投資者歡迎。
- 中國民營企業的長久發展前景面臨挑戰。過去讓子女透過科舉考試當官，和讓子女進行商業、政治聯姻的手法，在今日中國不太管用，而以專業經理人管理的市場又缺乏法治環境的支持，這將挑戰民營企業的長久投資價值。

洋務運動強國夢的破滅

現代公司制度在中國是否水土不服呢？如果不服，原因在哪裡呢？之前提過，如果不能完善現代公司制度、建立非人格化的公司治理架構，中國民營企業的「持久」前景會大打折扣。這一點是投資者和創業者都應該瞭解的。那麼，專業經理人的市場為什麼難以建立呢？

鴉片戰爭後，清朝被迫走上「富國強兵」之路，在一八六〇年代開始洋務運動（自強運動）。但是，為了學習西方工業技術、洋炮洋艦，就需要大量資金，可是資金從哪裡來？就如薛福成在《論公司不舉之病》中談道：「公司不舉……則中國終不可以富，不可以強。」當時的改革派盛宣懷、張之洞、李鴻章等都意識到，要做洋務就必須廣泛融資，就必須採用股份有限公司制度，發行股票。

公司進入中國的初期發展

第一家華人現代公司——輪船招商局，成立於一八七二年，當時也有發行股票。到了一九四〇年代，中國已經有一些股份有限公司，特別是在上海。但整體而言，這些公司不僅還很人格化，例如南通張謇的大生紗廠、上海榮氏企業，很難說是獨立於創始人的法人，商業組織仍然以傳統家族企業為主。

費孝通、張之毅在著作《雲南三村》中，提到雲南玉溪在一九四三年的情況。當時玉溪舊有富商大都走向衰敗，書中提到：「文興祥家的衰敗情況：本人已於一九四二年死去，兩個兒子已分家，均在家閒著。因無人手經營及洋紗缺貨，洋紗號已停業。馮祥家的衰敗情況：本人已於一九四二年死去，死後家裡兄弟七人分成七份，每家分得四十畝田，洋紗一包（換算值人民幣三萬多元），鋪面二間三層，洋紗號停業……潘小臣家的衰敗情況：本人已死了幾年，家裡留下妾一、子三、女一。大子二十五歲已結婚……常好賭錢；二子仍在中學念書……鐵礦請老家人照顧著，勉強維持局面。」

兩位作者總結說：「我們看過以上玉溪四戶富商之家的衰敗情況後，最深刻的印象是像文興祥、馮祥這兩位本人興家的人一經死去，商號即因無人經營而停業……由於本人在世經營商業時，家中兄弟子女等家人，幾乎都是閒散過活，並多有煙、賭等不良嗜好，以致家人中沒有一個成器的，所以本人一死，一家即後繼無人。」

費孝通、張之毅兩位調查到的情況不是特例，到民國後期仍然是普遍現象，甚至到今天仍然多半是「富不過三代」！

為什麼文興祥、馮祥這些創業者沒有將企業改制為股份有限公司、引進外部化的治理結構、培養「接班人」呢？他們的企業管理顯然沒有標準化、非人格化，為什麼除了自己的親屬外，不能再往外招募專業經理人呢？

與此相關的是實物資產的產權化。如果產權跟實物本身可以獨立存在、交易的話，即使馮祥死了，也用不著關門大吉，並將洋紗廠的物理財產拆分成七份，分給每位兄弟。反而能將產權分成七股，同時讓企業繼續運作。但這樣處理的話，意味著至少六位兄弟只是不能參與營運決策的被動股東，這些被動股東又如何對掌門的兄弟放心呢？如果出了問題，他們靠什麼手段維護權益呢？

公司為何水土不服？

輪船招商局成立十一年後的一八八三年，發生了中國歷史上的第一次大股災，把公司制度在中國水土不服的情況完全暴露出來。一八八四年發表在《申報》的評論說：「公司一道，洋人行之有利無弊，中國行之，有弊無利，非公司誤人，實人負公司耳！」又說：「夫公司之設學西法也，（中國）乃學其開公司，而不學其章程，但學其形似，而不求夫神似，是猶東施效顰矣。」

由此可見，雖然現代公司制度進入中國後，為洋務運動融資提供了極大的便利，催生了許多新興產業、企業，尤其是礦業公司、輪船公司和銀行。但是，股份有限公司的制度，特別是股票，才剛被商人接受，就馬上變成了短期投機的工具，因而帶來金融恐慌和股災。這阻礙了現代公司制度在中國的進一步發展，讓很多人心生排斥。另一方面也帶來一系列的反思，為什麼會水土不服？

只是在晚清、民國時期的長篇討論中，有幾個深層的制度原因始終未被提及：

第一，股份有限公司是「一堆法律契約的組合體」，核心特色是「有限責任」，而能否真正保證「有限責任」、保證公司是獨立於創始人的法人，不只是一個書面規定就能實現的，還得看相關司法是否到位、中立。而中國歷史上的第一部《公司律》是一九〇四年的事，所以最早輪船招商局、上海機器織布局等所謂的現代股份有限公司，實際上是沒有法律支持的「空中樓閣」。

第二，股份有限公司制度需要相應的民法、契約法、商法的司法架構環境。沒有這些，關於有限責任、經營權與所有權分離的約定都是沒有意義的。而法治架構又剛好是傳統中國沒有的，所以，股份有限公司「水土不服」是必然的。

為什麼中國沒有支持股份有限公司的法治架構？根本上，這涉及儒家的「人情社會」主張，涉及儒家重視血緣關係但輕視超越血緣網絡的誠信架構。也就是說，中國一直沒有嘗試建立超越血緣、支持陌生人間信用交易的制度架構。前面談過，儒家的成功之處在於，在農業社會生產能力的局限下，人們的確能在跨期價值交易和感情交流方面依賴家庭、家族。以名分定義的等級制度雖然閹割個性自由和個人權利，但的確能簡化交易結構、降低交易成本。

但問題也在此，當家庭、家族幾乎是每個人唯一能依賴的經濟互助、感情交易場所的時候，會讓人們相信只有血緣和姻緣才可靠，即使創辦企業，也只會在家族內集資，雇人也只相信自家人。

既然儒家社會對非血親、姻親的人都無法信任，不與他們進行交換，長此以往必然有兩種後果：首先，外部市場難以有發展的機會。市場的特色之一是交易的非人格化，是跟陌生人的交易，只講價格高低、品質好壞，不必認親情。因此，「家」之內的利益交換功能太強後，外部市場就會失去發展的機會。而市場如果發達，「家」的利益交換功能就會下降，這也是為什麼儒家要抑商。

其次，由於市場交易有限，便沒機會摸索發展出一套解決商業糾紛、執行並保護契約權益的法治架構，契約法、商法以及相關司法架構就無生長的土壤。中國歷代法典著重在刑法和行政，輕視商法和民法，多把商事、民事留給民間，特別是家族、宗族去處理，原因也在於此。

但是，超越儒家禮教、不認人情的法治體系，偏偏又是現代股份有限公司制度所需要的，無論「有限責任」，還是各方面的委託代理契約，都需要法治制度的保障。由於現代法治對中國傳統儒家社會來說是新鮮事，而現代公司又跟現代法治是一對雙胞胎。於是，便形成薛福成所謂的股份有限公司在中國水土不服的情景。

在當年的雲南玉溪，即使文興祥、馮祥、潘小臣想把部分股權賣掉，也沒人敢要；即使他們去世前有非血親、姻親的壯年人願意接班，子孫們也不會相信這些外面的人；即使有人提議依股權分配給兒子們，多數兒子也不敢答應。就這樣，傳統家族企業難以走上非人格化的現代公司之路，企業管理跨不出血緣、姻緣，難以走上專業經理人的道路。一旦創始人離世，不是把企業財物赤裸裸地分掉，不然就是等著「富不過三代」！

重點整理

- 十九世紀洋務運動時期，為了實現富國強兵夢，引進現代的股份有限公司制度，包括股票交易。但是，在第一家洋務公司輪船招商局成立後，十餘年內便發生股災，這才發現現代公司在中國水土不服。
- 由於現代公司是「一堆法律契約的組合體」，而傳統的儒家社會又不給中立的「非人情」法治體系提供發展的空間。所以，在缺乏中立法治的中國社會，現代公司的水土不服也就不足為奇。
- 到了二十世紀的雲南玉溪，企業在創始人離世後還是面臨關門分財產，或者「富不過三代」的結局。這是傳統家族企業的典型宿命。要改變這種宿命，發展法治、專業經理人市場和活躍的股權市場，是唯一的出路。

12 現代公司的融資方法

燒錢發展成世界首富的 Amazon

Amazon 是一家神奇的公司。自一九九四年創立至二〇一六年年底，二十二年的累計總盈利僅八十七億美元，而蘋果一季的利潤就有一百五十億美元。但是，公司從一九九七年上市到最近，股價翻了六百四十倍，公司總市值達九千三百六十億美元。創始人貝佐斯（Jeff Bezos）也以一千一百九十億美元的個人財富，超越比爾．蓋茲與巴菲特，成為世界首富。貝佐斯雖然以「燒錢大王」「虧損大王」而出名，卻能成為世界首富。這到底是怎麼回事？他的商業模式是什麼？燒錢發展的資金是如何融資的？

Amazon 的與眾不同

Amazon 真的與眾不同，貝佐斯的做法衝擊一般人的思維。關於貝佐斯的神奇故事很多，據說在他還蹣跚學步時，就有很強的實作能力，曾拿起起子把自己的搖籃拆掉。到了開始上學的年齡，就把家中父母的車庫變成科學實驗室，嘗試製作東西。在普林斯頓讀大學時，最初是物理系，後來轉系攻讀電腦直到畢業。一九八六年大學畢業後，去了華爾街工作。很快，他發現自己的志向在於創業，不想再浪費時間，便於一九九四年辭掉華爾街的工作，帶著妻子，一邊準備創業計畫書，一邊開車搬家到西雅圖，準備啟動「Amazon」的誕生。

公司之所以取名 Amazon，是因為這個名字以「A」開頭，任何人依英文字母順序排名公司時，Amazon 總會排在前面；這樣不必多花廣告費，公司就能醒目突出，也便於記住。

初期，Amazon 的定位是要成為世界最大的網路商場。首先是賣書，然後擴大到各類商品，什麼都賣。貝佐斯清楚，網路電商有幾個特色：一是買賣雙方不見面，彼此陌生，所以品牌很重要，品牌承載信任。二是客戶服務和網上體驗很重要，網頁必須簡單易操作。三是電商把「贏者通吃」的優勢發揮到極致。傳統商業因為需要店面，所以沃爾瑪雖然成功，但需要實體店面的條件，讓「贏者通吃」的範圍受限，無法完全滲透到很多地區和族群；但網路沒有這種局限性，只要網路能夠觸及，就能上網下單，成為客戶。所以，今日電商「贏者通吃」的範圍能夠無限。

如何完成網路帶來的「贏者通吃」無限潛力呢？答案就是將市場占有率最大化，要不惜代價把競爭對手甩在後面，讓 Amazon 成為最後唯一勝出的電商。為了實現這目標，就不能急於盈利，而是要捨得燒錢、捨得虧損。這似乎違反常理，也跟傳統商人恨不得第一天就賺錢是完全相反的策略。

Amazon從一九九七年上市開始，始終有眾多產官學界名人說Amazon是個笑話，預測Amazon很快就會完蛋。因為不管誰問貝佐斯：「你打算何時盈利呢？」他的回答總是：「不知道，我還沒想過賺錢，我們只想繼續燒錢！」即便到了二〇一六年他還是如此回答。

Amazon的戰略績效

貝佐斯還真的實現了目標。以二〇一三年為例，Amazon的線上銷售額是六百八十億美元，而線上營收排名第二的蘋果公司只有一百八十三億美元，沃爾瑪的線上銷售額僅一百億美元。在二〇一五、二〇一六年的耶誕節旺季中，Amazon占全美電商銷售總額的三八%，排名第二的公司只占三・九%，沃爾瑪僅占二・六%。經過二十餘年的努力後，Amazon是毫無爭議的美國第一大電商，遙遙領先其他競爭對手。

Amazon的銷售收入從一九九七年的微不足道，成長到二〇一六年的一千三百六十億美元。但在二〇〇四年之前是年年虧損，之後雖然有獲利，但一直不多，二〇一五年以前的全年利潤從未超過十億美元。在華爾街投資人的壓力下，二〇一六年的獲利破天荒達到四十二億美元，可仍不及臉書利潤的一半，也不到Google的六分之一。Amazon到近期才慢慢把更多注意力放在獲利上，但仍和一般企業水準有距離。

為了擴大市場占有率，Amazon 使用兩大手段：一是降價，庫存商品中平均有六六%的商品有折扣，傳統商業公司中最多只會讓三分之一的庫存商品打折，沃爾瑪平均只給一八%的商品打折。二是降低向客戶收取的郵遞費用。一九九七年，Amazon 從客戶收到的郵遞費，平均是實際郵寄成本的一．二五倍，也就是當時還可以從郵遞費用多賺二五%；但現已改為在郵寄成本中倒貼五五%，一半以上的郵寄成本由 Amazon 倒貼。

Amazon 經過多年的燒錢發展，用戶滿意度遠勝過傳統商業對手。尤其近年美國零售業成長疲軟，電商的成長也過了高峰期，Amazon 卻始終維持強勁成長，二〇一六年銷售額還比前一年同期成長三一%。

當然，Amazon 如此燒錢，財務指標自然就很不好看。它的資產報酬率為〇．七%，等於用一百元的資產，每年只能賺回〇．七元。相較之下，蘋果的資產報酬率是一九．一%，Google 是一三%。二〇一六年，市場對蘋果未來三至五年的利潤成長預期為每年五九%，Google 為一八%，對 Amazon 的預期卻是負一六%。

雖然財務指標不好看，股票估值卻是另外一回事。蘋果本益比為十四倍，Google 為三十倍，而 Amazon 的本益比達一千四百三十六倍！也就是說，依照現在每股盈餘，若未來獲利沒有成長的話，投資者要等上一千四百三十六年才能把本錢賺回來。Amazon 的市值遠高於 Google、臉書。

這是股票泡沫嗎？早在一九九七年，很多人就說 Amazon 的股票是最離譜的泡沫，但到了二〇〇〇年網路泡沫破滅時，Amazon 還是活得好好的，還依舊繼續燒錢發展。二十年後的今天，創始人更成為了世界首富！這真的是泡沫嗎？

Amazon 的融資手段

如果貝佐斯決定燒錢發展公司，也得有人願意給他錢，否則，是不可能一直有錢燒的。在網路泡沫盛行的九〇年代末，股權融資是 Amazon 的首選。一九九七年之前，先靠創投基金支持，上市後股價瘋狂飆漲後，便靠增發股權來融資。

二〇〇〇年網路泡沫破滅後，頭幾年問題還不大，因為之前透過股權融資，Amazon 留存了很多資金。等留存資金用得差不多後，於二〇〇四年又改採用發債融資。

二〇一三年，Amazon 的負債淨值比率達到四一%。公司資本中，債務融資和股權融資的比值為〇．四一；股東的每一塊錢資本，就有〇．四一塊錢的債務資本。由於靠著借債繼續發展，二〇一五年年初，Amazon 的負債率上升至九二%。

隨後，在市場壓力之下，Amazon 宣布以後將專注在獲利上，股價也開始了一波漲勢。二〇一六年起，Amazon 改變融資手段，從原本的債務融資重新回到發行股票融資，並且透過股票融資還債。到二〇一七年年初，Amazon 的負債淨值比率降回至三五%。

許多研究顯示，公司一般會根據股價高低和利率高低，在股權和債務中間動態選擇融資手段。如果公司股價太高，就以股票融資為主；若股價偏低，利率也低，就會以借債融資為主。

重點整理

- Amazon 是特別的案例：以不擔心虧損、燒錢為發展策略，目的是將市場占有率最大化，把競爭對手都趕跑。
- 九〇年代末期，許多人認為 Amazon 是個大泡沫，無法生存太久。但 Amazon 不僅活下來，還在電子商務領域遙遙領先大部分公司。二十多年下來，公司市值非常高，股價成長近七百倍，貝佐斯也成為世界首富。
- 為了在長久虧損之下也能發展，Amazon 先是靠股權融資，充分利用當初高估的股價。在網路泡沫破滅幾年後，改為靠債務融資，特別是在低利率環境下，這種做法更有利。等到二〇一五年 Amazon 的股價進入新一輪牛市後，又改為股權融資。Amazon 的融資策略，在各種公司中也普遍採用。

債務和股權融資的差異和影響

公司融資中，債權和股權有什麼分別，哪種更有優勢？如何在債權和股權融資間做選擇？不管你是創業，還是管理已經很成熟的公司，抑或作為投資者要去挑選標的，認清債務融資和股權融資的區別，都非常重要。

安隆轉型的故事

安隆公司（Enron）在二〇〇一年因操縱利潤等醜聞而轟動全球，如今雖已不復存在，但是它的發展故事，尤其在融資方面的創舉，還是很值得瞭解。安隆的創新不僅使它進入美國五百大公司名單，而且早在一九九五年被《財星》雜誌評為「最具創新精神」的公司，連續六年都在「創新精神」方面排在微軟、英特爾等以技術革新而聞名的大公司前面。

安隆的前身是休士頓天然氣公司，一九八〇年代末，其業務是維護和營運橫跨北美的天然氣與石油輸送管線網，經手運輸的天然氣與石油占全美市場的二〇％。安隆董事長雷伊（Kenneth

Lay）不甘於此，他的目標不僅是成為世界天然氣與石油輸送大王，也要成為能源交易大王。他之所以有此野心，是因為八〇年代之前，美國能源價格由政府管制，能源價格風險不高，因此不存在跨期能源交易的必要。但是隨著雷根總統解除價格管制，天然氣價和油價的波動讓能源生產商對規避風險產生需求，另一方面也增加能源消費商，例如航空公司對管理價格風險的必要。這些需求只能透過風險交易工具來滿足，因此為能源衍生品市場創造了機會。

看準這商機，安隆在雷伊的帶領下於一九九二年成立「安隆資本公司」（Enron Capital），同時向國際化擴張，目標是讓安隆從「全美最大能源公司」變成「全球最大能源公司」。

安隆的創新主要在於利用金融工具，把本來是死的資產或能源商品「流通」起來。一種手法是為能源商品，包括天然氣、電力和石油，開闢期貨、期權和其他複雜的金融衍生工具，透過櫃檯交易（也就是說，不是在正式交易所上市的）把能源商品「金融化」。

這些衍生品工具是什麼意思？例如，為了避免三年後的汽油價格波動風險，你的公司希望簽定某種汽油契約，約定好如果三年後每公升汽油價格超過六十元，也只需要依每公升六十元的價格買進一百萬公升汽油；如果三年後價格低於三十元，公司仍願意以每公升三十元的價格買進汽油。這就是所謂的複合衍生品，幫你把汽油價鎖定在每公升最低三十元、最高六十元的區間。對你的風險是，如果未來油價低於三十元，你就虧了；但如果油價高於六十元，你便賺到。誰願意賣給你這種汽油衍生品？這種契約又值多少錢呢？安隆作為能源造市商（編按：Market Maker，造市商指透過提供買賣報價，為金融產品製造市場的證券商），在任何時候都願意販賣類似的能源衍生品。你要買的時候它賣出，你要賣的時候它買進，安隆願意為任何公司和個人提供這種服務，這就是造市商的角色。

透過研發一套為能源衍生品進行定價與風險管理的系統，安隆很快成為全球最大的能源交易商，壟斷全球能源交易市場；從一個天然氣、石油運輸公司，變成一個與高盛、摩根大通類似的華爾街公司。區別在於安隆交易的衍生品工具是以能源為交割標的，而高盛、摩根大通是以貨幣為交割標的。一九九〇年轉型初期，安隆收入的八〇%來自天然氣運輸業務；到了二〇〇〇年，收入的九五%是來自能源交易與批發業務。安隆的業務轉型是如此地成功。

安隆的融資挑戰

當初決定做業務擴張和轉型時，安隆需要大量資本，因為在成為天然氣、石油、電力等領域的最大造市商前，安隆必須建造很多儲油、儲氣、儲電和發電設施，為它可能持有的能源額度做對沖，規避自己的風險。但是，資金如何取得？要靠增發股票，還是更多負債呢？

一九八六年之前，聯邦政府嚴格管制能源價格。安隆等能源公司不能在自己控制範圍內進行壟斷性定價；同時也使得安隆與競爭對手隔絕。當時，政府管制價格的基礎是讓能源公司的資產報酬率保持在八至一〇%之間。讓它們賺的錢不會太多，但也不會太少，所以它們的利潤流相當穩定，銀行和債券市場很喜歡這種公司的債務，喜歡它們發行的債券，利率也會很低。再加上對能源公司而言，債務融資的利息成本可以抵稅，所以能源公司一向偏好發債，盡量減少股權融資與增發股票，這樣才最有利於股東的利益。

當然，公司也不能無限制地增加負債，因為槓桿率太高，會使債券評等機構調降對該公司債務的評等，導致投資者拋售債券，進而提高該公司的借債成本。不過，儘管安隆以前的負債率較高，但由於公司受益於能源價格管制政策的保護，獲利十分穩定，所以，安隆的債券評等一直都很好，屬於高「投資級」，債務成本低。

可是，一九八六年聯邦能源委員會解除價格管制，鼓勵能源市場競爭，讓安隆的獲利穩定性大幅惡化。到了一九八九年，價格自由化涵蓋了天然氣、石油開採和提煉等各個面向，市場完全開放。隨著盈利波動性的上升（不一定指盈利下降，而是可預測性變差），安隆的債務被降為「垃圾債級」，借債成本也被抬高。

在債務融資成本升高的情況下，安隆如何為戰略調整找到大量資金呢？對管理層來說，顯然不會直接增加公司的債券發行，那會導致信用評等的進一步下降。當然，他們可以增發股票來融資，只是這樣會稀釋現有股東的權益。而且股東們很看好安隆未來的轉型發展前景，因此不希望稀釋現有股東的利益。

公司管理層一般不喜歡債務融資，而較喜歡股權融資，因為債務有還款期限，期限就是壓力。若債務利率為每年一〇％，不管公司經營好壞，每年都得還債付息，是必須兌現的硬性約束，因此沒人喜歡。而股權融資後，資金是永久的，公司如果沒有盈利，當然就沒錢分紅，股東也不一定會逼管理層；即使公司盈利，也未必一定要分紅。所以，股權融資是永久資本，對管理層只有軟性約束，甚至沒有約束。股權是無壓力資本，管理層當然更喜歡。由於安隆管理層也持有不少股份，所以利益跟外部股東是一致的。

若從投資者的角度來看，身為外部股東難以監督公司內部經營，看不到管理層的所作所為，當然會更喜歡債權。因為，如果公司破產，債權人的利益優先於股權投資者，他們會先得到公司剩下的資產價值，債權優先於股權，權益會先得到保護。另外，債權投資者每年會有利息報酬，比股權的收入預期更加穩定、風險更小。不過，天下沒有白吃的午餐，既然債權優先，收益也更加穩定，是硬性約束，所以債權投資者不是公司的所有者，股權持有者才是，債權的收益有明確上限。也就是說，公司即使今後大賺，債權人的收益也不會超過事先約定的利息。相較之下，股權投資者雖然風險大很多，但如果公司將來發大財，股權投資者作為股東就能大賺一筆。

最終，安隆管理層決定增發一些股票，得到股權資本促進發展，但同時進行「表外」發債融資。「表外」發債融資，就是透過設立一些獨立法人公司，由這些特設公司發債，而不需要把這些債務計入安隆。

重點整理

- 能源價格管制開放後，價格波動一般會增加，能源生產商和消費商都需要金融工具規避風險。安隆看準這巨大商機，進行業務轉型和擴張，目標是成為世界上最大的能源交易商。但是，擴張需要的資本從哪裡來？

- 公司管理層一般不喜歡債務融資，而更喜歡股權融資。如果債務融資，不管公司經營好壞，每年必須還債付息，這是硬性約束。而股權資本是永久的，公司如果沒盈利就不分紅，即使盈利也未必要分紅。所以，股權融資對管理層只是軟性約束，甚至沒有約束。股權是無壓力資本，管理層當然更喜歡。
- 投資者的角度則不同，在外部股東難以監督公司決策的情況下，投資者更喜歡債權。因為債權人的利益優先於股權，同時債權投資者每年有固定的利息報酬，比股權收入更好預測。但是債權投資者的收益有明確上限，如果公司將來大賺，股權投資者的收益理論上是無限的。

長期債還是短期債好？

一般公司應該如何搭配債務的期限？到底是長期債好，還是短期債好？如果你在二〇一六年年底買了恆大地產的股票，今天你肯定樂翻了，因為當時股價港幣四．八元，不到七個月便漲到十七．四元，翻了二．六倍多。股價漲了這麼多，恆大地產此時是否該贖回長期債，改用短期債或者靠增發股票融資呢？

房地產業的擴張煩惱

中國恆大地產成立於一九九七年，正值亞洲金融危機之際。起初，公司搶占先機，採取「短、平、快」的策略。到一九九九年，恆大就躋身廣州十大地產公司。

「規模一流」是恆大戰略的核心。恆大在廣東崛起後，於二〇〇四年起將「規模優先」策略拓展到全國，迅速完成全國化布局、產品標準化經營，並獲得爆炸性成長。過去六年，恆大在土地儲備、銷售金額、銷售面積、在建面積、竣工面積等多項指標達成了四十六倍的整體成長，在中國一百二十多個主要城市，擁有二百多個大型開發項目，二〇一六年年底總資產規模達到人民幣一兆三千五百零八億。

二〇〇九年十一月，恆大在香港交易所上市。交易第一天，收盤價比發行價上漲三四．三％，市值達港幣七百零五億元，成為香港市值最大的中國房產業。如今，總市值達二千二百二十五億元。可是，恆大一直碰到一項挑戰：該如何為擴大規模進行融資？

身為房地產公司，融資當然以銀行貸款為主。只是從九〇年代末期後，房地產調控政策一波接一波，讓行政部門和社會大都站在地產開發商的對立面，要求開發商用自有資金去競拍土地，完工之前不能預售新屋等。以前，即便你出身農村或沒有資金，也不會禁止你進入房地產業，但是這些不斷抬高自有資金的門檻，讓新的地產大亨們難以出現。一方面，這讓房地產業的競爭越來越少；另一方面，也要求地產業者必須融到更多資本。

債務期限的選擇邏輯

由於房地產這些年受到許多排擠，中國A股市場和債券市場對其態度並不開放；加上恆大又是境外上市的公司，所以，除了具體的開發項目可以從中國銀行進行貸款外，恆大要擴展的途徑不是透過影子銀行融資，就是到境外增發股票、發外債。當然，影子銀行的成本高得出名，並沒有什麼吸引力。

若以股權進行融資，空間有多大呢？恆大二〇〇九年在香港上市後，股價從四．四港幣左右開始，一直到二〇一五年四月之前的近六年時間中，基本都徘徊在四塊港幣上下。在二〇一七年之前，又一直停留在五塊港幣上下。所以，對恆大來說，在香港增發股票融資顯然不是上策。

但如果要依賴發行外債，到底該發行長期債，還是短期債好？因為債務是壓力資本，有還本付息壓力，所以期限越短，管理高層的壓力越大；反之，若債券的期限越長，還本付息壓力就被攤平，短期壓力就越小，也越像股權資本。當然，投資者也不是傻子，債券期限越長，不確定性也越大，發債方違約機率也越高，所以，自然會要求更高的利息。

特別是最近幾年，由於中國影子銀行融資的利息成本極高，加上美元和港幣債券的利率很低，比影子銀行的融資利率低上許多，而且美國聯準會持續升息的預期也很高，所以，在境外發行長期限的美元債成為恆大的首選。二〇一六年底，恆大地產的長期負債達到人民幣三千三百三十二億，而期限一年以上的中期債為人民幣二千零二十九億元。

永續債又是什麼？

在目前各國利率普遍偏低的環境下，恆大不僅喜歡長期債，而且更偏愛所謂的「永續債」（perpetual bonds）。

永續債沒有明確的到期日，理論上可以永遠存在，所以有「債券中的股票」之稱。但實際上，其中有不少細節又讓它是明顯的債券：首先，發行公司有贖回權，每隔一段時間（例如三年、五年），發行方有權選擇將債券贖回；其次，如果在發行公司可以贖回時選擇不贖回，那接下來的利率就必須上調，這給發行方一定的壓力，讓他們不會真的把債券永久化（否則，債券利率最後會邁向無限高）；最後，發行公司不僅有贖回的權利，也有權決定是否付息，意思是發行公司可以無限期地把利息拖延下去，只是在公司分紅利之前，必須把所有拖欠的利息付清。

所以，永續債其實是由一系列的短期債券組成，的確是「債券中的股票」「股票之外的股票」，提供發行公司許多便利。而且根據中國的會計規則，永續債可以不記到負債表中，可當作股權處理；但是，恆大是香港上市公司，香港會計規則又將永續債當債務處理。這種模糊性，給公司帶來了靈活的調整操作空間。

正因如此，不只是恆大地產，許多中國地產開發商、銀行和保險公司都發行了永續債，試圖鎖定美國聯準會收緊貨幣政策之前的低利率。從投資者（特別是法人投資機構的角度來看），也很喜歡這種永續債。從越來越多的歐洲保險公司和退休基金可以發現，它們在歐洲所能得到的債券收益率很低，只有二至三％，但亞洲永續債利率就高多了。中化集團在二〇一七年五月發行六億美元的永續債，年利率為三．九％，但參與認購的投資者總計下單高達五十多億美元，可謂供不應求。中化集團因此在一個月內，又再發行高達一百八十億美元的永續債。

對恆大地產而言，由於發行永續債之後的股價表現強勁，翻了二．六倍，恆大因此選擇立即贖回之前發行的所有永續債，因為這些永續債的平均利率為九．五％，融資成本實在很高。恆大採取的即是在股權、長期債和短期債之間的典型動態融資策略，根據不同金融市場的變化，動態調整公司的融資結構，而非死板地只用一種融資工具。這樣做，最終當然能最大化股東的利益。

重點整理

- 公司融資手段的越來越豐富，除了在股權和債券間靈活搭配融資組合，也可以運用長期債和短期債，透過優化債務期限結構來最大化股東利益。原則是：哪個融資手段最便宜，只要可行，就多用那種融資工具。
- 債券期限越長，給公司帶來的短期還款付息壓力就越小，這種資本也越像股權，所以，一般公司更喜歡長期債。但對投資者而言，長期債風險更高，利率報酬也必須更高。
- 永續債沒有到期日，理論上可永遠存在。實際上，發行公司有贖回權；如果發行公司選擇不贖回，利率每隔一段時間就必須上調；發行公司也有權決定是否現在付息還是延後付息。恆大地產以前多次發行永續債，融資利率高，但在股價大漲之後，決定贖回所有永續債，最大化股東利益。

13 為什麼公司要追求上市？

上市還是不上市？是個好問題

公司到底該不該上市？上市的利與弊是什麼？哪些公司適合上市，哪些公司不適合？

這些年，太多公司把上市本身看作創業和經營的終極目標，結果上市後被搞得很累、很慘。中國不少地方政府把本地有多少公司上市當作政績，實在令人哭笑不得。就以地方水廠公司為例，它們的收入很穩定，分紅也確定，但由於水價受到管制，所以收入的成長前景不多。水廠公司如果上市，股票報酬比較像債券，也與銀行存款的收益類似，可是，A股市場照樣給出四十倍或更高的本益比。其實這類公司更適合發債融資，而不應該上市。從投資者角度來看，股市之所以是股市，跟銀行存款、債券不同，是因為股票的定位是將財富成長最大化，而銀行存款和債券才以保值為目標。所以，像地方水廠這樣的穩定產業，是不適合上市的。

那麼，成長前景好的公司，又該怎樣決定呢？

遠大空調的煩惱

這讓我想起遠大集團的創始人張躍，多年來，不斷有華爾街投資銀行想說服遠大上市，但張躍堅持不上市，繼續走精品公司路線。在誰都爭先恐後上市集資的背景下，拒絕錢的誘惑需要很強的獨特意志。

張躍是學美術出身，職業生涯從中學美術老師開始，但在一九八四年創業後，和弟弟張劍一起研製出無壓鍋爐，並獲得專利，也賺得兄弟的第一桶金。接下來他們看準了空調市場的需求前景巨大，研製出國內中央空調產業的第一台直燃機。一九九二年，他們在長沙創辦遠大空調有限公司，由張躍任董事長兼總裁，以設計優美、技術領先為特色，很快地發展成全球最大的直燃式空調公司。

一九九七年，遠大空調的營業額達到人民幣二十億元，當年張躍破天荒買了私人飛機，成為中國第一個擁有飛機牌照的民營企業家。不到十年，他有感於飛行消耗的油料與製造的污染對環境很不利，因此決定停止使用私人飛機。也讓張躍開始專注於環保、綠色技術的研發，遠大也開始發展新型環保建築設計，目標是使建造過程和建築成品全面綠化、低碳。二〇一〇年三月，遠大集團僅花了二十四小時，就建造完成上海世博會的遠大館，建材是完全輕量的鋼結構，材料消耗只有傳統建築的六分之一，能源消耗僅五分之一，不僅沒有產生混凝土垃圾，整個館的抗震性還很強。

瞭解張躍的創業背景和個性後，他不肯上市募集資金也就不足為奇了。自二〇〇〇年起，一波接一波的投資銀行人士勸說遠大上市發行股票，但張躍總是說：「我們有盈利，也有繼續發展的資金，不缺錢，為什麼要上市呢？」在他看來，公司上市過程中和上市後，產生的各項成本不低，況且上市後，遠大就會受到市場各方面的約束。

當然，遠大選擇從空調產業擴大進軍至建築設計與營造領域後，面對的市場潛力巨大，但還有待進一步挖掘。身處轉捩點的遠大，是否該重新考慮上市的議題呢？

上市有什麼好處？

公司上市的成本不低，但上市不只是為了擴大融資，也有很多其他好處。首先，遠大如果繼續不上市，張躍手中的股權就沒有流動性，他的成功果實只能透過未來多年的利潤一年一年地慢慢實現。股市為創業者提供的是一種對未來預期收入進行定價、變現的機器。當然，即使遠大上市了，張躍也不是必須變現未來，但掌握這種靈活性總是優勢，他也能僅變現一部分去進行其他創業投資，同時分散風險。

其次，上市之後，股東基礎會擴大，幫助分攤公司風險，也可以慢慢有其他大股東，甚至往專業經理人的方向發展，而不是只指望子孫或其他血親接班。引進其他利益相關者並逐步建立合適的治理結構，是公司長久持續存在與發展的基礎，也是避免「富不過三代」詛咒的理性做法。

最後，上市的公司等於有了自己的「貨幣」——股票的發行權，公司的發展戰略也多了一項重要的備選工具。

以美年健康收購慈銘體檢的故事為例。民營體檢服務產業原本有三大巨頭：美年健康、愛康國賓、慈銘體檢。這三家公司分別選擇了不同的資本戰略：A股IPO、海外IPO、A股借殼。不同的選擇深刻影響了三家公司各自的命運及發展格局。

二〇一二年，慈銘體檢開始進行A股上市申報，在三大巨頭中最早啟動資本運作。但由於證監會加強發行監管審核、IPO暫停等原因，慈銘上市不成。愛康國賓二〇一四年率先在美國那斯達克上市，成為中國體檢產業第一家上市的業者。

慈銘體檢上市失敗後，股東們準備出售公司，而美年健康有意收購。於是，慈銘體檢於二〇一四年年底和美年健康簽訂了股權轉讓協議。但是，當時美年健康尚未上市、資金不夠，只能受讓慈銘體檢二六．七八％的股份。

二〇一五年，美年健康借殼江蘇三友上市成功。上市後，美年健康的股份價值和能夠應用的用途就大為不同了。美年健康的實際控制人首先透過質押所持有的股份，融到資金，逐步收購慈銘體檢的其他股權。最終，美年健康決定購併慈銘體檢所有的股權。

儘管購併審核過程幾經波折，但在二〇一七年，證監會還是批准了交易。收購完成之後，美年健康成為產業第一，拉高了競爭對手要面對的壁壘。

這些年，不只是美年健康，像攜程、騰訊等國內外上市公司，也都喜歡充分利用上市後的股權發行之便，用自己的股票收購其他公司，改變自己的地位，也改變產業的競爭格局。

所以，遠大是要繼續做精品企業、對上市不屑一顧，還是應該改變做法，選擇上市呢？

重點整理

- 上市並不是每個公司的最佳選擇。在中國有華為、遠大，在美國有全球最大的農產品加工與貿易公司——嘉吉（Cargill）公司等，這些公司都是不上市也非常成功的典範。
- 儘管如此，還是要瞭解上市的好處，企業家自己要做權衡。例如，上市會增加公司股權的流動性，讓股東可以隨時變現未來，更靈活地安排自己的財富，也可以改變公司未來的長久發展前景。
- 一旦上市，公司就類似有了「貨幣」發行權，這裡的貨幣就是上市公司的股票。公司可以根據自己的戰略需要，增發股票收購其他公司，強化自己的競爭地位，改變產業格局。

市值管理：上市不只是敲鐘

你可能看過公司創始人在紐約股票交易所敲鐘的新聞畫面，敲鐘後，創始人充滿勝利的喜悅，要一波接一波宴請朋友和同事，慶祝上市成功，然後似乎就萬事大吉。上市真的只是敲鐘嗎？上市過程確實很煎熬，過程結束了當然該慶祝。但這只是萬里長征的開始，因為今後是否能跟市場良好溝通、能否降低資訊不對稱帶來的挑戰，才是決定上市是否成功的關鍵。

幾年前，一位學生很激動地向我說，他兄長打算兩年後讓自家公司在香港上市，並且要衝刺這兩年的業績，要在上市敲鐘時讓業績正好達到頂峰。我就問：「你們家是希望十年、二十年後，公司仍然營運良好，家業長青，還是準備敲一筆錢就跑路？」他說：「當然希望家業長青！」我說：「如果是那樣，千萬別在上市之前製造業績頂峰。那樣雖然能把一開始的股價炒得很高，但之後如果業績下滑，讓第一波投資者吃了苦頭，他們就會從此不再相信你們，跟你們公司結仇，你們今後跟市場溝通就會很難。換個角度來看，反正上市時賣的只是很小一部分股份，你們家繼續是控股大股東，開始時股價即使不是最高，也沒關係。因為今後隨著業績的自然成長，股價會持續上漲，你們家的股權市值會上升。如果一開始給了投資者持續的甜頭，今後跟股市溝通起來就容易多了。那不是為公司長久發展打下更好的基礎嗎？」

我不知道這位學生的兄長是否聽進了這樣的建議，但關鍵是，太多人把上市本身看成終極目的，只在意短期利益。否則，怎麼會有那麼多A股公司上市後就開始業績下滑了？很多人都強調要提升上市公司的品質，可是品質不是喊出來的，而是從細節實際上做出來的。

東方航空的紐約上市故事

中國東方航空自一九九七年在紐約上市以來，我經常關注這檔股票，也曾買過。但在這些年裡，東方航空在美國每天的交易量很低，平均一天只換手一萬兩千股，按照每股不到二十八美元的價格計算，每天交易量約三十三萬美元。如果當初到美國上市的目的是為了擴大融資範圍、隨時能融到大量資金，假設東方航空要透過美國股市增發股票融資九億美元，這筆資金就相當於二千七百二十七天的交易量。按照每年二百五十個交易日計算，這等於要花上十一年！

從這個角度來看，東航的海外上市不算太成功。身為中國第二大航空公司，客運量超過一億人，營運狀況也不錯。為什麼股票會乏人問津？是東航的原因，還是股市的問題？

資訊披露才是關鍵

東航作為一家中國公司，在美國股市交易量相對低，並不奇怪，畢竟熟悉的美國投資者本來就會偏少。但這邊要從資訊披露、跟股市溝通的角度來談。

東航為股市投資者主動發布的消息有多少呢？我經常在投資者會關注的雅虎財經網上追蹤東航消息，東航最早一個月會發一則消息，到最近幾年是每六個月發布一次半年財務報表，很少有什麼其他消息。也就是說，有長達半年時間，投資者聽不到公司的任何聲音。

實際上，不只是東航，一般中國公司除了必須披露的資訊（例如：財報、管理高層變動等），基本都不會主動告訴股市投資者有關公司的近期動態，例如：最新的專案、新簽約的交易、商業發展計畫進展、業績預期等。

相較之下，ＩＢＭ主動發布的消息平均一天有二到三則，微軟平均每天發布一條消息。而分析師、基金經理人、產業研究員針對這些公司發布的分析報告就更多了。

如果一家上市公司好幾個月都像從市場上消失了一樣，投資者和分析師當然就會忘記你，也沒有理由去針對你的公司進行分析評估，股票乏人問津、交易量低也就不足為奇。如果公司的投資者關係部門經常主動積極地向市場披露最近動態，公司的名字就會經常出現在投資者眼前，自然帶來更多關注，交易量就會上來。

事實上，股票估值和交易量通常是高度正相關的：交易量大的公司，本益比通常更高；反過來，交易量低的股票，本益比就更低。許多金融學的研究也發現，產品廣告比較多、媒體曝光比較頻繁的公司，不僅它們的產品銷售會更多，而且股票估值和交易量也會更高。所以，管理公司市值的方式有很多種，首先你要引起投資者對公司的關注，並進一步讓他們有興趣分析公司，否則公司的市值和流動性都會吃虧。

公司主動披露資訊、經常發布消息之所以如此重要，是因為金融交易中存在固有的資訊不對稱。公司內部人員知道公司的決策、發生的事情，因此會知道公司前景的好壞。但是，外部投資者不知道，加上股票交易本身是最難的跨期價值交換之一，所以，信任和信心是股市上最稀缺、最珍貴的。增加資訊披露的數量和品質，就是公司主動降低資訊不對稱、提升投資人信任與信心的主要方式。一旦處理好跟投資者的關係，融資和市值自然就水到渠成。

重點整理

- 公司上市不只是敲鐘，敲鐘是上市過程的終點，但不是上市成功的象徵。上市是否成功取決於今後漫長的市場溝通和市值管理，特別不要在上市之前創造業績高點。
- 敲鐘之後，最糟糕的做法是平時在股市上不露面，等需要再融資時才出現。這樣的話，股票交易量會少，估值也偏低。最好的做法是經常跟市場溝通，讓投資者和分析師知道你公司的戰略思考、規畫和進展。
- 媒體曝光越多，產品廣告越多，公司的市值估值也越會受益。這些方式能降低投資者與公司間的資訊不對稱，強化股市投資人對公司的信任和信心。

為何要借殼上市？

前面提過，民營體檢產業三大巨頭中，慈銘體檢最早申請A股上市，但最終失敗，而美年健康最晚啟動資本運作，採用借殼上市，並且迅速成功。結果美年健康收購了慈銘體檢，成為產業的老大。借殼上市是怎麼回事？為什麼能更快成功呢？

借殼上市又稱「後門上市」或「逆向收購」，是指非上市公司先購買一家上市公司一定比例的股權，取得控股地位，然後把自己有關業務及資產注入其中，進行重組，完成間接上市的目的。換句話說，你需要先用現金或者資產買一個「殼」，也就是上市公司的控股權，然後把你其他的資產跟這個「殼」公司的股權進行置換，讓你的資產轉化成上市公司的股份，獲得流動性。之後，你就能像美年健康那樣，用增發股票收購其他公司或做其他戰略擴張了。

為什麼會有殼可買？既然借殼容易，為什麼不都去借殼上市呢？

借殼的邏輯

簡單來講，這是公部門監管的結果，若沒有強硬監管，就沒有借殼上市這回事。如果沒有上市審批和煩瑣的上市流程，如果沒有上市名額限制，誰還有興趣去買現有的殼公司？

公司上市準備、申請、審批的過程很煩瑣漫長，中國證監會對公司的財務狀況、資產品質、股東背景、治理結構和歷史沿革等進行細查，即使順利，也需要兩到三年的時間。

由於很多上市的規則條件相當模糊，讓上市審核的結果難以預測。慈銘體檢這樣上市申請失敗的案例很多。何況，即使上市申請通過，加入發行排隊的等待時間也不確定，因為證監會的放行速度和ＩＰＯ數量又要視股市環境、政策偏好而定，過去多年經常因股市不好而長時間停止新股發行。

因此，權衡之下，雖然借殼上市的審核不確定性也很大，但是這條路的速度相對快一點。如果沒有涉及改變公司主要業務，或把大量資產注進或剝離目標上市公司，借殼方就能避免大量和申請上市有關的工作，包括三年會計報表、評估報告、招股書和盈利預測報告等。一般而言，借殼上市比申請新股上市要快，甚至半年至一年就能完成。正因為速度快，仲介的機構費用也會減少。

當然，因為誰都能看到這些優點，殼資源的價格也不低，通常在人民幣二億元左右。這是對時間成本的補償，也是因監管製造的稀缺性定價。

如何挑選「殼」公司？

上市公司要能成為好「殼」，需要有以下三個共同點：

第一，所處的產業不景氣，例如紡織業、零售業、食品飲料業、農業等產業。這些產業雖然沒有成長前景，但由於過去的上市審核更看重資產、收益穩定性，所以比較容易核准上市。

第二，公司股本規模較小。小型股的收購成本低、股本擴張能力強是明顯的優勢。特別是如果流通量小、股權相對集中，二級市場炒作就更容易。由於借殼上市一般採取股權私下協議轉讓，而不是在二級市場上公開收購散戶手裡的流通股，殼公司的股權集中更便於協議轉讓及保密。只跟一家大股東談，一定比同時跟三、四家談簡單。

第三，目標公司必須有配股資格，不能有太多負債。中國證監會規定，上市公司只有在連續三年的平均淨資產報酬率超過一〇％（任何一年不低於六％）的條件下，才有配股資格。借殼的主要目的是買配股融資的資格，如果該上市公司沒有配股資格，就沒有意義了。

就借殼上市的過程來看，第一步要能結合本身的經營情況、資產條件、融資能力及發展計畫，做出是否借殼上市的決策。然後，選擇適合自己發展目標和規模的殼公司。接下來，就是取得相對控股地位，並進行資產置換重組。

從一九九三年A股第一例借殼上市以來，中國已經有近百次的成功案例。但是，由於官方對借殼上市的監管很嚴格，特別是證監會對大股東減持股份的速度有更苛刻的限制後，許多公司把注意力轉移到香港和美國，利用香港聯交所、紐約證交所的殼公司完成上市。對看重公司上市的創業者和投資者來說，借殼上市未必不是上策。

重點整理

● 由於證券監管，上市機會總是稀缺，而且新公司上市申請過程漫長，結果又十分不確定，這讓已經上市的公司的「殼」變得珍貴，演變出「借殼上市」的做法。

● 透過挑選價格低、成長前景黯淡、債務輕的夕陽產業上市公司，先獲得對它的控股權，控制這個「殼」，然後將沒有上市的其他資產注入其中，改變公司的名字，以此完成借殼上市。

● 由於過去不少公司是為上市而上市的，這些公司也就只有殼是值錢的，也為借殼上市提供機會。但是，中國A股借殼上市的管制趨嚴，境外借殼上市也可以納入考慮。

到哪裡上市是最佳選擇？

近幾年許多中國公司陸續於美國終止上市，從分眾傳媒到藝龍、聚美優品等，然後回歸中國A股再上市。一時間，終止上市潮真是火熱，但總讓人感覺，這些新一代中國企業家都更像資本市場投機者，而不是心目中有「百年老店」夢想的創業者？你可能會問，當初怎麼沒想好就糊里糊塗地跑到美國上市？一家公司決定到哪上市時，應該考慮哪些因素？

分眾傳媒的上市路

分眾傳媒的經歷是非常經典的上市故事。創始人江南春以個人風格出名，二〇一六年以身價人民幣三百五十億元，在中國胡潤百富榜排名第四十三位。

大學畢業後，江南春在廣告產業工作。有一次他在等電梯，看到電梯門上貼著小廣告，突然意識到大樓電梯的廣告價值，他想說如果這裡有電視廣告，效果一定比平面廣告要好。於是，江南春在二〇〇三年成立分眾傳媒，在各大樓電梯內外裝設螢幕播放廣告。當時，他才三十歲。

他說：「這些位置的廣告效果最好，因為你沒別的事轉移注意力，只能看廣告！」

江南春有天生的商業頭腦，很快就知道公司上市的價值，不僅能使股權升值，還能改變公司的發展空間。可是，A股上市要求公司必須有三年以上的歷史，而且最近三年必須有大量盈利。這些條件，是當下的分眾傳媒無法克服的。所以，海外上市成為唯一選擇，而當時，很流行去美國上市。

二〇〇五年七月，成立才兩年的分眾傳媒在美國那斯達克，以每股十七美元的發行價上市。一夜之間，江南春身價暴漲至二億七千萬美元。

上市後，分眾傳媒一直保持上漲趨勢。他曾說：「上市後壓力很大，每季都有收入成長預期。如果不超乎預期，股價就會跌。所以，我每天都在想辦法。」他也發現，上市後公司股票很受歡迎，為什麼不用股票去收購其他公司，以此來擴大實力呢？這肯定比什麼都靠自己來得快！

就這樣，二〇〇六年一月四日，分眾傳媒以三千九百六十萬美元的股票收購「框架媒介」，跨足豪宅傳媒廣告。兩天後，再用三億二千五百萬美元的股票購併「聚眾傳媒」，成為大樓電視、社區電視、戶外大螢幕等媒體廣告領域的老大。同年三月七日，斥資一千五百萬美元現金加一千五百萬美元股票，收購「北京凱威點告網絡」，進入手機廣告領域。二〇〇六年八月，再用股票收購影院廣告公司ACL。二〇〇七年三月，分眾傳媒宣布，將以七千萬美元現金和一億五千五百萬美元股票，收購中國最大的網路廣告服務商「好耶」。

快速收購多家公司後，整合變成挑戰，而且業務線增加後，風險也變多了。二〇〇八年，江南春遭遇創業以來的第一次危機。在央視晚會上，分眾無線違規濫發短訊被曝光，各種質疑和批評鋪天蓋地。股價隨即下跌至十一．六六美元，市值蒸發二六．六%。再加上汶川大地震和全球金融危機的影響，分眾傳媒在當年出現七億六千八百萬美元的虧損，股價連續跳水，市值蒸發九〇%。

隨後，江南春把購併的部分業務分拆剝離，重新聚焦主業。

但在二〇一一年利潤回升至二億八千萬美元時，股價卻仍不溫不火。當年十一月八日，國際放空機構渾水公司（Muddy Waters）發布一份研究報告，指控分眾傳媒財務造假，建議將分眾股票強烈賣出、賣空。分眾以每股二十三．一美元開盤後，一路狂跌，最低每股僅八．七九美元，降幅一度高達六六%。

這些經歷讓江南春心灰意冷，美國上市帶來的挑戰真大。一方面，美國的市場參與者和證券分析師會這麼尖刻、毫不留情，甚至會放空，在A股市場就不會如此。另一方面，當地的投資者對分眾傳媒的商業模式不能理解。在美國，絕大多數人是住獨門獨戶的大房子，而不是住高樓公寓，不是每天坐電梯；所以，在美國沒有像分眾傳媒如此成功的電梯廣告公司，投資者也就無法理解發展前景，不能正確評估股票價值。江南春在一次專訪中說：「在美國買我們股票的人，九〇%沒來過中國或者住過中國的酒店，沒有去過公寓大廈、辦公大樓。這個很可怕。」

他認為，分眾傳媒最初在美國上市受到熱烈歡迎，不是美國投資者真的看中哪檔股票才買，而是買中國的高成長預期。後來，他們又擔心中國經濟放緩，有很多疑慮，所以，對中國公司的估值就會壓低。也就是說，他們無法準確評估分眾傳媒的投資價值。

二〇一二年，江南春決定將公司私有化，意思是終止在美國股市的上市，從上市的公眾公司變成非上市的私人公司。二〇一三年五月，分眾傳媒正式完成私有化。二〇一五年十二月，分眾傳媒借殼七喜控股，完成中國A股借殼上市的運作。從此，分眾傳媒成為首個從美國終止上市、成功回歸A股的上市公司。到二〇一七年中，其市值達到人民幣一千零六十億元，為中國市值最高的民營企業之一。分眾傳媒在A股市場的待遇，顯然跟在美國大相徑庭。

這一結果讓江南春坦言：「剛開始私有化，我只是想，既然美國不認可我們的商業模式，那我至少要回到本國市場。無論是港股還是A股，至少比美股要更理解分眾。」

選擇上市地的邏輯

從分眾傳媒的經歷可以看到，一定要到能瞭解公司業務的市場去上市，讓能理解你的人買你公司的股票。原因在於，上市公司和投資者間存在天然的資訊不對稱，如果股市參與者本來就瞭解你的公司，你面對的資訊挑戰從一開始就會減少很多。

許多研究也支持這個上市地的選擇原則，其延伸出來的意義如下：

第一，你公司的產品和服務在哪裡銷售最多，就盡量在那裡上市。如果你的公司是製造江蘇人才喜歡的醬菜，即便你的公司到美國上市，主要投資者最終還是江蘇人，那還不如一開始就到離江蘇近的地方上市。所以，你公司產品的客戶，就是你公司股票的最自然投資者，與他們的資訊距離最短。

第二，以出口為主的公司適合到海外上市，經常在海外媒體曝光的大公司也適合海外上市。

像阿里巴巴有海外銷售業務，也有海外知名度，所以在美國上市比分眾傳媒更合理。

第三，許多研究發現，各國公司到美國上市的狀況差異很大。加拿大、墨西哥的公司因為是鄰國，所以相對認同度高，在美國上市就更容易成功。如果一家公司的母國跟美國文化、語言與制度上都接近，那該公司在美國的股價和交易量一般會更高。例如，英國、澳洲、印度、菲律賓，以及韓國的公司，在美國的股票溢價都比較高，但中國和巴西公司的待遇就較差。

第四，如果公司產業是外國投資者熟悉也很熱門的，上述的負面影響就可能少很多。例如，美國投資者沒有在使用百度或者中國移動，但百度、中國移動的股票交易量照樣很大，估值也高。不同股市的投資者，所熟悉的產業也往往不同，香港投資者熟悉房地產和金融，但不熟悉高科技、新能源，而那斯達克投資者則相反，這些傳統都應該考慮進去。

投資者往往偏愛在地上市公司和自己熟悉的公司。所以，每家公司都有一個最適合自己的股票交易所。做好這個選擇很重要，否則你就會被股市拖累。

重點整理

- 世界上的股票交易所很多，沒有一定要在哪裡上市。所以，選擇最適合的上市地很重要。
- 選擇原則是：哪裡集聚了熟悉公司產品和服務的人，就到那裡去上市，讓能理解的人買你公司的股票。所以，沒有海外銷售業務的公司不宜在海外上市；沒有國外知名度的公司更適合在國內上市。盡量選擇到文化、語言和制度都接近的國家上市。

● 選擇交易所時，不應該只考慮短期股票估值水準。「良幣驅逐劣幣」的股票市場，有利於公司的長久持續發展；而資訊渾濁的「劣幣驅逐良幣」股市，只會鼓勵好公司也去投機取巧。

延伸閱讀

狹義而言的上市，即首次公開募股（Initial Public Offerings, IPO），指企業透過首次向大眾發行股票，以募集用於企業發展資金的過程。在上市前，創業公司往往經歷過天使輪、風險投資（ＶＣ）、私募基金（ＰＥ）等融資管道，公司往往已經發展到了一定的規模，其經營模式也較為成熟。

公司上市涉及的內容頗為複雜。首先，企業在確定要上市後，將選擇合適的券商作為仲介。企業在過程中受到證監會等部門的監督，進行資產評估、會計報表審計等。同時，企業的投資項目也要完成財務報表和可行性報告等。

在上市後，公司能夠借助資本市場的力量，獲得低成本融資，進一步促進公司的發展。上市公司還能夠獲得更為持久的融資能力，融資平台也更加廣大。公司股份在市場上可以交易，代表著股東的資產獲得了更高的流動性。上市還能提高公司的知名度，在一定程度上發揮宣傳的作用。上市也會讓公司管理受到更多監督，股價——作為股民「用腳投票」的工具，在關鍵時刻會迫使管理階層改變決策、修正錯誤。

另一方面，企業上市也有負面作用。上市公司必須對公眾公布財報，可能會因此過早暴露公司戰略。公司還必須做好舊股東與新股東的平衡，舊股東可能面臨股權被稀釋，因此利益受損的問題。上市公司被第三方收購的風險，同樣也會提高。

瞭解這些，才能比較客觀看待上市對於公司的意義。上市雖然有諸多好處，但對公司在財務基礎、經營模式、法律規範上都有一定的要求。所以，並不是ＩＰＯ的速度越快就越好，「不上市的公司才是好公司」的說法，也是有問題的。

第四部分

商業模式的演化

14 商業模式的選擇

公司是做餡餅還是做陷阱？

不管是投資理財還是創業，都要學會如何看懂商業模式，瞭解公司營運背後的邏輯。這一章，要探討商業模式，特別是公司到底該多元化發展，還是應該專注本業的問題。金融可以催生好的商業模式，也能養出壞的商業模式，導致資源浪費，關鍵還是看金融體系的內在本質是促成「劣幣驅逐良幣」，還是相反。

跨足網路金融的風險

二〇一七年五月至六月，兩大國際信用評等機構——穆迪和惠譽分別宣布，將百度放在負面觀察與下調複評名單。穆迪副總裁解釋說：「下調複評，主要是由於與百度的核心業務相較，金融業務成長迅速，但財務和執行風險要高很多，百度的信用評等因此承壓。」

二〇一七年三月底，負責理財產品及小額貸款業務的百度金融，總資產為人民幣二百五十億元，相當於百度總資產的一二%。穆迪和惠譽擔心，個人信貸和理財產品的風險較高，這些業務的快速成長讓百度承擔太多個人和中小企業的融資開口風險，推升百度的實際槓桿。

百度為何要涉足跟主業不相關的金融領域？

過去這些年，阿里巴巴從支付寶到餘額寶，再到螞蟻金服，發展迅猛，帶動眾多創業者加入網路金融熱潮。同時，百度面對越來越大的成長壓力，華爾街分析師幾乎每季都追問：「你們新的成長會來自哪裡？」

不太意外，百度的回答之一是發展網路金融。百度金融成立於二〇一五年十二月，業務包括消費金融、錢包支付、網路證券、網路銀行、網路保險等，覆蓋各大金融領域，是百度在多元擴張路上邁出的重要一步。金融跟百度主業關聯不多，但百度掌握了獨一無二的使用者搜索大數據，透過技術、人工智慧等，能更精準掌握使用者的金融需求，也能好好評估使用者的信用等級，減少違約。

由於百度涉足金融領域較晚，必須聚焦某些領域，所以百度金融以消費金融為重點，特別是培訓和教育類貸款，為許多被排除在傳統金融之外的年輕人提供信貸。百度表示，已在教育信貸領域有七五%的市占率。

百度採取的是三方模式，學生在某教育機構報名，同時向百度金融申請貸款，支付學費，之後學員再分期向百度還錢，這是一種「三贏」的合作模式。

然而，金融之所以難做，不是結構設計難，而是金融跨期交易的性質，讓違約風險防不勝防。二〇一六年年底，一家名叫環球美聯英語培訓的機構跑路，老闆帶走了上千名學生的數千萬學費。據報導，逾九〇%的學員都選擇由百度金融先幫他們付全額學費給機構，然後再分期向百度還款。在教育機構捲款跑路後，學生沒課上但依然得向百度還款。在這種模式中，百度的責任在哪裡？

理財產品有硬性兌付的要求，意思是投資者買百度的理財產品，百度不能說「我們的投資拿不回來，沒錢兌現原來的理財產品承諾」。就算是沒錢也要支付理財承諾，這就意味著額外的連帶責任。

多元化發展在快速成長時期可以帶來好處，但也能帶來許多風險。在本例中，向金融拓展業務，就為百度帶來信用評等下調的壓力。

多元化發展的邏輯

海航集團的多元化經營遠比百度多與廣，幾乎各領域都無所不及，業務範圍涵蓋航空運輸、機場服務、酒店、零售、物流、金融六大板塊，旗下控制十一家上市公司。

海航的擴張方式以購併為主，交易清單也很容易看出這種特色。二〇一六年二月，海航集團以六十億美元收購美國科技公司英格雷姆麥克羅（Ingram Micro）；四月，以十五億美元收購瑞士航空服務公司佳美集團（Gategroup），專為航空公司提供餐食；四月再收購英國外幣兌換營運商（International Currency Exchange, ICE），它是全球最大的零售貨幣兌換商之一；當月還收購卡爾森酒店集團（Carlson Hotels）一〇〇%的股權，以及瑞德酒店集團（Rezidor Hotel Group, RHG）五一．三%的控股股權；七月，以二十八億美元收購地勤服務集團瑞士空港（Swissport），再以二十五億美元收購在紐約上市的飛機租賃集團 Avolon；十月，以一百億美元收購 CIT Group Inc. 的飛機租賃業務；同月再以大約六十五億美元，收購希爾頓集團二五%的股份，成為最大股東。

這些只是海航的部分購併項目。據 Dealogic 統計，在二〇一七年四月前的二十八個月中，海航購併總額超過四百億美元。為什麼要收購這麼多相關和不相關的資產呢？

理論上，海航可以購併很多公司，海航的投資者也可以去買這些公司的股票，因為這些公司多數是上市。而由海航購併這些公司，與投資者直接購買這些公司的股票，差別到底在哪？如果透過購併整合能節省很多成本、實現加乘效應，或者得到更多便宜資金，同時這些又是投資者自己做不到的，那麼，海航這樣做是合理的。可是，海航二〇一五年的淨資產報酬率為三．二%，實在看不出之前的購併產生了多少好處。

集團董事長陳峰的目標是在二〇二五年成為世界五百大企業的前十名，所以要加快購併速度。這個夢想當然很好，公司都有擴張的衝動，都想成為老大。關鍵在於公司是否受到資本的約束，如果資本是免費的，也不被約束，任何公司都會朝著世界第一的方向一路往前衝。

中國公司的多元化趨勢

海航和百度只是中國多元化發展公司中的兩個例子，但多元化趨勢在這些年有增無減，像各產業的企業幾乎都有投資房地產。在多元化發展的公司中，海航集團成為先鋒，且沒有被中國金融市場警告過，但百度才剛嘗試多元化，就被國際評等機構警示。這也反映出一些問題：在整個過程中，為購併提供融資的金融機構是否有盡責評估、進行風險管控？為什麼中國金融機構放任國內公司無度擴張，沒有給予足夠的約束呢？這些問題都值得深思。

重點整理

- 如果獲得資本的成本極低，誰都會追求規模，讓自己公司發展成世界第一。「花別人的錢不心疼」就是這個意思。反過來，如果金融市場的內在本質導致「良幣驅逐劣幣」，那透過提高融資成本和融資約束，盲目擴張的衝動將會受到抑制。
- 投資者應當警惕公司管理層的擴張衝動。對股權非常分散的公司來說，資本對高管只是軟性約束或者根本沒約束力。這種情況下，高管為了讓自己風光、為了私利，會喜歡盲目做大但忽視加強本質。
- 在成長與競爭壓力之下，百度以大數據優勢跨足金融界，這種多元化擴張是合理的。但從國際評等公司的反映可以看出，多元化發展是有代價的：每增加一個業務板塊，就多一項風險。

為什麼已開發國家公司放棄多元化經營？

中國公司的多元化趨勢很猛，但隱患也逐漸浮出水面。畢竟，景氣好時做什麼都賺，但「歲寒知松柏」，經濟轉型時期的戰略優劣也會逐步見分曉。這一節，將從其他國家公司的過去經歷，進一步討論多元化模式，透過對比利弊，看懂商業與投資的本質。

為什麼美國公司抵禦危機的能力強？

二〇〇八年的金融危機源於美國，本來大多預計會對美國社會，特別是對美國公司造成的衝擊最大。可是，後來在包括西歐、日本、北美在內的已開發國家中，美國經濟受到的影響反而最少，同時以最快的速度從危機中復甦。

一方面是因為美國的勞動法規最為自由，在危機壓力下，很多美國公司能夠快速裁員瘦身，大幅降低營運成本，而法國、義大利等西歐國家以及日本的勞工法嚴格，公司裁員降成本難度極高、過程漫長。另一方面，在已開發國家中，美國企業的稅賦最輕，所以應對危機的能力最強。

在財政稅收結構上，美國是一個極端，政府稅收的六五％來自個人與家庭，只有三五％來自企業；中國在另一個極端，稅收的八五％以上來自企業。

另一個也很重要的原因是，美國公司手上的現金充足。二〇〇九年蘋果手上的現金有三百五十億美元，到了二〇一七年增加至二千五百億美元，微軟等公司的現金情況也是如此。在面對危機時，銀行和金融市場會更加謹慎，不願冒風險放貸或擴大投資。由於「現金為王」，讓各家公司維持資金鏈的難度上升，手頭有現金的公司當然就能度過金融危機。

為什麼美國公司手上的現金多呢？過去多年來，美國公司被迫放棄多元化、專注主業是重要原因。有研究顯示，專注於主業的公司手中往往有更多現金。只投注於單一產業的專業化公司，現金占總資產的比例在一九九〇年時為一三％，而多元化公司的現金占比僅四％；到了金融危機前夕的二〇〇六年年底，專業化公司的現金占比超過三〇％，多元化公司只有一五％。由此發現，自八〇年代以來，美國上市公司都往輕資產方向邁進，手頭的現金占比都在上升，專業化公司的上升幅度更大。

多元化公司現金占比少的可能原因有兩方面：一是它們把資金都用於跨產業購併擴張，資金鏈緊密地一環扣一環；二是它們覺得跨產業經營本身就能對沖一些風險，因為不同產業同時面臨景氣下滑的機率不高，所以沒有必要留太多現金。

不過，金融危機跟單一產業出現景氣挑戰的情況不同，是同時影響到各個產業，這讓多元化的公司在面對金融危機時更加脆弱。不管是出於什麼原因讓多元化公司的現金少，但在「現金為王」的時候，現金多的專業化公司應對危機的能力更強。更因為專業化公司只需要防衛一個戰場，而多元化公司要同時應對幾個戰場，這也讓專業化公司更能勝出。

專業化是大趨勢

美國公司的專業化趨勢是什麼時候開始的？

可口可樂公司在八〇年代初，參與哥倫比亞電影公司等跨產業購併案，嘗試了多元化的經營策略。其他公司也多有類似策略，多元化流行了好一陣子。但它們很快發現，多元化策略成功的不多，股價表現也越來越差。就像中國A股市場上的表現一樣，跨產業購併越多的中國公司，淨資產報酬率一般會變差，股票本益比和股價淨值比一般也會因此走低。

八〇年代後半葉，隨著垃圾債券之王——米爾肯（Michael Milken）推動的垃圾債券市場越來越受歡迎，購併私募基金大行其道，進行了大量的槓桿收購。它們特別喜歡收購過度多元化的公司，然後進行分拆剝離，瘦身改為專業公司後再重新上市，以此提升公司的效率和競爭力，也迫使各個公司集中在它們最擅長的主業。

那麼，在購併私募基金的努力下，為美國的主流商業模式帶來了什麼影響呢？

印第安那大學教授法蘭可（Lawrence Franko）的研究中，把「專業化公司」定義為主業務占營收超過九五％的公司，而「多元化公司」為主業務占營收不到六〇％的公司。研究以美國各產業中的前兩大公司為樣本，其中專業化公司一九八〇年的占比為四六％，到一九九〇年為六八％；到二〇〇〇年時，多達八四％的公司為專業化公司。相較之下，一九八〇年時的多元化公司占三五%，到二〇〇〇年只有一〇%的大公司屬於多元化公司。

所以，美國公司被迫往專業化的發展，是源於槓桿購併基金等資本市場的壓力，而且專業化趨勢還在繼續。照理說，美國公司的CEO也喜歡無所畏懼地擴張，花別人的錢不心疼，誰不喜歡說「我的公司是世界最大的」？可是，等在門口的「野蠻人」在盯著，沒有幾個CEO敢恣意燒錢擴張，否則自己的飯碗就沒了。這就是為什麼可口可樂的淨資產報酬率可以高到六一%。

現在，美國公司更傾向跨國界的多元化，而不是跨產業的多元化。你還是做你的專業業務，只是把產品的製造和銷售範圍擴大到其他國家，這也是全球化的含義。一九八四年，美國前四千大公司中，只有二九%有跨國經營，到了二〇〇〇年，跨國經營的公司超過三分之一。

歐洲和日本公司的集中化經營程度就比美國低。這些國家的公司回歸專業化的時間較晚：八〇年代，歐洲和日本公司都還沒有顯著變化；到一九九〇年，歐洲只有四一%、日本有三五%的大公司，選擇專業化經營。到了九〇年代，資本市場和產業競爭壓力雙管齊下，迫使這些國家的公司剝離不相關業務，以提高資本使用效率，所以到二〇〇〇年時，歐洲六八%的公司屬於專業化公司，日本則有四八%。

對比發現，美國經濟的市場化程度最高，來自資本市場的「野蠻人」逼著它們「以資本報酬優先」，歐洲次之，儘管歐洲比想像中的市場化程度要低。在已開發國家中，日本金融市場給公司的約束最少，這可能是因為在政府的保護下，日本的商業銀行對企業太「仁慈」。

法蘭可教授也談到，九〇年代許多日本公司到海外發展，但越是集中主業的大公司，在海外拓展就越成功；而那些什麼都做的多元化公司，情況正好相反。

中國有家國內上市公司，擁有近一百個分公司，但是業務發展越好的分公司總經理，就往往越留不住。因為這些能幹的總經理都常常會被競爭對手挖角，但母公司總裁無法給出更好的價錢和股權，把好的分公司總經理留住。他說：「我下面分公司這麼多，如果為了留住一個總經理而不惜代價，其他總經理怎麼辦？」最終，只有二流、三流的人留下來管理各分公司。跨產業多元化等於把有限資源分散到多個戰場，最後可能什麼戰場都守不住。

重點整理

- 二〇〇八年金融危機期間，美國公司能夠應付的主因之一，是它們專業化集中度高，不是什麼都做，讓它們手中擁有很多現金。金融危機時期「現金為王」，而專業化公司的平均現金占比最高，所以，公司主業集中度最高的美國，比其他已開發國家能更快地度過危機。
- 隨著八〇年代槓桿購併基金的興起，美國公司更能感受到守在門口的「野蠻人」壓力，這不僅逆轉了早期多元化發展的趨勢，而且透過這些基金收購那些過度多元化的公司並將其拆分剝離，讓美國公司開始走向高度專業化、專注主業的發展模式。
- 從日本的經歷來看，越是專注主業的公司，在海外發展得越好。而那些什麼都做的多元化公司則不然，它們的資源力度被攤薄到各處，競爭力自然就低。

商業模式選擇：邵氏兄弟vs.嘉禾影業

商業多元化有所謂的「平行整合」，就是跨產業橫向整合，也有所謂的「垂直整合」，就是沿著產業鏈縱向發展。在很多情況下，垂直整合式的擴張不僅有道理，而且會很成功，特別是會對公司股票的投資者帶來高報酬。現在來看看這方面的成功案例，就是香港電影兩大巨頭——邵逸夫和鄒文懷的故事。雖然同樣叱咤娛樂圈，他們的商業模式卻大為不同，結局也很不一樣。

邵逸夫的影視帝國——邵氏兄弟電影公司拍攝了超過千部的電影。他的電視廣播有限公司（TVB）主導香港電視業多年。事業鼎盛時期，邵逸夫的身價超過港幣二百億元。

鄒文懷原來是邵氏行政總裁，一九七〇年辭職後，自己成立嘉禾影業。之後他雖然成就了李小龍、成龍等巨星，出品過很多部票房暢銷巨片，卻沒能在商業上勝過邵逸夫。二〇〇七年，鄒文懷和女兒賣掉手中所有的嘉禾股票和債券，只換得三億港幣。基本上這就是他的總身價，而嘉禾影業的總市值也只有港幣十二億五千萬元。

是什麼造成如此大的差異？我們來比較一下他們的商業模式。

邵逸夫的影視帝國

邵逸夫的戰略是全產業鏈垂直發展。自一九二〇年代起，邵氏兄弟就在上海、南洋等地興辦電影業務，拍中文電影，搞得有聲有色。二戰時被迫停產，但戰後以「每月一院」的速度擴張，旗下戲院超過一百三十家，建立起巨大的發行網路。一九五四年與日本大映開辦亞洲影展，但影展早期由日本影片和邵氏公司作品壟斷。

一九五八年，邵逸夫五十歲，在香港成立邵氏兄弟電影公司。除了《江山美人》等代表作，邵氏還帶頭拍功夫片，《獨臂刀》等成為經典，奠定了香港功夫片傳統。一九七一年邵氏公司上市，製片量也進入高峰期，占港產片總票房的一半以上。

一九六五年，邵逸夫進軍新興的電視產業。七〇年代末，隨著好萊塢的興起，香港電影業受到挑戰，邵逸夫立即將重心轉移到電視。後來電視的獲利才超過電影，ＴＶＢ的香港收視率和廣告收入多年排名第一，至今還是免費電視的一哥。

邵氏產業鏈發展的策略之一是靠ＴＶＢ建立明星工廠，全面培訓新人，壟斷明星資源。一九七一年開辦演員訓練班，學員包括梁朝偉、周潤發、周星馳等。一九七三年，ＴＶＢ開始舉辦每年一度的香港小姐選舉，趙雅芝、袁詠儀等明星都由此誕生。一九八二年，舉辦全球華人新秀歌唱大賽，梅豔芳、杜德偉、陳奕迅等都得到金獎踏入歌壇。就連大家耳熟能詳的「四大天王」，也是邵逸夫一手打造。這些都為邵氏電影、電視劇源源不斷地輸送人才，透過壟斷造星的過程，邵氏控制了明星的定價權。

邵氏採用好萊塢大片場制度，透過建造影城、流水線作業，達成以量取勝。運用多元化垂直整合，從培養演員到電影製作、電影發行和放映，鞏固壟斷地位。邵氏注重商業效率，跟演員只有長期合約的雇傭關係，緊緊控制片酬。一九七〇年，李小龍向邵氏自薦，以每部一萬美元的片酬拍片，邵逸夫只肯出二千五百美元，並要求李小龍一樣要簽雇傭契約。李小龍不幹後，就轉投嘉禾。一九七三年，許冠文拿新劇本《鬼馬雙星》找邵逸夫談，提出利潤五五分帳，立即遭到邵逸夫拒絕。後來許冠文到嘉禾拍了這部片，當時成為香港開埠以來收入最高的電影。

鄒文懷另立的嘉禾影業

一九七〇年，鄒文懷離開邵氏後成立嘉禾，以明星制、精品制、分權制、分成制跟邵氏明顯區隔。第二年成功說服李小龍加盟，拍攝《唐山大兄》《精武門》《猛龍過江》等電影，打造重點明星李小龍，多次創造香港或亞洲票房紀錄。從此，嘉禾開始崛起，但一九七三年李小龍猝死後，一度面臨困境。

幸好在一九七四年，被邵逸夫拒絕的許冠文、許冠傑加盟嘉禾。他們拍攝的《鬼馬雙星》《半斤八兩》等喜劇，五度成為年度票房冠軍。一九七九年又有成龍加入，拍攝《殺手壕》《炮彈飛車》等。一九八九年嘉禾與美國片場合作《忍者龜》，在北美大受歡迎。

隨著好萊塢的影響力擴大到全球華人社區，加上中國影視產業興起，一九九七年後，香港電影明顯走向衰弱。而亞洲金融風暴也來攪局。讓嘉禾影業的地位開始下滑。

與邵氏大片廠制度不同，嘉禾採用委外外包製作，下放權力。編導和演員在片酬外也參與利潤分成，打破邵氏的雇傭關係。獨立製片人加上分成的制度，幫助嘉禾節省龐大的片場經費，也能激發導演、製片人和演員的積極性。但這樣一來，利潤很大部分落入藝人手中，且單一明星的離開就有很大影響，風險很高。

統計數字會說話

再來看看兩種模式下的市場統計數字。從市場占有率來看，一九七〇年到一九八四年，邵氏兄弟的市場占有率從七四％跌到二二％，但始終高於同期的嘉禾，因為嘉禾從未超過二〇％。為什麼嘉禾有許多非常賣座的電影，總票房卻不如邵氏呢？

就每年發行片數來說，一九八五年之前邵氏都遠高於嘉禾。而按照平均每部片的票房數計算，結果有點令人吃驚，八〇年代中期以前邵氏雖然很輝煌，但平均每部片的票房卻只有嘉禾的一半，從每年最賣座電影名單中可見一斑。以一九七一年為例，嘉禾《唐山大兄》以近港幣三百二十萬的票房排名第一，第二是邵氏的《拳擊》，只有一百七十萬。但同年邵氏有六部電影的票房超過一百萬，而嘉禾只有一部。在前四十名中，邵氏有二十五部，嘉禾只有三部。邵氏在保證品質不差的前提下，以發行數量取勝。

從主要演員的片酬來看，六〇年代，香港一流明星的每部電影片酬為港幣一萬元。七〇年代，邵氏最賺錢的男明星的片酬為每部三萬港幣。而鄒文懷在一九七二年，以七千五百美元（當年港幣約四萬二千元）請到李小龍；八〇年代初，許冠文片酬更高達港幣八百萬元。所以，鄒文懷雖然吸引不少大明星加盟，但成本也很巨大。

除了電影業的較量，其他因素也影響兩人的財富水準。邵逸夫早在六〇年代就認為電視業將成為主流，積極投入資金。而鄒文懷卻強烈反對，不參與電視業。事實證明邵逸夫的抉擇有遠見，更另外投資酒店、銀行、保險及房地產等各產業。另外，兩家公司上市時間相差很遠。邵氏一九七一年上市，集資港幣五千萬；它的香港電視公司也在一九八四年上市，次年躋身恆生指數成分股。而嘉禾直到一九九四年才上市，未能更好地利用資本市場。

邵逸夫走的是全產業鏈多元化路線，牢牢控制從明星到製片人等的定價權，包括以壟斷地位拒絕明星和製片人的分成要求；而鄒文懷是集中專業、注重精品、分權分成，拒絕多元化擴張。到最後，兩人的財富相差甚遠。

重點整理

- 邵氏採用好萊塢大片場制度，實施垂直整合，從培養明星到電影製作再到電影發行、放映，什麼都自己做。也嚴格控制成本，與旗下演員簽訂雇傭契約，穩定片酬，注重商業效率，採取以量取勝的策略。另外，邵氏很早就開始進軍電視業。
- 嘉禾以外包製作為主，引入分紅制、明星制，所以每個年代都能網羅到獨當一面的巨星。但明星制讓演員的影響力很大，利潤也有很大一部分要分給藝人。鄒文懷幫了很多人，但自己賺的錢卻有限。

● 在電影等文化領域熱門的今天，邵氏多元化和鄒氏專業化，這兩種模式都值得創業者與投資者好好研究。策略不同，結果各異。

15 金融改變商業模式

公司的發展邊界

常州天合和無錫尚德是中國兩家著名的太陽能製造公司。但今日，常州天合還在發展中，但無錫尚德早在二〇一三年就倒閉了。為什麼曾經是產業老大的無錫尚德反而倒了？是常州天合在產業鏈上發展得廣，而無錫尚德僅專注本業，導致前者勝出嗎？這兩家公司的競爭是否跟邵氏兄弟的經歷一樣，證明了「什麼都做」是上策呢？如果是這樣，公司在產業鏈上的邊界不就永無止境了嗎？

太陽能產業的啟示

太陽能製造業的發展絕對是極富中國特色的商業經典，一旦某個產業容易賺且規模效應明顯時，各地政府就會蜂擁而上，鼓勵本地企業加入。激烈競爭的結局往往是屍橫遍野，沒有幾個企業能活下來。因此，選對商業模式在這產業中顯得格外重要，否則投資者將會血本無歸。

無錫尚德成立於二〇〇一年，二〇〇五年十二月在紐約上市，是中國第一家成功上市的太陽能製造公司。由於上市太成功，股價猛漲，讓創始人施正榮以二十三億美元的財富，成為二〇〇五年的中國首富。常州天合於一九九七年由高紀凡創立，二〇〇〇年成功建成太陽能樣板房，次年開始將產品推向市場，二〇〇六年也在紐約上市，成為第三家到美國上市的太陽能製造公司。

商業模式上，常州天合跟無錫尚德等其他公司非常不同。常州天合採用「垂直一體化整合」（vertical integration）模式，在生產鏈上的每一步都自己做，也就是自己蒐集含矽的廢電器，先從廢電器提煉高純度的單晶矽，然後做成矽片，再做成元件，最後將元件安裝成太陽能發電系統。這一整套「四步驟工序」都由常州天合自己完成。各工序一體化，能保證各生產環節的原物料供應穩定，也能降低原物料的進貨價格風險。

而無錫尚德等一般太陽能廠，只做「四步驟工序」中的最後一步，就是從其他廠商買進矽片元件，將元件安裝成太陽能發電設備。所以，如果矽片元件短缺或價格太高，無錫尚德就會面臨停產風險。因此，保證矽片元件的供應就非常重要。

就因為一方採用全生產鏈模式，另一方採用專一模式，結果是常州天合今日仍在，而無錫尚德已經成為歷史。導致「專一模式」崩潰的直接原因又是什麼呢？

德國自一九九九年開始由政府補貼太陽能，太陽能發電每千瓦便補貼約〇．五歐元，鼓勵一般家庭在屋頂安裝太陽能裝置。隨後，日本、美國、西班牙、義大利等國也跟進，透過政府補貼鼓勵太陽能應用。所以，在二〇〇八年之前，太陽能設備製造商能生產多少，西歐國家就買走多少，出現嚴重供不應求的局面，也為所有太陽能設備製造商帶來了龐大商機。

加上中國各地方政府從二〇〇五年開始，也鼓勵本地企業創立太陽能公司。於是，從南到北眾多太陽能製造公司相繼成立，中國很快在世界太陽能製造業中取得了領軍地位。

問題是太陽能設備的關鍵原料——矽片的全球供給有限，矽片提煉的建廠週期又很長，一時半刻無法跟上。結果眾多新廠建成，矽片的需求猛增，造成矽片價格大漲，供給嚴重短缺。

此時，華爾街分析師和投資者就追問無錫尚德：「矽片供應這麼短缺，如果你們不想辦法確保未來幾年的穩定供應，生產計畫靠什麼完成呢？」於是，在二〇〇六、二〇〇七年矽片價格奇高時，無錫尚德簽訂多項遠期供貨契約，確保未來數年的矽材料供給。但契約前提是以當時的矽價鎖定未來幾年的提貨價格，不管將來的矽價漲跌如何，都必須事先依約付款。相較之下，常州天合由自己提煉高純度矽並生產元件，當然也不用簽訂遠期契約。

但是，由於矽片短缺嚴重，許多地方政府也擴大投資建立矽片提煉生產工廠。等到二〇〇八年新工廠紛紛投入生產後，大量提升矽片的供給量，矽價也開始下跌。這意味著無錫尚德先前簽訂的遠期契約價太高，而且遠期契約約定的供給量越多，無錫尚德的虧損就越嚴重。

另外，二〇〇八年九月金融危機爆發，西歐各國開始縮減對太陽能的補貼，導致太陽能設備的需求快速萎縮。但中國各地的矽片生產商、太陽能製造商的供給卻正好達到高峰，供給嚴重過剩，太陽能設備價格因此大跌、應聲倒地。

無錫尚德受雙面夾擊，鎖定的遠期矽價很高，而製造好的設備價格卻越來越低，隨後的年年虧損也就不足為奇，最後逼得破產。而常州天合面對的挑戰就小多了，因為它原物料端沒有被遠期契約鎖定，矽價不會讓它吃虧。

既然「全產業鏈模式」好處多多，那公司是不是應該盡可能拉長生產鏈呢？公司的邊界又在哪裡？

探索公司的邊界

天合模式的成功說明，在某些情況下，垂直整合拉長生產鏈是更好的做法，至少可以降低原物料短缺和價格風險。但產業鏈到底要拉多長才最好？如果你開餐館，為了保證各種供給，是不是要自己種糧食、種菜、榨油、種茶等，也要製造桌椅、碗筷呢？再往前追，是不是也要生產肥料、製造農用工具？否則，糧食生產過程的品質風險、供貨風險、材料價格風險都會太大？按照這個邏輯發展下去，到最後，公司可能什麼都要自己做了。

所以，公司必須要有邊界，不可能什麼都自己做。首先，原物料供貨的不確定性越大，價格風險越高，品質保障就越重要，所以，產業鏈拉得越長，就越能保證生產的連續性，公司的邊界就會越寬。像蔬菜、白米這樣生產週期很短，供給穩定又容易生產的東西，就沒必要自己做。所以開餐館只需要把料理和服務做好，其他透過市場購買就行了。市場正是不同專業特長的人聚集在一起交易的平台。

其次，外部契約執行可靠度越低的社會中，公司的邊界應該要越寬，產業鏈要拉得更長。如果你跟張三公司簽契約，約定對方未來五年內，每年要供應一噸矽片，且價格都依今日約定。有了契約後，你信心滿滿投入大量資本，擴建太陽能生產線。但一年後，張三說沒貨供應、要毀約，你的投資就泡湯了。所以，如果一個國家的契約環境差，企業就更傾向於什麼都自己做，不相信別人的供貨保證。這多少能解釋為什麼中國公司喜歡自己做，而美國公司更傾向於專注價值鏈中的單一環節。

再者，某些高盈利產業由於門檻高，只有「大公司」才進得去，集團公司的最佳規模就會更大，產業鏈也應該更長。例如，房地產很賺錢，過去，能搶到地等於得到財富通行證，但如果你是小公司，可能就拿不到地。所以，儘管服裝、機械製造、豬肉加工產業不賺錢，但還是有不少公司願意在這些虧損產業擴張，以擴大自身規模，便於拿到土地投資房地產。

最後，貸款和其他融資機會往往願意為大公司服務，大公司的融資成本也更低。因此，透過集團公司投入眾多產業把規模做大，也能強化集團層面的融資能力，再把融到的資金在集團內部重新配置。也就是說，集團大家庭等於一個內部金融市場，許多大集團什麼都做的邏輯就在於此。

所以，特定的國情決定了公司要多元化經營發展，但同時會犧牲效率，風險也較多。

重點整理

- 天合與尚德的不同結局告訴我們，原物料供貨不確定性大、價格風險高、品質保障不可靠的產業，產業鏈拉得越長就越能保證生產的連續性，利潤也會更穩定。同時，這些產業的公司邊界就會越寬。
- 在外部契約執行的可靠度低的社會裡，多元化經營的價值更大。集團公司為了防範外部風險，產業鏈就會拉長，公司經營的邊界變寬，把更多業務納入集團內部來做。

金融槓桿的商業模式

現在有許多人聲稱自己是XX版巴菲特，以為巴菲特就是價值投資，但他們忽視了巴菲特利用保險槓桿達到「點石成金」的這一面。那麼，安邦又是如何跟傳統保險公司不同，也利用金融實現「點石成金」呢？

中國安邦保險是個利用金融實現「點石成金」的例子。安邦在二〇〇四年以人民幣五億元註冊資本起家，透過海內外的大量購併，到二〇一七年，已經擁有人民幣二兆元的資產規模，崛起之快，令人震驚。但從二〇一六年開始，安邦的海外收購受挫。二〇一七年，安邦的兩款產品被下架，董事長甚至被帶走調查。

這家公司到底是怎麼回事呢？

集團的前世今生

安邦集團的前身——「安邦財險」，作為汽車保險公司於二〇〇四年成立。「安邦人壽」則在二〇一〇年成立，註冊資本近人民幣三百零八億元。同年，安邦收購瑞福德健康保險公司，更名為「和諧健康」。至此，安邦擁有產險、壽險、健康險等多塊牌照，保險金融集團雛形成形。二〇一二年，正式成立安邦保險集團。

安邦的經營以兇猛激進為特色，二〇一一年，還不起眼的安邦出資五十六億，取得成都農商行三五%的股份，成為第一大股東。之後，以舉牌（編按：意指收購。中國《證券法》規定，投資者持有上市公司已發行股份的五%時，二日內要通知監管機構、證券交易所，並予以公告）等方式投資多家企業，主要是金融與地產的龍頭公司。二〇一四年成為民生銀行第一大股東，二〇一五年進入招商銀行董事會，年底已是中國四大銀行的前十大股東。此外，安邦亦曾舉牌萬科、中國建築等十餘家上市公司。

安邦大手筆購併活動也震驚華爾街。二〇一四年以十九億五千萬美元收購極具盛名的紐約華爾道夫酒店，轟動一時。同年，全資收購比利時 Fidea 保險公司和荷蘭 Delta Lloyd 銀行。二〇一五年，以十四億歐元全資收購荷蘭 VIVAT 保險公司，隨後還有韓國東洋人壽等，更計畫以六十五億美元接手黑石旗下的 Strategic 集團。

隨著大手筆購併，安邦的資產急速成長。以安邦人壽為例，二〇一〇年年末的合併財報顯示，資產為人民幣五億元；二〇一三年，一百七十億元；二〇一四年，一千二百億元，到二〇一六年年底，高達一兆四千五百億元，是六年前的二千九百倍！

安邦的發展速度令人驚嘆，究竟是從哪裡獲得那麼多資金，實現資產的指數型成長的呢？攻城掠地式的擴張，後來為什麼又被叫停呢？

金融槓桿有多大？

根據中國保監會資料，安邦財產險的原保費收入在二〇一一年達到高峰，有人民幣七十一億，僅占全國財產險原保費收入的一．五%，且之後逐年下滑。二〇一六年只有五十四億，產業占比不到〇．六%。「原保費收入」是指去掉「再保險費」後的保費收入。

前面章節提到萬能險，這是兼具保障和投資功能的人壽保險產品，可調整保額、保費及繳費期，本質上屬於提供較少保障的理財產品。二〇一六年十一月時，中國萬能險的報酬率最高有八%，最低也不少於四%，且萬能險產品都有二．五%至三．五%的最低保障利率，相對於銀行存款年利率的二至四%，及大型保險公司年報酬率的四%至五%來說，對一般民眾確實有吸引力。在多數資產的報酬率都下滑的大環境下，萬能險的投資利率沒有上限、又有最低保障利率，受投資者喜愛就不奇怪了。

安邦近年來規模保費飆升，主要便是靠大量萬能險等高收益理財產品。但這些產品帶來的規模保費，大部分不算原保費收入，而以負債形式在保戶儲金及投資款中列出。為了把壽險產品中的保險部分和投資部分進行區分，會計規則要求保險公司把保費分成三部分：原保險保費收入（類似於傳統的純保險部分）、保戶投資款新增交費（純投資理財的部分）、投連險獨立帳戶新增交費（保險與投資混合的部分）。這種拆分有利於看清，總保費的增加到底是因為更多人買純粹保險，還是大眾更熱中於投資理財所導致？

二〇一四年開始，安邦人壽的業績成長驚人，人壽產品的原保費收入由二〇一三年的十四億，突增到二〇一四年的五百三十億，二〇一六年更達到一千一百四十億，占產業的五%。而保戶投資款新增交費，也就是投資理財保費收入部分，二〇一三年為八十二億，二〇一四年為九十億，二〇一六年激增為二千一百六十億，占保險業的一八%。可見，保戶投資款新增交費成為安邦總保費的成長主力。

所以，安邦的投資資金到底從哪裡來？二〇一六年，安邦人壽和安邦財險的合併報表中，股東權益大約八百三十億元，但總資產規模為一兆四千五百億元。由此可見，自有資金只占很小一部分，安邦的投資主要靠的是金融槓桿——總資產與股東權益之比超過十七比一，但二〇一三年安邦的槓桿才三比一。相較之下，據《金融時報》報導，中國保險業老大中國人壽的槓桿為九比一。

點石成金的金融槓桿

顯然，萬能險等產品的保費收入及投資款不是保險公司「自己的錢」，屬於負債。但保險公司對它有控制權，這個控制權讓安邦能叱咤商界、點石成金。安邦深諳這個道理，用較少自有資金，以小搏大，撬動上兆資產。人壽公司的這種放大作用比銀行和股權基金更好，因為銀行受到的管制很多，人壽公司受到的管制相對少，而股權基金也無法有這麼高的槓桿。

保險公司能帶來高槓桿，不是什麼祕密，台灣國泰人壽的蔡萬霖首富故事就是這樣打造的，巴菲特的主要技巧也是利用保險公司。人們一般認為巴菲特的成功在於價值投資，在別的投資者拋售股票逃跑時，他敢逆流而進。價值投資的確重要，但對他同樣重要的是保險產品提供的融資槓桿。他控制的公司——波克夏總資產有三千多億美元，透過資金購併或控股包括「政府雇員保險公司」GEICO在內的七十家保險公司，而這些保險公司又控制更多資產，一層加一層，槓桿效應發揮到極致。

巴菲特旗下保險公司的數兆保費雖然不是自己的錢，但都是由他掌控的公司調配，也就是他可以管控。這些控制權讓巴菲特的實力如此強大，能在任何產業呼風喚雨、點石成金。只要有媒體宣布他投資哪家公司，該公司的股票不僅會直線飆漲，商業品牌信譽也會大增，這種效應是沒有規模的普通投資者望塵莫及的。

所以，安邦也掌握了巴菲特的技巧，利用保險加大槓桿，透過規模購併培育「點石成金」效應。

這種策略，當然不是沒有風險的。萬能險產品雖能迅速擴大規模，但為了應付與之對應的產品條款、銀行銷售產生的手續費等，安邦不得不尋求高報酬投資，因此要承擔更多風險。傳統保險商主要投資在政府債券這些收益穩定的資產上，但安邦高槓桿收購、舉牌的策略，更像是私募股權基金。

萬能險通常允許保戶提前解約套現，且保戶仍然能獲利，所以保險產品的實際持有期限只有一、兩年。而安邦大部分的投資，像豪華酒店等，期限長、流動性低。短期負債連續滾動形成長期可投資資產，帶來較高的利差損、流動性等風險。

當然，激進投資帶來與日俱增的風險，讓監管單位擔心這會波及整個金融體系。資金外流也帶來壓力和顧慮，導致海外投資的審核越來越嚴。二〇一六年年底，保監會宣布禁止保險公司使用槓桿資金進行股權收購，萬能險等業務也被急踩煞車；二〇一七年年初，非壽險投資型產品被叫停。加上安邦集團的其他問題，導致後來安邦的融資也被中止。但是，安邦利用保險，特別是人壽險加大槓桿，透過對海量資金的控制權來擴大事業的技巧，仍然值得我們瞭解學習。

重點整理

- 安邦的業務結構、投資策略和傳統保險公司不同。它透過大量發售萬能險等保險理財產品，迅速吸納資金，用於舉牌收購指標型房地產和旗艦公司。
- 投資資金絕大部分不是安邦自有資金，而是保費資金。安邦以少量資本，透過保險帶來的高槓桿，控制上兆資產，達到呼風喚雨、點石成金的境界。安邦的槓桿遠高於傳統保險公司，也是沿襲巴菲特的手法。
- 這種策略當然也帶來較高的利差損、流動性等風險，招致監管風險。

金融是公司發展加速器

對製造業來說，產能過剩似乎是今日普遍的話題，所以，中國有了「一帶一路」計畫，以此把過剩產能輸出到其他國家，透過跨地理空間延伸市場來增加對產品的需求。發揮一下想像力，實際上你也可以跨時間將未來的需求轉移到今天，也就是為消費者提供金融支援，把他們未來的購買提前到今天，變成你公司今天的營業額，等於把未來的成長加速到今天實現。

金融真的能成為公司發展的加速器嗎？以通用汽車和福特公司早期的競爭為例，來看看通用是怎樣利用金融戰勝福特，成為汽車產業的龍頭。

福特拒絕提供貸款來促銷

私人汽車發明於一八八五年，但到一八九九年才開始在美國興起。一開始價格很貴，汽車只是少數有錢人的奢侈品。最初一輛汽車的價格約為一千六百美元，十年後上升到一千七百美元左右。當時一般美國家庭的年收入才八百美元，等於要兩倍多的家庭年收入才能夠買得起一輛汽車。

因此，福特公司在一九〇八年推出簡易T型車，即「Model T」汽車。這款車設計簡單，當時的目的是要把售價壓到最低，只要能開就行。由於T型車的定價為八百五十美元，普通美國人的確也買得起，讓汽車不再是富人的象徵，福特的銷售量也大增。但是，八百五十美元還是高於一般家庭的年收入，尤其當時買車主要還是靠現金，所以，價格稍微便宜的車只能把市場規模擴大到一定程度，然後就會出現銷售瓶頸，產能很快就會過剩。這就是一九一〇年美國汽車產業面對的局面：如何刺激市場需求？

一九一六年，財務顧問魯梅利（Edward Rumely）向福特公司創始人亨利．福特（Henry Ford）遞交一份報告，建議福特自辦一家汽車貸款公司，專門為汽車經銷商和顧客提供低息貸款，讓他們先買車，後分期付款，藉此穩固甚至提升市場占有率。魯梅利說：「或許是由於人的本性，更多人願意先買車，後分期付款，而不願意先存錢，等到有足夠現金時才一次性付清買車。」前面我們談過，年輕時談情說愛，正需要擁有一部車來提升自己在「戀愛市場」上的吸引力，吸引高品質的對象。如果是等到存夠現金才買車，那時候可能人也老了，擁有車和房子的意義也淡了。因此，分期付款借貸買車更符合人性，也能促進銷售額。

從汽車本身的屬性來看，是耐用品、投資品。今天你買下汽車，今後十年裡你每天開著受益，收益會持續多年。這種收益性質和汽車貸款的分期付款正好相符，讓你未來每個月邊享受邊付錢。也就是說，對於這種帶來持續收益的耐用品，不應該今天一次性付完，讓今天承受如此重的壓力，而應是在往後日子中分攤支付。當然，若你手頭資金很多，那就另當別論。

魯梅利還建議，針對不同的人，買車後的還款安排應該不一樣。如果工人張三是按月領工資，按月還款就適合他；如果農民李四一年只有秋收一次收入，那麼，他每年秋季還款一次就行。如此貼切地將還款時間安排跟借款方的收入規律同步，當然也能促進銷量。

福特創始人得到如此天才般的建議後，卻回答說：「我們的車非現金不賣！」亨利・福特是一位虔誠的天主教徒，當時天主教對借錢這件事是堅決反對的。

通用汽車樂意利用金融

通用汽車公司的老總反倒覺得借錢買車沒什麼不好。那只不過是把未來的收入轉移到今天，你未來的收入和今天的收入，不都是你的收入嗎？加上通用汽車的售價約是福特的兩倍左右，所以，分期付款對通用汽車的效果會更顯著。一九一九年，通用汽車成立自己的汽車貸款公司，除了汽車的付款銷售服務外，也為通用汽車的經銷商與專賣門市提供貸款。

結果如何呢？一九二一年，福特公司仍然是產業龍頭，汽車市場占有率達五六％，但到了一九二六年，龍頭地位已經讓給了通用汽車。雖然兩年後福特也成立自己的汽車貸款公司，但為時已晚。從此之後，福特便成了萬年老二。雖然過去幾十年的全球化發展，各國汽車紛紛進入美國市場，但直到今天，通用汽車還是以一八％的市場占有率領先福特的一四％。

介紹通用和福特的競爭史的著作很多，但多是從技術、生產流水線管理等方面分析。實際上，金融的支持對於通用汽車的勝出，也發揮非常關鍵性的作用。

像亨利・福特那樣不喜歡「先買後付」的人顯然是少數，因為到了一九二〇年代末，「先買後付」的銷售策略已普及到美國各種耐用品，甚至非耐用品產業上，包括鋼琴、小提琴、電冰箱等。一九一〇年，全美分期付款銷售的信貸總額只有五億美元，到了一九二九年，上升到七十億美元。到了一九三〇年，約七〇%的汽車、八五%的家具、七五%的洗碗機及六五%的吸塵器，都是靠著分期付款賣出的。

其實，「先買後付」的一個重要功能常常被忽視，就是它能夠幫助產業擴大，而且加速產業的發展。假如汽車像福特說的「非現金不賣」，每個人都得先月月存錢，存滿了車錢才能買，這可能會把美國首次買車的平均年齡推遲四年。也就是說，如果能夠「先買後付」，一般人在大學畢業後的二十二歲就能買車，而如果是「非現金不賣」，平均年齡可能會是二十六歲。這也意味著開車人口中會有多一〇%的人無法買車，汽車市場至少要縮小十分之一。此外，在個人層面上，「先買後付」等於把未來才能買的車提前到今天購買，把汽車的未來需求轉移到今天。這也會讓汽車公司把未來的發展提前規畫，正是「金融是產業發展加速器」的含義，透過金融在時間軸上重新配置需求。

二〇〇八年金融危機後，許多人認為，美國這種靠金融刺激需求的成長模式將會終結，但這個模式不僅不會結束，實際上還被其他國家廣泛採用。特別是發展中跟已開發國家，常會面臨產業產能過剩的問題，這麼多產能靠什麼消化呢？當產能過剩時，約束成長的「瓶頸」是需求不足。美國在二十世紀初期也面對產能過剩的挑戰，當時工業革命已經過了一百多年，規模化工業生產已趨於成熟，啟動機器就能產出大量產品，關鍵是需求從哪裡來？所以，透過金融，就能把部分未來需求轉移到今天使用。

重點整理

- 在通用汽車和福特公司的早期競爭中，福特因為汽車生產技術上的優勢，在一九二六年之前一直是產業龍頭。但由於在一九一六年福特拒絕利用金融轉移未來需求，而通用汽車則積極使用「先買後付」貸款促銷，讓通用汽車從一九二六年開始成為產業老大，至今地位依舊。
- 多數製造業都會面對產能過剩挑戰。在這種局面下，金融一方面可以把部分未來需求轉移至今天，另一方面也擴大產業的潛在規模，加速發展。

16 哪個產業更賺錢？

珍惜資本的經營策略

中國汽車零件公司很多，許多是小工廠，幾年前曾有朋友對我說：「為什麼我們不成立一家公司，購併控股上百家汽車零件廠，然後將公司上市發行股票呢？」我說這想法很好，可以開始進行，他回了一趟四川老家，回來後興奮地跟我說：「我老家地方政府很有興趣讓我們去購併，也願意把三千畝地以一億元的價格賣給我們！」一聽這話我就被嚇暈了！不說創業初期資本很難取到，即使能夠融資得到，資本也是珍貴如金，怎麼會一開始就把這麼多資金砸進土地資產中，而不是最大化地用於發展主業？

很多朋友，不管是律師事務所、軟體公司、教育機構，還是製造業，都喜歡一開始就買入房地產、買辦公大樓，讓公司資產很重。問他們為什麼，答案都是：「這些年房地產投資多賺呀！土地一直在升值呢！」他們說得也對，只是忘記成立公司的初衷是什麼。

那麼，為什麼珍惜資本的方式是盡量租房、租辦公大樓？為什麼輕資產才是上策？

如家酒店的邏輯

下面，以中國如家酒店的故事來談談珍惜資本的問題。

沈南鵬是我耶魯大學的校友，九〇年代他從投資銀行做起，後來在一九九九年，跟季琦、梁建章、范敏一起創辦攜程旅遊網。隨著業務發展，二〇〇一年八月攜程又成立唐人酒店管理（香港）有限公司，計畫在中國發展平價型連鎖酒店。同年十二月酒店管理公司正式將「如家」作為品牌名稱，並申請商標註冊。當年，如家成功開設了十一家加盟酒店。

到了二〇〇二年六月，如家連鎖酒店的數量已達到二十家。再經過三年的努力，到二〇〇五年九月，第五十一家店開幕。從那之後，新店開張速度更快，在接下來的半年裡，就多開了二十家新酒店。到了二〇〇八年年初，如家酒店數已經超過五百家，幾乎是每天都有一家新店開幕。

隨著中國經濟和人民收入的成長，商業和旅行需求都在快速上升。只是像平價酒店這樣的傳統產業，成功的訣竅想必會與規模相關，沒有規模就很難勝出。而要靠規模制勝，就必須建立大量的連鎖店網路。

如果五百家酒店的房間都要自建或自己買，假如每個店有二百間客房、每間房的成本需要人民幣五十萬元，一個分店的資金就需要一億元，五百家連鎖店就要資本五百億元。對初創公司來說，根本是個天文數字。那該怎麼辦呢？

答案是盡量用租的，而且要簽長期租賃契約。如家創業初期，中國各地政府以及大小國企都有許多招待所，所處的地段好但管理很差，許多甚至處於虧損狀態，所以有大量的招待所願意長期出租。依照我瞭解的情況，如家租下一棟招待所後，大概花費一千萬元就能裝修所有客房。所以如家若自己建樓或買樓，開設一座酒店要一億一千萬元；但如果用租的，同樣的資本可以開十一家連鎖店。租樓節省下的資本，對於靠連鎖規模取勝的如家是多麼重要。一旦開幕，酒店的租金靠未來現金流就能支付，所以不需要資本投入。

你可能會問：租樓固然好處多多，但是買下大樓後的資產不是還能升值嗎？兩相權衡下，為什麼如家最終選擇了租樓？

樓價的確可以漲，但也可以跌。即使漲，這種投資只是賺資產升值的錢，對如家本身的業務擴張無益，不僅無法對如家的未來收入帶來正向連動效應，還會犧牲發展機會。

輕資產才是上策

實際上，租樓不僅讓如家用有限資本就能發展最多的連鎖店，而且使得公司估值更高，因為這使公司的資產規模更小、負債和淨資產更少，這就降低了資產報酬率和淨資產報酬率計算公式中的分母，提高資產報酬率和淨資產報酬率。前面提過，資本市場不喜歡公司的資產太重，更看重未來收入流。因此，租樓是酒店業達到輕資產的最直接方式。

租樓策略當然不是如家首創，而是許多國際酒店巨擘多年來的做法。像君悅、喜來登等知名品牌酒店，都是長期租用其他投資者的樓宇，讓自己資產很輕，而且甚至連具體管理酒店的工作也外包給專業公司，自己只擁有酒店的品牌，資產輕到完全看不見，靠特許加盟讓品牌賺取現金流。

零售連鎖店公司也採用類似策略。特別是在八〇、九〇年代，像 Kmart、Sears 百貨這些美國連鎖零售業，把自己擁有的商場樓房出售給特設商業地產基金，就是所謂的 REITs（不動產投資信託基金），同時又從這些基金中把商場租回來，每月付租金給基金。而 REITs 基金則透過出售自己的股份給投資者，以完成融資目的。你可能會問：「為什麼要多此一舉，繞一圈呢？」其實，這是多贏的安排。對零售商而言，這樣能完成輕資產配置，提升資產報酬率和淨資產報酬率，股價會因此上漲；對投資者來說，像保險公司、退休基金和高齡投資者，都喜歡選擇有穩定租金的股票，REITs 基金滿足他們的偏好。所以，這是根據投資者偏好重新組合公司資產結構的做法。

回到如家的話題，二〇〇六年十月如家在美國那斯達克上市。之後更加快速複製連鎖酒店模式，到二〇一五年年底已有二千九百二十二家連鎖店。二〇一六年四月，北京首旅酒店集團以人民幣一百一十億元收購如家一〇〇%的股權。沈南鵬的創投能量，在過去十幾年發揮，最大化了金融資本的創新潛力，這種商業邏輯很值得學習。

重點整理

- 在創業初期，資本特別珍貴，每一塊的資本都要花在對未來主業收入有正面貢獻的事情上。
- 從如家的案例可以看到，租樓是實現以最少資本最大化發展連鎖酒店的理想策略，其結果是資產輕、資產報酬率高、公司估值高。對連鎖商店、連鎖酒店等產業來說，剝離樓房等有形資產交給特設基金後，再反租回來，也是達到重組公司、達到輕資產目的的辦法。
- 只要把握好輕資產的邏輯，不管你是石油、礦業還是製造業，都可以找到適合自己公司的策略。

沃爾瑪規模制勝的商業帝國

家喻戶曉的沃爾瑪，以大大小小的東西都能在店裡買到聞名。雖然 Amazon 等電商是當今人們更為關心的潮流寵兒，但沃爾瑪的商業模式與財富故事照樣鮮明，值得學習。

過去許多年，沃爾瑪公司創始──人山姆．沃爾頓（Samuel Walton）的家族成員綜合資產一直是排名第一，遠遠超越比爾．蓋茲和其他家族。到二〇一七年七月，在《富比士》財富榜上，沃爾頓家族有七位成員的個人財富超過四十五億美元，總計更達到一千四百億美元，超過蓋茲的八百五十億美元。為什麼沃爾頓家族能擁有如神話般的財富？沃爾瑪只是開平價連鎖店的，又不是什麼高科技，這種傳統產業怎麼能比微軟更賺錢呢？

前面章節探討過，電商收入的邊際成本幾乎為零，可是，零售商沒那麼幸運，賣出每件物品的邊際成本不可能接近零。沃爾瑪一定得花錢進貨，還要雇員工，支付物流成本，再加上商場租金等，所以，沃爾瑪的賺錢模式肯定與眾不同。為了做到天天平價、價格比別人低，同時又能獲利，沃爾瑪必須在成本和物流上下工夫。

沃爾頓的創業路

創始人山姆．沃爾頓於一九一八年出生在奧克拉荷馬州的鄉村，從小放牛養馬、擠牛奶、養兔子。中學、大學時期，自己在餐館、商店打工賺學費，家境極為普通。大學畢業後，曾在老牌連鎖商店 JC Penney 工作兩年，一九四五年至一九六二年，他透過加盟 Ben Franklin 品牌，在阿肯色州的農村開過多家連鎖雜貨店。當時的經驗讓他發現兩個極其痛苦的問題：

第一，他必須付很高的進貨批發價，但因他的規模太小，沒辦法取得出廠價。

第二，阿肯色農村這種偏遠地方，人口少、市場小，沒有批發商願意送貨過來，沃爾頓得自己想辦法安排運貨，成本也很高。

當時一般認為，在人口少於五萬的鄉村開設平價商場是不可能盈利的，所以，連鎖超市都集中在城市，在那裡互相競爭砍價，收入低的鄉村反而得不到廉價的商品。也正是因為如此，沃爾頓反倒覺得鄉村才有機會，因為競爭少，只要價格夠低，即可贏得市場。

一九六二年，沃爾頓在阿肯色州的一個小鎮開了第一家沃爾瑪超市，主打「天天平價」。隨即又在其他小鎮擴張，到處複製沃爾瑪超市，連店內的格局都完全一樣。他只選那些沒人去、人口在五千至二萬五千人的鄉鎮。那些小地方，不僅沒有競爭，而且只要一開店，當地人馬上會奔相走告，不用花錢做廣告就能家喻戶曉，節省了不少成本。到了一九六九年，沃爾瑪一共開了十八家規模相當大的分店。到了九〇年代，沃爾瑪有三分之一的連鎖店都位在沒有競爭的小鎮，「從農村包圍城市」的戰略也讓沃爾瑪掌控相當強的定價權。有了這種優勢做後盾，公司相對於對手的競爭力就變強了。

既然沒有批發商願意送貨到鄉村，那就自己來做。一九六四年開始，沃爾頓就建立自己的物流倉儲中心。雖然這是被迫的，但沃爾瑪從此跳過中間經銷商，直接跟製造商議價、進貨。隨著規模的擴大，讓沃爾瑪的平均進貨價越來越低，競爭優勢越來越強。

今日，沃爾瑪仍是世界上最大的零售業公司，在全球有一萬一千家賣場，雇用二百二十萬名員工，年營業額達五千億美元。商場的貨物由總公司統一採購，例如鞋、衣服、玩具、家電，只要沃爾瑪決定向哪家製鞋廠進貨，每年就有上億雙鞋的訂單，那家製鞋公司就不必再找別的客戶，光為沃爾瑪生產就夠發展了。沃爾瑪也因此擁有至高無上的砍價能力。以最便宜的價格直接從廠商進貨，不僅提供沃爾瑪很大的獲利空間，也讓它有能力跟任何人競爭。因此，從廠商直接採購巨量規模，是沃爾瑪壓低成本、提高利潤的主要策略。

當然，沃爾瑪要擴大規模，就離不開資本市場，沃爾瑪於一九七二年在紐約證券交易所上市，向大眾投資者發行新股。從那以後，股票市場就成了沃爾瑪成長資金的主要來源。也因為沃爾瑪的成長前景、競爭優勢這麼強，股票一直備受投資者青睞，價位水準一直很高。

沃爾瑪的零售業革命

沃爾瑪的商業模式為沃爾頓家族帶來巨大財富，也為眾多投資者提供良好回報，那麼沃爾瑪又給社會帶來了怎樣的影響呢？

首先當然是為民眾帶來的實惠，因為商品便宜，家庭就能節省生活開支，能有更多錢給小孩買玩具、買書，也可讓子女上更好的學校，或是去旅遊、投資。所以，沃爾瑪帶來多贏。

可是，沃爾瑪的價格優勢也對社會帶來衝擊，像在過去四十多年裡讓許多家庭雜貨店、小規模商場倒閉，因為這些店的進貨價無法跟沃爾瑪相比。特別是在美國各地的小鎮上，本來有許多夫妻自營的雜貨店，後來一個個被沃爾瑪壓垮，許多人不是失業，就是去沃爾瑪打工或另謀生計。實際上，沃爾瑪十幾年前進入中國後，也迫使許多商店關門，引發許多爭議。

那麼，社會是否該指責沃爾瑪帶來的零售業革命呢？大超市的普及一方面給消費者巨大的好處；另一方面也逼著許多人另謀生計，去其他產業重新找到優勢和專長——這就是奧地利經濟學家熊彼得（Joseph A. Schumpeter）所講的「創造性破壞」（creative destruction）。沃爾頓把千千萬萬家小雜貨店弄垮，這當然是一種破壞，破壞了原來以高價格、低效率為特色的零售業秩序。一般來說，「破壞」是一個貶義詞，可是，沃爾瑪的破壞是一種「創造性破壞」，是褒義的。因為由沃爾瑪取代千千萬萬家雜貨店後，社會效率提高了，數億家庭的生活費用下降了。若要保護以高價賣出的零售商，等於迫使千千萬萬的消費者為傳統零售商的低效率買單。

隨著網路世界到來，今日也正在經歷另一波零售業的「創造性破壞」。由於沃爾瑪的「規模制勝」模式在過去幾十年太成功了，以至於 Amazon 等電商龍頭都在模仿它，同時借助網路的無限規模潛力進行模仿，試圖「破壞」沃爾瑪等傳統零售業所打造的舊秩序。

電商將會讓沃爾瑪成為未來的恐龍，消失於歷史長河中嗎？

近幾年，美國各大傳統零售商關閉越來越多的實體門市，銷售和利潤都難以上升，股價也在跌，包括沃爾瑪都難逃「創造性破壞」的影響。雖然產業洗牌正在進行中，但沃爾瑪的地位短時間還是難以被取代。一方面是遍及鄉村的連鎖網路地位牢靠，美國人工貴，在人口稀少的鄉村進行物流配送成本還是太高，「從農村包圍城市」的戰略基礎依舊穩固；另一方面是它龐大的採購系統和物流網路，為 Amazon 等競爭後進，構成相當巨大的壁壘。要改變這些局面，仍舊需要時日。

重點整理

- 沃爾瑪的「規模制勝」戰略在於：把零售客戶規模發展到巨量，然後以規模訂貨壓低進貨價，以「天天平價」擠掉競爭對手。
- 在資本市場支援下，沃爾瑪把規模化經營提到新高度，擠掉千千萬萬家雜貨店和小規模連鎖店，迫使他們另謀職業。沃爾瑪的「創造性破壞」，重塑了美國和其他各地的零售業。
- 網路帶來的無限規模潛力開始了零售業的新一輪「創造性破壞」，正在挑戰沃爾瑪等老牌企業。有意思的是，Amazon 也是遵循沃爾瑪的「規模制勝」戰略。

員工福利好的公司有什麼好處？

大家喜歡談論公司文化如何如何重要，但是，並沒有太多人對公司文化的價值進行量化評估。花錢讓每位員工高興真的值得嗎？好的公司文化對股東利益最大化真的有用嗎？

幾年前，我的女兒大學畢業後到了美國最大的雲端儲存公司 Dropbox 工作。她每天工作得很開心，也熱愛公司，因為公司提供免費的一天三餐，不僅隨你吃，花樣還很豐富。餐食內容有各種西餐、中餐、日餐等輪流上陣，晚餐還有葡萄酒、啤酒隨你挑，她還可以邀請幾位朋友到公司免費吃。此外，健身房會員卡、上下班叫車、手機月費等費用都由公司支付，還有股票選擇權，薪水也很不錯。上班更沒有「朝九晚五」這件事，隨你什麼時候去上班，甚至也可以不到辦公室，在家裡遠端工作就好。每年的假期也不限，只要你做完分內工作就行。這真是所有上班族做夢也想不到的福利呀！難以置信！世界上怎麼可能有這樣的公司？成本呢？收益呢？當然，女兒和她的同事們都很開心，說起自己的公司就是興奮和自豪。

製造業時期的美國公司並無福利

以前的美國公司可不是這樣的。當時流行「泰勒化生產計件制」，意思是在製造業生產流水線上，根據工人生產的商品件數來發薪，一分不少，一分也不多。至於工人的感覺如何、情緒怎樣、喜不喜歡，這不重要。

被稱為「科學管理之父」的泰勒（Frederick Taylor），貢獻有多大呢？他一八五六年出生在美國賓州的富人之家，也在哈佛大學念過書。一八七五年開始，泰勒在費城一家機械廠做了四年學徒，後來去了一家鋼鐵廠當技工，由於他很能幹，也表現出管理能力，六年內被多次提升，最後成為公司的總工程師。這些管理經驗讓他掌握了工資制度、作業特徵、工時測量、生產流程管理、人員管理監督等許多細節。這些經驗最後讓他在一九一一年出版了管理科學領域的開山之作──《科學管理原理》(*The Principles of Scientific Management*)。

什麼是「科學管理」呢？泰勒的定義是：「科學管理不過是一種節約勞動的手段而已。也就是說，科學管理只是讓工人產生比原本高很多效率的一種適當、正確的手段。」有兩點是泰勒強調的：一是怎樣節省成本；二是怎樣以最低的工資讓工人生產出最多的產品。特別是他發現，因為工人對老闆的唯一價值是生產商品，所以最有效的激勵制度是計件工資制，其他都不重要。計件工資制大大刺激了工人勞動生產率的提高，也將企業主的利潤成功最大化。

當然，泰勒的邏輯有一個重要前提，工業革命時期，製造流水線上的工人不需要特別的專長技能，更不需要他們有創造力，只要按部就班地重複動作就行。所以，當時工人的人力資本不重要，而且工人的可替換性太高，你不願意做或做不好，隨時換上別人就是了。同樣重要的是，你付出的努力是多是少，完全可以由你的產品件數來測量，沒有模糊性。

所以，在泰勒的框架下，公司如果給工人太多福利——更不要說那些免費三餐、免費瑜珈、免費按摩，除了慣壞員工、為公司增加成本，對增加產出沒有任何影響，這些額外開支只是公司股東和員工間的零和博弈。因此，員工福利好的公司的股票應該拋售，股價也要大跌才對。

實際上，早期的研究也顯示，製造業公司的員工福利開銷越多，利潤受損也嚴重，股價表現也就越差。

超級福利的興起

這種「科學管理」的泰勒模式，後來又為什麼被翻盤了？

主要還是因為美國的經濟結構發生了變化。從二十世紀中期開始，製造業占比越來越低，服務業占比不斷上升，尤其是創新能力在美國經濟中越來越重要。到今天，服務業占美國經濟的八二％，這種經濟結構轉型帶來了其他變化。首先，員工的業績越來越難以用簡單「計件」去評估。服務跟生產流水線不同，服務創造的價值是無形的，也難以計數、量化，而且員工在服務過程中的態度和感受都會影響到最終服務的品質。

其次，製造業成本中以硬體資本、產業資本的占比最高，人力資本占比很輕，公司的無形品牌與聲譽資本也很輕。可是，在經濟以服務業和創新力為主軸後，情況就完全相反，硬體資本的比重降低，而人力資本、品牌聲譽資本的重要性就大大提高。例如，對於Google、臉書這樣的現代科技公司，它們幾乎沒有實質硬體資產，公司的價值完全取決於員工的創新能力、創造意願、品牌聲譽和服務態度。這樣一來，員工在公司的感受、所得到的尊重、工作內外的環境、對公司的喜好、病假產假的人性化、生活福利等，就變得非常重要。

當然，美國公司文化的轉變不是一夕之間發生的。八〇年代，矽谷高科技公司開始發現善待員工的必要性，先是蘋果、英特爾、思科等把公司的管理結構扁平化，高層和一般員工都在開放的辦公大廳工作，辦公桌一張接著一張，這種彼此平等的感覺帶來彼此尊重。同時，還為各級員工安排股權和選擇權獎勵，讓員工都成為公司的股東，給他們實際的主人感，不再只是計件制下的勞動工具。後來，Google 把工作福利標準推到新高。辦公大樓裡有免費的瑜珈教室、健身房、洗車行、攀岩牆、洗衣店、健身課、跑道、按摩房等，還有二十五家餐館，一天三餐，任君挑選。Google 的想法是，如果員工不必外出煩惱吃飯，健身、洗衣、洗車也在大樓裡，他們節省下來的時間要做什麼呢？還不是讓他們有更多時間、更多心思專心在工作上嗎？

從 Google 到臉書、推特、Dropbox 等，之所以都能提供員工超額福利，也是因為有資本市場的支援。如果沒有創投基金、私募股權基金的慷慨資金，矽谷新秀公司的超額福利就不可能實現。所以，矽谷公司的福利文化和資本市場是屬於同一個創新生態，是互為關聯的。

但是，這種公司在股市中的表現如何？從一九八四年開始，有學者每年針對美國的大公司員工進行問卷調查，根據五十七個問題的問卷評選出「全美一百家最受員工喜歡的公司」。在最近六年中，Google 每年都排名第一。而前十名中多數為高科技公司，也有金融公司，但沒有製造業企業。

華頓商學院的一位教授也依上述問卷再研究發現，一九八四年以來，「全美一百家最受員工喜歡的公司」的股票，明顯帶給投資者更好的報酬。特別是與條件相似的同類型股票相比，這些關注員工福利的公司每年能帶來四％左右的超額報酬。這些結果不僅證明泰勒計件工資制的時代已經結束，而關注員工感受的企業文化，本身也是一種讓公司成功的商業模式。

重點整理

- 矽谷不只是許多高科技公司的發源地，也是新型企業文化和新型金融形態的起源地。強調員工福利的企業文化，其實也是一種商業模式。
- 在工業革命時期，硬體資本、產業資本是主力，人力資本的價值不突出。當時生產的價值有多少，完全可以用計件制衡量。所以，員工福利的支出越多，除了增加企業成本外，並不能激勵出額外營收，只會降低公司利潤。
- 經濟從簡單製造轉變成一般創造後，企業文化也必須轉型，需要重視員工福利和員工感受。對服務業，尤其是以創新力為主的高科技產業來說，人力資本和品牌聲譽資本是主力，加上員工貢獻不能再以計件制測量，員工福利、股權激勵就變得十分關鍵。研究顯示，員工越是喜歡自己的公司、自己的職業，公司未來的股價表現就越好。投資者也應該瞭解這一點。

延伸閱讀

從本章內容中，可以瞭解企業的不同經營理念所帶來的結果。不論是走輕資產路線，還是力求規模制勝，企業的目標都將自身利益最大化，讓公司的股東盡可能獲得最多的收益。

雖然獲利的標準很簡單，但在實際投資中，公司的規模大小、經營策略等方面都有很顯著的不同。投資者如何才能在眾多企業中找到最為出色的投資標的呢？下面來介紹幾個在公司金融中非常重要的概念。

ROA和ROE

在衡量公司的經營狀況時，經常提到兩個指標：資產報酬率（Return on Assets, ROA），用來衡量每單位資產能夠創造多少淨利潤。股東權益報酬率（Return on Equity, ROE），用來衡量公司運用自有資本的效率。由於公司的資產由股東投資和負債兩部分組成，ＲＯＥ會隨著公司負債的增加而上升，因此不能認為ＲＯＥ高的公司，其股票就一定值得購買。

折現

在獲得盈利後，公司的管理層將面對兩種選擇：其一是將盈利直接以紅利的方式派發給股東；其二則是將盈利作為留存收益，用來追加投資，擴大經營規模。

若選擇分紅，股東在分紅到手後，可以將資金存入銀行，獲得相對而言風險較小的報酬。當公司選擇留存收益時，等於將股東的資金投資於風險更高的公司經營。若一個項目風險很大，它必須要有相應的更高報酬，否則投資者不會投資該項目。所以，公司在未來預計能獲得的收益，必須要比銀行的利率更高，也就是未來的現金流需要有折現，才能留住股東。

簡而言之，折現就是將未來的收益折算到當下時，所做的適當抵扣。從折現的定義中可以發現，對不同產業、不同資產結構的公司而言，因為所面對的風險各有差別，所以面對的折現率是不同的。如何評估一家公司的折現率，也因此展現了投資的困難處和藝術性。

每股應該值多少錢？

如果公司不將當期利潤發放紅利給股東，他應該提供折現後依舊有吸引力的獲利方案，這樣才能讓公司股東獲益，進一步讓公司股價上漲。

用公式表示在當期分發紅利和留存收益間的關係：

每股價格＝（每股盈餘／折現率）＋成長機會現值。

其中成長機會現值（Net Present Value of Growth Opportunity, NPVGO）也是一個經過折現後的指標，衡量公司在未來選擇項目的價值，如研發新產品、更新生產設備等。

與上面這個公式密切相關的是我們耳熟能詳的本益比，其定義是每股價格／每股盈餘。由上面公式推導出，**本益比＝（1／折現率）＋（成長機會現值／每股盈餘）**。這是用來評估股價水準是否合理的重要指標之一。

根據公式會發現，本益比與成長機會的現值有關，因此不同產業的公司本益比差別很大，不可一概而論。通常具有強勁成長機會的公司享有高本益比，像傳統產業中的奇異公司（GE），近幾年本益比不超過三十，但Amazon的本益比卻高達一千四百三十六。也就是說，按照現在每股每年的盈餘，如果未來沒有成長的話，Amazon的投資者要等上一千四百三十六年，才能把今天股價本錢賺回來。

數字雖然很驚人，但投資者認同Amazon的戰略，認為公司具有良好的發展前景，也就是成長機會現值很高。本益比也被公司經營所要面對的風險影響，低風險的股票折現率低，在公式中分母就會小，因此這樣的公司具有較高的本益比。

以上所介紹的概念，反映了金融作為跨期分配工具對時間的估量。在分析公司年報時有重要的作用。對照這裡的公式，是否對投資有了更清楚的理解？

第五部分

投資理財

17 投資理財的選擇

風險與收益：選擇金融產品的兩大考量

金融產品有兩個重要概念：風險和收益。但金融產品百百款，到底該怎麼選擇？金融市場種類確實不少，金融產品更是繁多，其中貨幣、債券、股票、保險、理財產品的功用和目的都不同，讓人有種「蘿蔔白菜，不好比較」的感覺。畢竟，股票投資是以財富增值為主，銀行產品以保值為主，而保險則是用來規避不利的風險，三者很難直接相比。但是，學界還是找出了一些評估各類金融產品的一般性指標，方便決定如何在不同產品間進行投資組合配置。其中兩個最為重要的指標，就是風險和收益。

風險和收益到底是什麼？

首先來談「收益」。前面提過，貨幣作為跨期價值載體是沒有報酬的，收益為零。當然，這裡要來區分一下「名目收益」和「實際收益」：你手中的百元鈔今天可以買一件內衣，但如果中央銀行濫發鈔票，明年同樣的一張百元鈔只能買到〇．九件內衣，也就是通貨膨脹率為一〇％。儘管你手裡的百元鈔票明年還是印著「一百」元，持有這張百元鈔票的「名目收益」為零，不漲也不跌；但「實際收益」卻為負一〇％，購買力下降了一〇％。也就是說，鈔票的實際收益率為通貨膨脹率的負數。手持中央銀行發行的鈔票並非沒有風險，因為貨幣會貶值。但在多數國家中，除非你能到境外投資，否則，本國的央行會比較可靠，本國貨幣會比較能作為基本的跨期價值載體，雖然其名目收益為零。

如果把一百元存在銀行，雖然儲蓄收益不高，但名目收益大於零，比只持有鈔票得到的零收益要好。

跟銀行儲蓄接近的是政府發行的國債，中國國債通常的年限是三年、五年和十年，也有期限更長的國債。國債到期的期限越長，利率報酬一般會越高。之所以會如此，是因為雖然財政部是國債的發行方，代表了中央政府的信用，不會賴帳，但國債期限拖得越長，未來經濟、社會和政治的不確定性越大，投資者要承擔的風險也越大，所以，你應該得到的利率報酬要越高；否則，沒有人願意承擔更多風險但得到一樣或更少的報酬。在這裡可以看到，在一般情況下，收益跟風險是成正比的：風險越大，報酬應該越高。

當然，在談到國債或銀行儲蓄利率時，會聽到「活期存款利率為〇．四％，一年期存款利率為一．五％，五年期國債利率為四．三％」等，這些都是年化以後的利率，真實得到的利率報酬會根據持有存款或債券的時間而調整。為了便於比較不同期限債券的預期報酬，通常會把債券和其他金融產品的報酬統一到以一年為單位計算，也就是以「年收益」「年利率」報價。例如，三個月到期的利率為一．一％，持有這個存款三個月得到的收益會是一．一％的四分之一；而五年期的國債年利率為四．三％，持有五年的累積收益便會依每年四．三％的利率來複利計算。

不同風險，不一樣的預期收益

股票的風險就遠大於國債，更大於百元鈔票的風險。所以，發行股票的公司必須給投資者帶來高於國債利率的預期收益，否則就有愧於投資者，也不應該上市，或者應該終止上市。當然，現實中要進行這種判斷並不容易，因為這裡說的是「預期收益」。

債券的收益會事先約定，例如一年利率一〇％，但股票沒有這樣的約定，由於股票發行公司未來的經營利潤到底如何，是無法事先確定、充滿風險的，所以，預期收益就變成了各有各的看法。雖然中國A股市場在過去二十幾年帶給投資人的平均累計收益低於同期國債，但幾乎所有的上市公司都還存在，股市也還在。當然，這種收益低於國債的局面是不可持續的，因為任何股票市場，如果給投資者的收益長期違背「收益跟風險成正比」的原則，參與這種股市投資的人數只會越來越少，最終股市便得關門。

美國的資本市場同樣充滿挑戰，但整體上更為成熟。以下透過美國的經歷，看看正常情況下收益和風險間的關係。若以一九二五年年底為起始點，到二〇一四年年底為止，假定你當初投資一萬美元，而且每年的利息和分紅都重新投入同樣的金融產品，在這八十九年中，如果一直投資短期美國國債，最終你會獲得二十一萬美元。

如果是一直投資長期國債，那當初的一萬美元會變成一百三十五萬美元；如果一直投資的是美國大公司股票，一萬美元就會變成五千三百一十六萬美元；但如果一直買小型股，最後累積的財富將是二億七千四百一十九萬美元！

所以，就長期而言，風險越高，收益報酬就會越高！只是在達到長期效果前，你可能要經歷很多次上漲下跌的起伏，要有足夠的心理準備。

以年收益來看，短期國債平均年收益為三．五％，比通貨膨脹率高一點；長期國債五．七％，大型股一〇．一％，小型股一二．二％。但千萬不要忘記，短期國債的風險波動率也最低，才三．五％，而小型股的波動率高達三二％，幾乎是短期國債風險的十倍。

如果學過機率統計，這裡說的「波動率」或「風險波動率」就是年收益率的標準差。若不熟悉機率統計也沒關係，就把這個理解為風險高低的指標：波動率越高，風險就越大。

所以說，在討論金融產品、判斷投資價值時，千萬不要只看收益而忽視風險，不要不顧風險去追求收益。

重點整理

- 各類金融產品的目的不同，所以對不同的人來說，哪個金融產品最好很難一概而論。每個人的經濟狀況不同，面對的金融需求也會不同。
- 風險和收益這兩個概念可以度量各類金融產品，幫你區分五花八門的金融產品。風險越高，預期收益應該越高。如果實際情況相反，就說明該金融市場存在扭曲。
- 貨幣的名目收益率為零，銀行儲蓄的名目收益率會高一點，因為其風險也大一點。以此類推，中期國債、長期國債、大型股、小型股的風險更高，它們的預期收益也相應地更高。但是記住，投資絕對不能只談收益不談風險。

家庭如何配置財富——多國家庭資產結構對比的啟示

小李炒房賺了很多錢，目前房產占財富比重超過九一％，而且房產的槓桿是二．四比一。聽完這些，一位同學著急地問：「那麼，房地產投資占比到底多少才好？投資的選擇那麼多，該如何在它們之間組合配置呢？」

這的確是一個大家普遍關心的話題，怎樣配置投資組合，才可以最大化保值升值，又將風險最小化？

華人愛買房

西南財經大學中國家庭調查與研究中心的甘犁教授團隊，每兩年針對中國兩萬多戶家庭進行大規模問卷調查，每季進行抽樣回訪。報告能看到中國家庭的橫向境況，又能看到整體變化。

根據二〇一六年的《中國家庭金融資產配置風險報告》，二〇一一年中國家庭每戶平均總資產為人民幣六十六萬三千元，二〇一三年為七十六萬一千元。二〇一五年成長到九十二萬九千元，年均成長率達八．八％。到了二〇一六年，大約為一百零三萬四千元。近年的財富成長速度顯然比較快。

再來看到家庭的資產投資結構，中國家庭的房產占比最高，在全國平均占比在二〇一三年和二〇一五年分別為六二．三％和六五．三％，到了二〇一六年更上升至六八．八％。

除了房地產外，汽車、工商經營項目和其他有形資產，大約占家庭資產的一九．七％。剩下不到一二％的財富投資在金融資產中。

相較之下，經過金融危機後的調整，二〇一三年美國家庭平均有三六％的資產在房地產上，二二％在工商經營等有形資產上，而四二％左右的財富為金融資產。房產占比中，英國家庭為三五％，德國家庭三六％，日本家庭五三％。這些國家的家庭財富中，房產占比遠低於中國，而金融投資占比要比中國高出很多。所以，中國家庭的財富風險過於集中，所承擔的房產價格風險太大。

金融資產配置結構對比

在房產等有形資產和金融資產間的配置結構上，中國和其他國家的差別很大。當然，背後的原因顯然與各國國情相關。例如，其他國家對房價的管控沒有中國那麼強，也沒有那麼頻繁，這些行政干預使得房價漲跌的社會與政治含義大不相同，這些差別顯然影響對房地產的最理想配置水準。也就是說，有了政府高層的幫忙，房價在中國的上漲預期在一般情況下會高於其他國家。遺憾的是天下沒有不散的筵席，泡沫總是會破的，過於集中配置房產必然代表著過多的風險，尤其在房產市場過於飽和、到處顯而易見的景況下就更要注意了。

再來看到金融資產中的投資安排。在銀行存款、股票、債券、基金等不同金融品項間，各國家庭的配置結構又有何異同？

在中國家庭的金融資產中，現金加銀行存款占有領先地位，占比為五一％，這個數字遠高於歐盟家庭的三四・三％和美國家庭的一三・六％。金融危機後，各國的銀行存款利率都低於通貨膨脹率，把錢存在銀行等於讓其貶值。債券跟銀行存款的屬性類似，也是固定收益類金融工具，但報酬要稍微高一些，可是一般中國家庭的債券投資很少，只占金融資產的〇・四％，但歐盟和美國家庭的債券占比分別為三・八％和五・九％。

其次是保險和退休金在金融資產中的比重，中國家庭的平均占比為一五・二％，歐盟家庭為三四・二％，美國家庭為三一・九％。由於在歐美國家退休基金中的股權投資占比不低，這類金融資產的股票性值實際上不低，因此，長期升值的前景比銀行存款要高很多。

當然，如果直接看股票投資的占比，差別就更加明顯。中國家庭的股票投資占金融資產的一一・四％，而歐盟家庭為一六・六％，美國家庭為三五・三％。考慮到中國家庭只有一二％的財富為金融資產，美國家庭有四二％的財富為金融資產，實際上，兩國家庭的股票投資比例相差近十倍。

前面提過，長期來看，股票投資的財富增值效果遠高於銀行存款和短期政府公債。例如，從一九二五年到二〇一四年年底，若一直把錢放在美國銀行的儲蓄帳戶，基本上是貶值的，利率贏不過通貨膨脹；但如果是投資美國績優股票，當初的一萬美元到今天就變成五千三百一十六萬美元。這兩種不同投資安排中，前者是債權，後者是股權，兩者的年收益相差七%。

耶魯大學捐贈基金的核心投資理念也在於此。它們的投資業績向來出眾，若瞭解一下其投資邏輯，會發現其實很簡單，最重要原則是：銀行產品和債券投資都是債權，都是為了保值而存在的，而真正創造財富的是股權類投資。所以，投資品的股性越強，財富報酬一般會越高。換句話說，在各國家庭間的財富賽跑中，投資組合的股性越重，長期勝出的機率就越高，當然風險也會越高。

甘犁教授團隊也從微觀層面比較中、美家庭的股票投資行為。他們發現，六八%的中國家庭不碰股票，美國只有三七%的家庭不碰。而在投資股票的家庭中，四三%的中國家庭會把所有金融資產投注到股票中，只有一四%的美國家庭會這樣做。意思是說，中國家庭投資股票的不到三分之一，但一旦參與股市，有接近一半的家庭只投資股票，不碰其他金融產品，集中冒險「賭一把」的心態很強。

很顯然，中國家庭的股權投資占比太低，財富增值前景低於歐美家庭。當然，這種局面是中國A股市場不可靠造成的，因為相較於房地產和銀行理財產品，A股投資的實際報酬差很遠。從這個意義上來講，中國家庭的資產結構是A股市場發展不到位的犧牲品。因此，為了百姓家庭的福祉，首先必須讓A股市場發展好。

重點整理

- 一般中國家庭的房產占比達到六八・八%，而金融資產占比不到一二%。這種財富配置結構不僅過於集中房地產，風險集中度太高，而且流動性很低。
- 中國家庭金融資產本身的配置結構，也有巨大的改進空間，現金和銀行存款的占比太高，需要增加中等風險資產的占比，例如，提高績優股票、債券、基金的占比。銀行存款等低風險的資產最多只能保值，不能充分分享經濟成長的紅利，股權類投資才更可能創造財富。而且必須分散風險，避免極端，不能「不是不投資股票，不然就只投資股票」。

藝術品投資：從清朝精英資產結構說起

為什麼近年藝術品投資市場如此火熱？這節將借助清朝精英的投資理財邏輯來進行解讀。

二〇一〇年，北宋黃庭堅的書法〈砥柱銘〉卷以人民幣三億九千萬元落槌，加上一二%的佣金，總成交價達四億三千六百八十億元。這個價格遠超過二〇〇五年倫敦佳士得拍賣會上的中國藝術品成交紀錄，那次拍賣的是瓷器〈元青花鬼谷子下山圖罐〉，成交價約為二億三千萬元。接下來的幾年，中國藝術品拍賣雖然沒有那麼火熱，但還是很受青睞。在中國嘉德國際拍賣行的二〇一五年春季拍賣會場上，二十世紀山水畫家潘天壽的〈鷹石山花之圖〉以四千三百零六萬美元的價格成交；作於一九一六年的梁啟超著名手稿〈袁世凱之解剖〉，也以人民幣七百一十三萬元成交。

此外，諸如「近代瓷器成搶手貨，五年價格翻了十倍」「黃龍玉六年價格飆升數千倍」等，關於藝術品投資的報導也層出不窮。

書法、山水畫、瓷器、玉石等藝術投資為什麼這麼受歡迎？

在貨幣政策寬鬆、房地產調控和股票市場不景氣的大環境下，包括傳統藝術品的其他投資市場自然會受益。從實際報酬來看，也會增加藝術品投資的吸引力。根據兩位前紐約大學教授、藝術品市場專家——梅建平和莫塞斯（Michael Moses）發表的「全球藝術品價格指數」計算，過去三十年藝術品投資的年收益為五．七%，過去六十年為八．八%，只比美國標準普爾五百股票指數低一%左右。但是藝術品報酬跟股市相關性很低，相關係數為負〇．一二，所以具有很好的對沖股市風險效果。雅昌藝術市場監測中心對二〇一四年前中國藝術品市場的投資收益率估算顯示，書畫藝術品平均年收益率達一九%，持有五到十年的藝術品年收益率還更高。

這些指標提升了投資者對藝術品的興趣，把藝術品看作很重要的另類投資品。可是，藝術品的投資價值就僅止於此嗎？是否還有超越經濟報酬的價值呢？

清朝精英的理財之道

對富裕家庭而言，如果是生活在人治社會且財產的安全隨時有挑戰性時，古董和其他珍貴藝術品還具有不露財、輕便易帶的優點，一旦哪天聽聞要被抄家了，可以隨時攜帶古董字畫跑路，但股票投資、銀行儲蓄等，就沒有這種便利性。

二〇〇六年時，我希望研究古代中國家庭的投資理財手段，想瞭解當時的家庭資產結構。正好有經濟史博士後的雲妍跟我做研究，就請她去查找歷史檔案，最好能找到大量的家庭資產結構資料。找了半天，一般史料都無法提供所需要的詳細資訊，只有清朝對官員和商人的抄家書可以採用。最後，我們找到一百七十八個非常詳細的樣本，這些抄家書詳細記錄被抄家庭的所有資產，包括房屋、田產、家奴、牲畜、古玩、瓷器、衣物等。

在傳統想法中，以前的有錢人及大官，一旦有錢了就要置財，坐擁大量田地與房產。因此，在過去的研究中，通常會認為土地與房屋是有錢人主要甚至唯一的資產形式，比今天中國家庭的房產占比還要高。例如，一九五〇、六〇年學者在研究盛宣懷私人資本的著作中，開頭即提出：「他的資本和一般地主、官僚、商人的資本一樣，在土地、高利貸和商業方面的活動是很顯著的。這種資本可以說是地主的資本，或原始資本」。

但是，從我們所研究的一百七十八件樣本案例中，資產總價值排在前幾名的「富豪」，田地與房屋加起來（即不動產類）占家庭總財富的比重大都不超過一〇％。最富有的和珅，其不動產比重僅四．六％，家產總值達二十四萬兩銀子。排名第十九位的錢受椿，田地房屋的比重僅〇．九％。以全部一百七十八個案例來看，田、房兩項平均占家庭總資產的比重為四三．八％，中位數為四〇％。

更重要的是，當我們依照家庭資產規模將這些案例排序時，會看到隨著資產總量的增加，田、房不動產的比重顯著下降。隨著家庭財富的增加，理財的組合結構會發生變化，早期以田、房為主，累積至一定水準後則轉向金銀、古董、瓷器、寶玉和非實物性質的金融資產。一七八二年閩浙總督陳輝祖被抄家，他的家產值四十七萬兩白銀，其中只有四％在田產，而金玉銅瓷、古董字畫等各類物品占四四％，典當錢莊金融資產占五一％。

如何規避抄家風險？

為什麼有更多錢之後不買更多田地、房產，而是往藝術品和金融方向轉移？答案還是在於，這些清朝官員和商人不單純為了最大化收益而理財，也是為了規避家產風險、抄家風險。所以，「不露財」是重要原則。

錢度是江蘇常州人，乾隆元年中進士，歷任安徽徽州知府、雲南布政使、廣東和廣西巡撫。後來因為被舉報貪污降職，貶官回去做雲南布政使兼雲南銅礦總監。隨後他利用職權倒賣官銅，大量賺取差價，最終在一七七二年被抄家。從錢度的抄家書中可以看到，黃金器皿、玉器珠石、古董賞玩等價值十萬六千六百八十二兩，占家產的六六．八％；而老家常州等地的田房，值二萬五千八百五十兩，占二〇．二％。另外，還有在籍奴僕子女二十三名、典婢十名，官方給予估值二百六十一兩白銀。為什麼他不買更多田、房呢？他兒子供稱：「伊父寄信回來總囑縝密收藏，不可露出寬裕之象！」他兒子供出了人治社會的理財要義。

在清朝，被抄家是後果嚴重之事。那時的抄家皆稱「籍沒」或「籍沒入官」，特徵是家口、財產一起被沒收入官，妻子、兒女都被視為重要家產一起沒收，供其他官員使用。清朝「抄家政治」始於雍正時期，把抄家作為政治手段，打擊異己勢力和懲處官員。這時也把抄家的重心轉移至上層社會，特別是大量針對權貴顯要和高官階層。從《清實錄》中，我們找到清朝一千零七十七個抄家案例，多數集中在雍正和乾隆兩朝。

抄家風險是人治社會的現實存在。對家庭理財來說，追求投資回報當然最為重要，但不同的投資安排所蘊含的行政懲治風險也會各異。這就是為什麼藝術投資，特別是那些體積小、價值高的藝術品，有它們獨特的吸引力。

但是，藝術品投資的成本很高。藝術品與股票、債券、銀行理財等金融資產相較，有幾個不同特色：

第一，藝術品資訊不透明，假貨也多。藝術品不是每天都有交易價格等資訊，只有不定期的拍賣資料。即使是拍賣會資料，也有假拍賣和拍賣假貨等問題。

第二，藝術品的流動性差，尤其是跟股票、基金相比，流動性更差。藝術品受個人喜好決定，一般很小眾，也沒有固定每天營業的交易市場。

第三，拍賣市場的佣金手續費很高，占交易額的一〇%至一五%，比股票和債券的交易成本高出很多。

當然，好處是藝術品投資也可以帶給你精神層面的回報。特別是如果你喜歡藝術，那藝術品投資可以帶給你經濟回報、文化享受，也能帶來更好的財產安全性。

重點整理

- 藝術品投資熱潮有其道理，投資報酬接近績優股，報酬波動率也相似。加上跟股票市場、債券市場的相關性很低，是一種好的分散風險工具。
- 在人治的清朝時期，精英家庭並非把財富都投入到田地房產中，而是財富越多，田房投資占比就越低，古董玉瓷等藝術品、金融資產的占比就越高。之所以如此，部分原因是為了「不露財」，也便於攜帶流動。規避抄家風險，是藝術品投資的非經濟價值。

延伸閱讀

所謂「盛世古董亂世金」，在本章文末可以發現，流通困難是影響藝術品投資成本的重要原因。換言之，就是高昂的交易成本影響了商品市場的擴張。

市場經濟的最重要基礎之一便是自由買賣，雙方自願交往、彼此合作。而交易成本便是為了達成交易所支付的成本。在時局動盪的時候，監督產品品質的機制逐漸失靈，出現假貨的機率大幅上升。在這種情況下，易於檢驗成色的貴金屬自然更受歡迎。

除了交易成本，還有其他因素也會影響古董等藝術品在「亂世」中的價格。例如買家在預期藝術品難以轉手後，會降低對該藝術品的評價，導致買賣雙方能夠達成的價格更低。此外，藝術品在亂世中受到轉手時間、地點的限制，很難被準確估值，進而導致其價格偏低。

不過，如果對投資有更深入的理解，也能從另一個角度來看待這句話。正是因為亂世中藝術品交易更困難、流動性更差，難以被準確估值，就更加給了那些具有獨到眼光的行家機會。

像是七〇年代美國經濟停滯時期，股市相當蕭條，但在巴菲特眼中卻是充滿投資機會的時期，對他來說，因為沒有一次衰退是永久的。所以，對宏觀經濟洞察敏銳的人，能在亂世低價收購有價值的藝術品，待到盛世欣賞它的人增加時再以高價賣出。

投資的祕訣，也正是看到別人看不到的機會，做出比市場上大多數人更準確的判斷。本質上這是一種評估的能力。

18 投資股票的入門

股票本益比為何有高有低？

曾有朋友問我：「股票這麼多，怎麼選呀？靠什麼來判斷哪檔股票的價格高、哪檔價格低呢？決定股票價格高低的因素又是什麼？」

股票投資中最常用的指標之一——本益比，就是股票的市場價格除以每股盈餘，通常是用來判斷股票是便宜或是昂貴的指標。計算時，股價通常取最新的股市收盤價，每股盈餘則以已公布的上年度財報為準。本益比反映的是此時的股價相當於每股盈餘的多少倍。例如：格力電器本益比十四倍，意思是如果格力的盈利在未來不會成長，而且盈利的百分百會被分紅，投資者得要等上十四年才能賺回本錢。因此，本益比是投資者對上市公司未來表現的一種期望，市場對該股票未來看好，本益比就高，股票就相對更貴；對未來不看好，本益比就比較低。

換個角度來看，本益比高的公司，未來成長表現就必須要很好，否則，市場的預期就不被滿足，投資者將會用腳投票，懲罰該公司，股價會因此大跌。

為了更清楚認識本益比，接下來就來看看格力電器和美的集團，這是中國A股市場裡比較類似的兩家空調家電公司。格力近期股價為人民幣三十七元，本益比十四倍；美的股價四十元，本益比十七倍。為什麼這兩個公司的本益比有高有低呢？

本益比高低的背後期望

理論上，本益比等於分紅比例除以利率與淨利潤成長率的差額。其中，分紅比例指的是公司利潤中有多少比例的錢是用來給股東分紅。換句話講，分紅比例越高，或者利潤成長率越高，公司的本益比就越高。而利率越高時，本益比普遍會越低。簡單來說，如果利率很高，更多投資者會去買債券、存錢到銀行，股票就被相對看低了。但是，利率對每間上市公司都一樣，不能幫助判斷美的和格力到底誰的本益比應該更高。

以分紅率來看，美的二〇一三年是四六％，二〇一四年和二〇一五年都為四〇％，二〇一六年為四四％，所以，美的分紅率穩定在四〇％左右。而格力電器二〇一三年的分紅率為四一％，二〇一四年為六四％，二〇一五年和二〇一六年分別為七二％與七〇％。可以看出，格力的分紅比遠高於美的集團，從這個指標來看，格力的本益比應該要更高才對。

從利潤成長率來看呢？從二〇一三年到二〇一六年，美的由人民幣五十三億成長到一百四十七億，淨利潤翻了兩倍；而格力從一百零九億成長到一百五十四億，成長率也有五〇%。如果只看近兩年，兩家公司是不分上下。但是，對本益比更重要的是未來淨利潤成長率，而不是過去的成長率，這就帶來估價的挑戰，也為投資者留下太多想像空間。

自從美的上市以來，本益比一直比格力高，平均是格力的一．三倍。而且，格力的分紅率超出美的很多，按理格力的本益比應該要更高才對。因此，解釋美的本益比一直高於格力的關鍵，就落在了淨利潤成長率上。也就是說，是投資者預計美的在未來比格力成長得更快，才讓美的本益比更高。當然，另外一種可能就是股市定價錯了，高估了美的的成長前景，低估了格力的投資價值。

為什麼投資者更看好美的呢？可能有四個方面的因素：

第一，兩個公司的所有制不同。格力電器是國有企業，第一大股東珠海格力集團是珠海市國資委直接控股的企業，而美的控股是美的集團的第一大股東，占比三四．七%，是民營企業。民間企業在機制與活力上一向比國營企業強。

第二，美的採用專業經理人制度。二〇一二年，美的集團原董事長卸任，由專業經理人方洪波接替，完成了從企業創始人到專業經理人的交接。而格力電器至今還未實現專業經理人制度。

第三，市場喜歡美的集團的多元化策略。美的收入構成更加分散，除了製造空調為主外，其他小家電也有貢獻一定比例的營收。而格力過於集中在空調業務上，雖然也曾試圖多元化，但都以失敗告終。跟美國資本市場相比，中國股市投資者整體來說更偏好多元化公司。

第四，美的集團的國際化比較成功。從二〇〇八年起，美的在越南建立空調基地，後來陸續在埃及、巴西、阿根廷和印度等地建立生產基地，建構全球生產體系。二〇一六年，美的收購德國機器人公司庫卡（KUKA），據說該公司在機器人領域處於領先地位。反觀格力，其國際化進程總是搖搖晃晃。

綜合以上四點因素，從中長期發展的角度來看，投資人認為美的比格力更有成長潛力，所以給予美的更高的本益比。換個角度來看，也許正因為美的善於炒作，包括跟上機器人熱潮和多元化經營，所以能夠獲得股市的青睞，本益比就會高。但如果真的是炒作過頭的話，美的股價可能就太高了，或許格力反而有更好的投資價值。

重點整理

- 本益比是股票市場投資者對該上市公司未來表現的一種期望。市場對公司未來看好，本益比就高；對未來不看好，本益比就會低。當然，預期越高的公司，一旦未來無法兌現，股價也會跌得很慘。
- 理論上，未來利潤成長前景越好，或者利潤分紅比越高，本益比會越高。利率高的時期，合理的股票本益比就會低；利率低的時期，股票本益比通常會高。
- 對比美的和格力，美的集團的民營屬性、專業經理人制度、多元化和追求熱門題材的國際化，讓投資者對美的的未來發展更有信心，因而給予它更高的本益比。

公司為什麼要留這麼多現金？

股市稀奇古怪的現象很多，很值得投資者研究。因為研究後，不僅會發現現象背後的經濟邏輯，而且也是挖掘投資價值的重要方式。

延續前面的探討，如果閱讀格力電器的公開資料，會發現一個有趣現象：格力帳上有非常多的現金。資產負債表裡的「貨幣資金」項主要包括現金、銀行存款、其他貨幣資金、存放央行的款項、存放同業的款項。由於這些資產的流動性特別高，隨時可提現，跟紙幣沒什麼差別，所以，一般會把這些都等同於現金看待。

為什麼格力要留存這麼多現金呢？是為應付意外突發風險，還是為了其他原因？

格力電器的現金結構

二〇一七年第一季的報告顯示，格力帳上有人民幣一千零九十三億的貨幣資金，或者說是現金，同期總資產為一千九百八十七億，現金占總資產的比例高達五四·九％。再往前看，現金占比在二〇一三年年底為二八．八％，二〇一四年為三四．九％，二〇一五年為五四．九％，二〇一六年為五二．四％。從二〇一五年開始，格力在帳上留下非常多的現金，現金占比高得驚人。前面談到，專業化集中的美國公司，在金融危機之前的現金占比為三五％左右，這讓它們能更好地應對危機的衝擊。但是，現金占比還是應該有個上限，若太高就沒意義了。如果公司沒有再賺錢的投資機會，與其把很多資金存在銀行，為什麼不乾脆進行現金分紅？

格力巨額貨幣資金的結構也很有意思。以二〇一六年的年報為例，貨幣資金總量九百五十六億，其中現金僅二百萬，可以忽略不計，銀行存款五百四十三億，其他貨幣資金六十一億，存放央行款項二十七億，存放同業款項三百二十四億。銀行存款和同業款項，在貨幣資金結構中占絕大多數。

留存現金的用途

留很多現金是各產業的普遍現象嗎？

不同產業因為經營特色各異，公司最理想的現金水準差異也很大。例如，A股上市公司中，帳上貨幣資金最多的是中國建築，二〇一六年年底有三千二百零九億的貨幣資金，占總資產的二三％。由於建築業在承建工程的過程中需要先墊資，再按照工程進度收款，因此這類企業在帳上留存非常多的現金，這是由產業特色決定的。

但是，空調製造是否需要有這麼多現金在手邊？就拿美的集團來做對比：二〇一三年美的集團貨幣資金為一百五十六億，是總資產的一六．一%；二〇一四年貨幣資金占比為五．二；二〇一五年貨幣資金占比九．二%；二〇一六年貨幣資金占比一〇．一%。顯然，美的集團的現金占比一直在一〇%左右，遠低於格力的水準。

顯然，格力的超高現金占比並不是產業經營性質決定的。

那麼，格力電器是不是欠了很多錢，需要留著現金還帳呢？二〇一六年年底，格力的短期借款為一百零七億，應付票據九十一億，應付帳款二百九十五億。而且格力幾乎沒有長期債，非流動負債也很少，所有負債加在一起為五百億左右。所以，格力並沒有很多負債需要償還，保有巨額現金也不是為了還債。

格力的巨額現金是為了投資嗎？來看看公司的現金流量表，現金流量表反映的是在一段時間內（如一季或一年）公司的經營、投資和融資活動對其現金狀況所產生的影響。這個影響可以是正，也可以是負，如果現金流是正的，就說明資金在流入而不是流出。二〇一三年，格力的經營性現金流為一百二十億，當年投資活動支出二十一．九億；二〇一四年，經營性現金流為一百八十九億，投資支出二十八．六億；二〇一五年，整體現金流為正三百九十七億。因此，除了二〇一六年的投資支出高於經營回收的現金，其他年份都是經營賺到的現金流比投資開支多上很多。也就是說，格力保有巨額現金，也不是為了新的投資項目。

透過公司治理角度來看問題

格力總資產中有一半是現金，幾乎是人民幣一千億元，留這麼多現金不是為了還債，也不是為了投資，到底是為了什麼？

這個問題，我傾向於在公司治理方面找原因。公司治理指的是企業內部的決策權力安排，是股東、董事會及其專業委員會、專業經理人之間的相互權力制衡。現代公司中，所有權和經營權經常是分離的，因此，往往會出現委託方（即股東）跟代理方（即管理層）的利益衝突。企業股東追求的是利潤最大化、公司市值最大化，而企業管理者追求的是自己的工資津貼最大化、自我感受最大化和公款消費最大化，例如公務飛機、浪費性形象工程等。換句話說，企業的所有者和經營者所追求的利益不同，必然會產生矛盾。

在格力電器這個例子中，珠海格力集團是國企，持有格力電器上市公司一八．二%的股權，是第一大股東；河北京海擔保投資公司持有八．九%的股權，是第二大股東，其他股東持股都未超過五%。由於沒有一家股東的持股比例超過三分之一，所以，沒有股東擁有一言而決的獨斷權，公司的持股結構非常分散。

格力董事會裡，一共有五位董事和三位獨立董事。這五位董事中，只一人有珠海市國資委背景，其他都是負責公司營運，領公司薪酬的高層管理者。管理層中只有董明珠持有公司四千四百萬股，占總股本近一%，其他人並未持有較多股份。可以看出，格力電器的所有權和經營權顯然是分離的。

由於格力電器的大股東是國資委，屬於國企，管理層薪水因此不會太高。董事長董明珠二〇一六年的稅前薪資為六百一十九萬元，常務副總裁為四百三十四萬，其他副總裁薪資在二百萬左右。這些薪資當然比一般大眾高很多，但對一家年收上千億、淨利潤百億的公司來講，這種薪資水準是偏低的。

既然薪水固定在較低水準上，同時管理層的持股又非常少，在公司治理結構帶來的壓力又很有限的情況下，管理層更在意的會是什麼呢？其實就是其手中所掌握的資源，貨幣資金就是一種珍貴資源。與其把利潤分紅出去，還不如留在公司裡，等著今後看如何使用。

如果企業的所有者和經營者是一致的，而且公司有很多現金沒地方用，就會透過分紅回報股東。如果你持有一家公司一〇〇％的股權，現金放在你自己手裡還是放在公司，差別不大。如果公司沒有更好的投資項目，而個人又有其他看好的投資項目時，你當然會把現金從公司轉到你手裡去做投資。

但對於所有權和經營權嚴重分離的公司，情況就很不同，貨幣資金屬於經營者幾乎全權掌控的資源。如果分給股東，對經營者來講，掌握的資源就少了，沒任何好處。如果不分紅，現金就在自己掌控之下。對於一些國有企業，分紅就等於將資金上交給國家，經營者是不願意的。關於這一點，不僅格力電器如此，其他一些國企也一樣，例如，二〇一六年貴州茅台總資產一千一百二十九億，其帳上貨幣資金有六百六十九億，占比接近六〇％。

一般來說，所有權和經營權分離狀況較大的公司，更傾向於在帳上留有較多的現金，而不是透過分紅回報股東。這種局面對價值投資者來說是好機會，但前提是上市公司的購併規則要足夠寬鬆，甚至能鼓勵「敵意收購」，因為只有「野蠻人」的敵意收購，才會迫使這些坐享巨額現金的公司管理層必須有所作為，否則就會丟飯碗！

重點整理

- 二〇一五年以來，格力電器的貨幣資金占比始終超過五〇%，而美的集團的現金占比只有一〇%左右。同樣是空調製造業，差別卻相當大。
- 格力電器保有這麼多現金，目的不是為了還債，也不是為了投資。關鍵得從公司股權分布結構和治理結構上找答案。
- 所有權和經營權分離比較大的公司，往往傾向留下較多現金，而不是透過分紅回報股東。留下的現金越多，這些公司管理層掌握的資源就越多，對個人更有利。

如何挖掘投資價值？

股票投資的方法有很多種，有基於數學模型的量化投資方法，也有靠分析公司基本面的選股方法。但有一點是肯定的，就是不管是計程車司機，還是官員、教授、工程師、無業者，誰都可以向你推薦股票。正因為誰都可以頭頭是道地告訴你怎麼買股，就更有必要聚焦基本面，搞清楚什麼是價值投資。

價值計算法

價值投資當然不是現代人創造的，很多世紀之前就有人這樣操作了，只是近年巴菲特的投資法被大肆宣揚，讓價值投資聲名大噪。價值投資簡單說，就是投資那些很有價值但被市場低估的公司，在公司股票的市場價格遠低於真實價值時買進。這種基本道理誰都知道。價值投資的第一步就是找到價值的參照標準，也就是價值的錨。

可是，公司的真實價值到底怎麼確定？在金融理論中，學者專家提出很多不同的模型，但最為主流、應用較廣的方法就是所謂的「現金流折現法」。也就是說，一個公司的價值等於其未來所有現金流的折現值之總和。在計算上，要先把未來每年的淨收益（即現金流）估算出來，然後把未來每年的預期淨收益做貼現，變成今天的等量價值（因為未來的錢不如今天的錢值錢），再把這些貼現值相加。更簡單地說，公司的價值取決於未來每年能賺多少錢。

問題在於未來是不確定的，有的公司可能今年很好，明年就不行了；也有的公司今年不行，但未來三、五年會非常好。預測未來很難，所以會有很多分歧，有人樂觀、有人悲觀。

這邊介紹一個分歧不會太大的方法，就是依公司的清算價值來估算它的真實價值，或者說內在價值。如果把公司清算撤銷或解散時，公司的資產被賣掉並還掉欠債後，到底還剩多少錢？每股能分到多少實際價值呢？這個方法很通俗易懂，也不用管公司未來的經營情況，而是站在現在的時間點看公司資產值多少錢。

設想一下，如果一家公司沒有負債、沒有員工，也沒有開支，它帳面上有一百塊錢，那麼，這家公司值多少呢？當然值一百元！假設該公司的股東現在願意以九十塊錢的價格出售，而且收購公司的過程沒有會計費和律師費等，那麼，你花九十塊收購公司後，就能得到公司的一百塊現金，等於有十塊錢的利潤。

現實中真的有這種機會嗎？有的，否則就不會有價值投資的可能了。只是在現實中，收購公司需要支付會計費、律師費等交易成本，解聘和遣散員工的成本也很高，股東分紅也要繳稅。另外，如果公司資產真的要出售，一般只能以低價售出，清算價格往往低於帳面價值。所以，公司股票的市場價格跟真實價值的偏離必須夠大，要大到能覆蓋交易成本，否則就不值得。

清算總價值的計算法

現在來看看北辰實業這家房地產公司，公司主要經營業務包括開發房地產、投資物業及商業地產。房地產開發集中在北京和長沙，包括住宅、公寓、別墅、辦公大樓等多元化物業。在武漢、杭州、江蘇、成都等地也有開發項目，現在就來分析這些地能給北辰實業帶來多少利潤。

根據二〇一六年的財報資料，北辰在北京開發物業的毛利率為四五．六八％，在長沙的毛利率為一八．二六％。由於長沙的毛利率較一般水準偏低（由於長沙的房價相對全國省會城市偏低），且長沙項目在二〇一五年的毛利率還有二五％。保守起見，這裡將北京的項目依四五％的毛利率、長沙的項目依一八％的毛利率，其他地區的毛利率也依一八％來計算。

從二〇一六年的財報中看到，北辰在中國有二十個開發中項目，分為幾種情況：第一種是已竣工且幾乎銷售完成，我們不計算這種項目的毛利潤；第二種是已竣工但尚未銷售的，我們將全額計算該項目的毛利潤；第三種是在建且有一定預售的，因為無法確定這些預售面積是否已經結算，所以我們取該項目計容建築面積減去已預售面積的比例，來計算該項目的剩餘毛利。這裡還需要考慮，有些項目是合作開發的，因此在計算時，還要將毛利乘以這個股份權益比例。

按照這樣的計算方法，北辰手中二十個開發項目可帶來人民幣一百二十三億元的毛利。

另外，北辰在北京和長沙還持有相當多的出租物業資產。二〇一六年，北辰在北京的租金總收入為二十四億二千萬元，再加上長沙的租金，租金總額為二十五億九千萬元。

A股中有家純粹出租物業和經營酒店的公司——中國國貿。國貿的市值為出租物業和經營酒店收入的八倍，若將北辰的出租物業和酒店，也按照八倍租金收入的估值計算，得到這些物業資產的價值為二百零七億二千萬元。而這些資產在報表中的投資性房地產項目中，是以成本計價的，報表中顯示為五十一億六千萬元，所以實際市場價值增值為一百五十五億六千萬元。

這裡要特別強調，不管是開發項目還是出租資產，計算的都是相對公司的淨資產而言的資產增值。換句話說，開發項目創造的利潤，在扣稅以後可以形成資產負債表裡的未分配利潤。開發與出租項目的清算，一共能創造二百七十八億六千萬的毛利。而從毛利到淨利潤的計算，可以簡單地扣除所得稅和增值稅，計算公式為：

淨利潤＝毛利潤×（1－25%）／（1＋17%）

透過公式計算得出開發和出租項目的清算價值增加值為一百七十八億，加上北辰二〇一六年的淨資產一百二十二億，清算總價值為三百億元。

北辰實業到底值多少？

在實際交易中，北辰實業的資產價值又是如何？北辰實業股票的總股本為三十三．七億股，在二〇一六當年，北辰在A股的交易價格徘徊在四塊錢左右，總市值為一百三十億元左右。按照前面簡略計算的清算價值三百億元，北辰實業的總市值相對清算價值打了四折左右。如果在二〇一六年十二月三十日以四．一一元的收盤價，買入股票持有半年後，收盤價上漲至六．二二元，買入該股票獲得的收益為五〇%。所以，以六．二二元的價格計算，得到的總市值為二百零九億元，達到該股票清算價值的七〇%。

好啦，現在你發現北辰實業的股價太便宜了，除了買股票還能做什麼呢？萬一買了之後，股價長年不回歸價值，你被套牢了怎麼辦呢？這是價值投資者經常面對的問題。

如果你能把北辰實業買下並清盤，你可以實現清算價值。可是，清算價值通常無法全額兌現，原因至少包括兩方面：

首先，公司清算過程中會有很多交易成本。收購公司需要支付會計費和律師費，且公司資產一般情況是無法按照市場價值出售，多以折扣進行出售。同時，在公司清算時，遣散公司人員也需要支付遣散費。這些費用都是在公司清算過程中，所需要支付的交易成本。

其次，北辰實業是國有企業，所以很難被收購或出售控股權，還會涉及國有資產流失問題、官方審核問題等，歷史上很少出現大型國有企業被收購的情況。民營企業比較好處理，跟公司的大小股東談攏價格，就能獲得公司的控股權或全部股權。

從這個角度去理解企業的內在價值，可以定義企業的內在價值約為清算價值的六折或七折。例如，如果公司的市值為清算價值的四折甚至更低，那麼買入該企業就是有利可圖。總之，我們可以根據公司的清算價值判斷一檔股票是否值得投資。

重點整理

- 價值投資的第一步是找到價值的評估標準。對公司未來每年的預期現金流進行貼現並加總計算，是最常用的方法。但是，現金流貼現法需要對未來現金流進行預測，這很困難。所以，許多人喜歡找像本益比這樣的替代指標。
- 清算價值是計算公司真實價值的簡便辦法。它不用考慮公司的未來收入和現金流，是站在現在的時間點看公司資產值多少。只是這種辦法適用於資源性公司、傳統產業公司、重資產公司，對新興產業不適用。
- 當然，並非股價低於清算價值時，就意味著價值投資機會，因為交易成本和企業屬性會帶來各種限制。只有在股價低於清算價值非常多的時候，才會划算，但股價回歸價值的過程可能也比較漫長。

延伸閱讀

大家可能都知道巴菲特與他的波克夏公司，卻不知道波克夏公司是做什麼的。師從投資大師葛拉漢的巴菲特在畢業後，並沒有去任何投資銀行工作，而是創辦了自己的巴菲特聯合有限公司。公司早期的資金不多，但巴菲特可靠的品質獲得了周圍人的信任。有了自己的資金，巴菲特開始如饑似渴地閱讀各家公司的財務報告，並在不斷的投資中建立了自己的投資原則：選中的公司標價必須合適或被低估，並有著持久的競爭優勢（巴菲特稱之為「寬廣的護城河」），公司從事的業務是他能理解的（處於能力範圍之內）。同時公司的管理層不應該是一群急缺錢的人，而是有著對前景充滿熱情來治理公司的人。

一九六二年，他買入波克夏公司的股票，當時波克夏公司還只是麻州的一家紡織企業。這家花費大額資金改建工廠的企業，當時不被大多數投資者看好回收資金的能力，股價被嚴重低估。這樣一家「便宜」且「專注」的公司，就成為巴菲特投資大樹生長的根基。

當巴菲特收購國家賠償公司與藍籌印花公司，並取得了巨額的報酬後，卻發覺近來的美國股票市場投機心理盛行，股價沒有處於合理範圍，於是便在一九六九年結束巴菲特聯合公司。他開始走出股票市場，自己尋找價值被低估、有吸引力的公司。

一九七二年，巴菲特看中了一家糖果公司，這家時思糖果不僅有著股價低、產品長期受歡迎、業務可理解、管理層熱情高漲等特色；更為突出的是，這家公司不會束縛住他的現金——糖果的生產成本低，只需要少量的資本即可維持長期成長。二〇〇六年，時思糖果的營運資本只有四千萬美元，但稅前利潤卻高達十三億五千萬美元，扣除的部分歸入波克夏公司的帳戶，剩餘的被巴菲特拿來創造更多價值。他寫道：「正如亞當和夏娃偷吃禁果而繁衍了數十億人類一樣，時思糖果開啟了我們後來許多滾滾而來的新財富。」

對於被收購的公司，巴菲特不會插足日常營運，讓它們好好地在自己的領域中繼續保持著優勢，它們單純只是波克夏公司的投資對象。但巴菲特會關注各公司在營運過程中產生的現金，他要確定維持現有的成長率需要多少現金，以及有多少現金可以被拿來投資到其他領域。在這個意義上，每家子公司又是波克夏有機體的一部分，現金作為血液在不同的組織間進行交換。二〇一七年，波克夏公司已經是擁有美國運通、可口可樂、《華盛頓郵報》等股權的國際多元化投資集團，在《財星》世界五百大企業排行榜中排名第八。這家公司本身就是長期投資的典範，與巴菲特的價值投資原則一同被世人所稱頌。

19 價值投資的竅門

熱門股票是好股票嗎？

每個人都有湊熱鬧的衝動，在街上走路，看到哪裡亂烘烘的很多人，就會想去看看、問個究竟，股市也不例外。只是在股市上湊熱鬧，會有實際後果。問題是，這種後果是幫你添財，還是讓你勞民傷財？

我的學生林同學，回台灣後在證券公司工作，幫客戶理財。一九九九年，正當網路泡沫正熱時，一家台北汽車經紀商的老闆將二千五百萬美元全都委託他操盤。林同學為了分散風險，通常持有十五到二十檔股票。車行老闆問他：「這十五檔股票，你都同樣看好嗎？」他說：「不一定。某些會更加看好。」老闆問：「那你為什麼不買最看好的那幾檔就好？」而且這個老闆每天都要打電話問好幾次，在新聞裡一聽到什麼熱門股票，馬上就追問林同學：「你怎麼沒有幫我買這些股票？」

就這樣，林同學逐漸只幫老闆集中買三、四檔股票，並且只買交易量巨大的熱門股。最後風險大增，一年後，林同學丟了飯碗，要我幫他介紹到上海工作。

一個成為歷史的A股指數

來看看申銀萬國證券在一九九九年推出的幾種「風格指數」，看這些指數從那時到最近的業績差別。所謂的「風格」指數，是依某種選股辦法將同類股票放在一起，組成指數並追蹤它們的表現。

這樣做的用意其實很簡單，如果你說熱門股的表現更好，我就選取每週交易頻率最高的前一百家上市公司，給每家公司權重一％、形成投資組合，然後下一週就持有這個投資組合不變，並計算其下週的漲跌幅度；一週後再重複這個過程，然後每週輪換股票。也就是說，假設投資者一直買入交易最活躍的一百檔股票，並每週更新，持續重複下去。這就是「申萬活躍股指數」的建構辦法，該指數基期為一九九九年年底，起始點位一千點。活躍股指數的意義在於，如果你喜歡最活躍的股票，這個指數很快告訴你能取得怎樣的報酬。

有意思的是，申萬活躍股指數在二〇一七年一月二十日後，便不再更新；在堅持了十七年後，這個指數成了歷史。二〇一七年一月二十日，這個指數最終收在十．一一點。是的，你沒看錯，從一千點跌到十．一一點，跌幅高達九九％！跌得連申萬都不好意思再更新了，儘管他們知道這個指數的存在不是要推薦這種投資策略，而是作為一種參考，告訴投資者追求熱門股票的後果會如何。

特別是，十七年裡九九%的跌幅，還不包含每週調整組合過程中產生的交易費用。這些換手率最高的一百檔股票個個都是熱門股，是被炒得最厲害的股票，所以，投資者如果總是像林同學的車行老闆客戶那樣喜歡跟風，到最後很容易虧得一分不剩。

但是，有沒有可能剛好在那十七年中，所有股票都大幅下跌，甚至跌更多呢？

什麼風格的股票表現更好？

其實，申萬風格指數裡面還包括不少其他風格指數，例如，每週末我挑選每股價位最低的一百檔股票，持有一週後再輪換，由此組建申萬低價股指數；或者，每週都挑選本益比最低的一百檔股票，組建申萬低本益比指數；又或者，專挑高股價淨值比的一百檔股票，組建申萬高股價淨值比指數等。這裡，股價淨值比指的是每股價格除以每股淨資產價值，反映股價相當於多少倍的淨資產值。這些風格指數的起點值都設在一千點。

從一九九九年年底到二〇一七年年中，表現最好的是低價股指數，上漲到九千一百七十五點，漲幅為八一八%。其次是低本益比和低股價淨值比指數，分別上漲至六千六百七十一點和六千三百零五點，累計漲幅分別為五六七%和六三〇%！同期，上證綜合指數累計漲幅為一三一%。

而在另一端，除了熱門活躍股表現最差，第二、第三差的分別是高本益比指數和高股價淨值比指數，分別上升到一千零三十六點和一千三百一十四點。這兩個指數在十七年中，整體表現並沒有下跌。

本益比反映股票的定價水準。那些高本益比、高股價淨值比股票都是定價高的股票，是價值投資的敵人；而低本益比、低股價淨值比股票的定價便宜，實際的整體表現也最好。因為低本益比代表著相對於它們的股價，這些公司有著較好的獲利能力。這種長期業績完美地證明了價值投資的正確性，價值投資不僅符合邏輯，也符合實際狀況。

申萬低價股指數在同期漲幅高達八一八%，這又是為什麼？根本的原因在於，A股市場以散戶為主，許多散戶不喜歡分析基本面，只看每股的價格，認為每股單價越低，股票的定價就越便宜，所以都喜歡去追買低價股，是「炒股」而非「投資」，這是典型的心理作用所致。不僅在A股市場如此，在香港和台灣的股市也如此，散戶追捧股價超低的雞蛋水餃股，迫使上市公司競相拆分股票，看誰的股價比零更近。所以，低價股指數表現最好，部分是散戶的功勞。

既然活躍股指數的表現最差，累計跌幅九九%，有沒有可能只是其中幾年猛跌，但多數年份業績還是不錯呢？

為何熱門股表現最差

從一九九九年年底到二〇一六年，除了二〇一〇年的其他十六年中，申萬活躍股指數每年的表現都落後上證綜合指數。即使在二〇一〇年，也只比上證綜合指數超出一・六%。所以，跟風炒股不只是整體績效差，而且幾乎年年都落後於大盤。

為什麼熱門股表現這麼差呢？主要的原因還是熱門股是炒作的結果，而且很多人只知道跟風，不問其所以然。我自己對美國、日本和歐洲股市的多年研究，發現它們的投資者也會跟風，也有追求熱潮的衝動，是人的社會都有從眾傾向。但在中國，由於從小的教育不鼓勵質疑思辨，從眾傾向更強，幾位名人專家吹捧一個題材後就一窩蜂猛買，導致熱門股的價格更加離譜衝高，在瘋狂的高價位買入，不會長期嚴重虧損反倒是怪事。

每位投資者都應該想辦法止住自己的從眾衝動，投資不是靠魯莽跟風成功的。在現實股票交易中，不僅有佣金成本，頻繁交易本身就會衝擊價格，讓你更快實現九九%的虧損！

重點整理

- 跟風炒股是常見的投資行為，但理性科學的研究會告訴你：這樣做既勞民又傷財。除了肥了證券公司的佣金收入，不僅你會虧損，也會扭曲股市的價格秩序。
- 從一九九九年年底到二〇一七年年初，中萬活躍股指數累計跌幅達九九%，而同期上證綜合指數累計漲幅為一三一%。所以，每週投資熱門股的業績遠遠落後於大盤指數，而且幾乎每年都落後於大盤。

● 同期，低本益比、低股價淨值比股票的表現僅落後於低價股指數，長期業績排第二、第三，遠遠超過高本益比、高股價淨值比指數的表現。即使在中國A股市場上，也是價值投資明顯勝出。

不可忽視的股票流動性

在現實中，你有可能像上一節提到的申萬風格指數那樣，每週調整低價股投資組合，實現收獲八一八％成長率的報酬嗎？

首先，這些指數都沒有考慮到交易佣金、印花稅等成本，這些因素都會降低你的實際報酬。但是，有一個更重要、且許多人不瞭解的問題，就是股票流動性，尤其是低價股的低流動性所帶來的影響，這也會降低實際操作低價股投資組合的業績，讓你根本得不到八・一八倍的漲幅。

「流動性」這個詞在金融領域被到處濫用。談到貨幣政策、貨幣供應時，會聽到「流動性太多」「流動性太緊」「流動性很足」等說法。在那種語境下「流動性」就是「貨幣」或「錢」的代名詞，因為貨幣是流動性的最理想境界。而在討論股票、債券或者私募基金占有率時，你也會聽到「某某股票的流動性好」「某某股票流動性沒問題」等說法。

「股票流動性好」到底是什麼意思呢？

股票流動性的三要素

簡單來講，流動性就是能以最快的速度、最低的成本買進或賣出最大量的投資部位。這就涉及三個要素：第一是時間（越快越好）；第二是成本（手續費與價格衝擊越少越好）；第三是量（能夠接受的投資額越大越好）。

假設你打算買進一百萬元的股票，標的是低價股ST亞太。這個公司總市值二十二．六億，股價淨值比八十三倍，本益比二千三百一十二倍，一天交易量不到一萬手（編按：中國一手為一百股，台灣為一千股），交易總額大約為七百萬元。所以，你要買一百萬元約等於一天交易量的七分之一。從這個角度來看，這檔股票的流動性較差，因為在你不衝擊股價的前提下，能夠交易的金額非常少。以二〇一七年八月十八日為例，最後成交價為七．〇一元。在這個價位上，如果不想讓你的下單衝擊現有價格，最多能買十六手，也就是一千六百股，相當於一萬一千二百元。

在這個情況下，為了買下一百萬元的ST亞太股票，你有幾個選擇：每次以一萬一千二百元慢慢買進，避免衝擊股價，這需要進行八十九筆交易，得花上半天時間才能完成，也因此要承擔整個股市上漲的風險。不然就是透過市價委託單立即執行（市價委託單指的是不管價格是多少，要趕快執行、搶時間的委託單），但是根據市價委託單的規則，一次最多只能掃清五檔限價委託賣單（限價委託賣單指的是只能在限定價格內賣出的委託單），就是七．〇二到七．〇六元的各委託賣單，一共八百三十六手，大約是五十九萬元，然後再下市價委託單買下剩下的四十一萬元。這樣操作的話，平均價大概為七．〇八元，比當前價高一％，讓後續購買成本上升；另一方面在市場上也製造了一定恐慌，因為你買得這麼猛，會讓很多人以為有人要大買了，進而把價格炒到更高。

換句話說，如果你要買ＳＴ亞太，你必須犧牲時間，慢慢買進，減少對股價的衝擊；不然就得犧牲價格，拉高成木才能買進一百萬元價值的股票。當然，也可以在這兩種極端間找到折衷辦法，犧牲一些時間，同時也犧牲一些價格；或者你就乾脆不要買那麼多，只買十萬元或五十萬元。

但如果你要買的股票是浙大網新，那就容易多了。同一天裡，浙大網新的股價為十五．六元，本益比五十三倍，股價淨值比六．三倍，單日成交量一百四十五萬手，交易總額超過二億兩千萬元。就在收盤前，如果你不想讓買單衝擊現有價格，那最多能買四百零八手，也就是四．〇八萬股，相當於六十四萬元。如此一來，不用兩筆交易就能買下一百萬元浙大網新，速度快且不衝擊股價。而流動性差的ＳＴ亞太，需要八十九筆交易才能保證不衝擊股價。

像浙大網新這樣流動性好的股票，交易一百萬元甚至上億元的股票都相對容易，量大、速度快、交易成本低且價格衝擊小。但如果要交易ＳＴ亞太這類流動性差的股票，就變成量少、速度慢、成本高，又容易衝擊標的價格。這就是為什麼一般投資者，特別是法人機構更喜歡流動性好的股票。

但是，流動性好的熱門活躍股，表現反而卻比較差呢？

流動性溢價帶來差異

熱門活躍股受到很多投資者（特別是短線炒作者）的吹捧，所以股票的交易量很大、流動性奇高，要快速換手買賣不是問題，也造成這些股票有「流動性溢價」。因為這些股票的流動性高，人們願意為流動性帶來的各種便利支付額外的溢價。當然，流動性溢價越高，未來的報酬率就越低。股價今天炒得太高，不要指望今後一定會漲，出來混遲早是要還的。這部分解釋了為什麼申萬活躍股指數，在過去十幾年累計跌幅高達九九%。

相反，低價股很多時候是小型股，被吹捧的程度低，平均流動性較差，所以，這些股票的價格包含了「低流動性折價」。在同樣的基本條件下，這些股票比正常的股價更低。如果持有這些股票，長期報酬率明顯會高於其他股票，因此，低價股總是勝過大盤指數也就不足為奇。

最後，來看看交易成本對投資低價股的影響。依美國幾個專門研究交易成本的公司計算，美國小型股的平均總交易成本大約為二．四%，大型股為〇．六%左右，小型股的交易成本是大型股的四倍。他們也發現，券商佣金和股價衝擊成本加總後，只占總交易成本的五分之一弱，主要成本其實是因為等待自己想要的價格而錯失的機會。也就是說，那些你看好的股票，別人可能也看好，就在你希望這些股票的價格暫時不動、等待買進機會時，別人已經搶先買了；價格也因此越抬越高，迫使你不是放棄這些好股票，就是只好以高價買入。這種因為等待所帶來的機會成本，是更要命的，特別是小型股。

下面我們把之前的計算加入交易成本，看看申萬低價股是否還能夠在十七年中獲利八一八%？

假設A股整體交易成本與美國相同，大型股〇．六%，小型股二．四%，而且申萬低價股指數中的一百檔成分股平均偏小型股，所以整體交易成本為一．五%。所以，買入、賣出一個來回的交易成本就是三%。另外，假設申萬低價股指數平均每季換盤一次，一年換盤四次，因此，一年整體交易成本為一二%。考慮這些交易成本後，低價股指數的真實可得收益率會是多少呢？

在過去十七年中，低價股指數累計漲幅八一八%，年收益率一二．七%。但去掉整體交易成本後，實際可得收益率人約為〇．七%，十七年中的可得累計收益會是一三%，而非八一八%。同期，上證綜合指數累計漲幅一三一%，理論年收益率為四．八%。如果這個大盤指數一年換盤一次，整體交易成本一．二%，再去掉成本後的可得收益率為三．六%，累計漲幅還是有八七．八%，這比投資低價股好上很多。

因此，在比較不同投資方法時，必須考慮兩個因素：換手率和整體交易成本。否則，你會吃大虧。

重點整理

- 流動性的高低決定一檔股票的三個關鍵因素：投資者進出買賣的速度、交易量和交易成本。這些因素部分決定了股票對於投資者的吸引力、股價和長期報酬率。

- 低價股指數、活躍股指數等申萬風格指數，對於比較不同投資方法的優劣很有價值，可以大致瞭解不同操作方法的差別。但是，這些指數反映的是理論業績，沒有考慮實際交易成本，不是投資者真實可得的業績。
- 在考慮到流動性帶來的整體交易成本後，低價股的長期報酬率可能還不如大盤指數。交易成本不只是券商佣金，更包括機會成本（如等待成本）。投資者必須關注投資策略的換手率，和因此產生的整體交易成本。

買股行為學

十幾年前，有一本暢銷書《男人來自火星，女人來自金星》（*Beyond Mars and Venus*），作者約翰・格雷（John Gray）是人際關係和兩性情感問題專家，透過詳解男女的不同，幫助夫妻更好地理解對方、調整預期，以減少挫折與失望感，強化快樂與親密關係，也讓家庭和諧。

男女的思維不同、性格迥異、行為風格大相徑庭，這會影響投資理財的業績嗎？男人和女人，誰更適合管理投資呢？

這些年，特別是在二〇一三年，耶魯大學教授席勒（Robert Shiller）獲得經濟學諾貝爾獎後，行為經濟學開始大為流行。在金融領域裡，有大量的投資者行為資料證實，投資者經常是不理性的，甚至是有意地「做虧本生意」。

在學術界，大致分為兩派，一派認為：你們說資本市場透過交易和定價，能有效地配置資源，讓好公司得到資金，讓不好的公司得不到或得到較少資金。那好，你們看看投資者是如何愚蠢地買賣股票、債券和理財，難道這些非理性行為能夠把資源配置好嗎？醒醒吧！

另一派則說：是的，的確有很多投資者很笨，經常胡買亂賣，有時自己被賣了還幫忙數錢。

可是，只要有的投資者今天傻，另外某些投資者明天笨，對整個市場的影響就不會太大。退一步講，即使市場上大部分人是傻瓜，只要有部分人是聰明理性的，他們的套利交易就足以糾錯，把市場上錯誤的股價、錯位的資源配置糾正過來。更何況，那些非理性的投資者如果總不知悔改、堅持愚蠢決策，市場會不斷教訓他們，讓他們虧損，最終被市場淘汰掉。市場就是一個競技場，有什麼好怕的？

女性是天生的投資經理

回到本節的主題，男性和女性到底誰是更好的投資理財師呢？

十幾年前，加州大學柏克萊分校的巴伯（Brad Barber）和歐登（Terrance Odean）兩位教授，研究了三萬七千名美國投資者的個人股票帳戶，發現單身男性平均每個月的換手率為七．一%，單身女性的換手率為四．二%，所以，男性顯然比女性交易更加頻繁。但是男性喜歡頻繁進出股市，業績是否有更好呢？資料告訴我們——沒有，男性每年比女性投資者少賺一．五%。以平均年收益一二%左右的美國股市來說，男性投資者的收益要落後接近一三%。

研究聚焦到已婚男女族群時，發現已婚男人或許受到妻子的影響，每個月的換手率明顯降低，下降到六．一%；但已婚女性可能因為丈夫的影響，也比單身女性的交易頻率高一些，上升到每個月換手四．六%。而且，已婚男女間的業績差別也少於單身男女間的差別，一年只相差〇．七%。

最近，另外一項研究分析六萬個股票帳戶後，也發現男女投資行為差異很大。女性投資者上網登錄看股票帳戶的頻率比男性低四五％，改變投資組合配置的次數也要少四分之一。這些研究除了進一步證明，過多的換手交易真是「勞民傷財」，也支持我們自己在生活中的感受：男人過於自信，不願意承認或糾正錯誤，也缺乏耐心，容易激動；而女人更加冷靜謙虛，富有耐心。

有意思的是，一項問卷調查發現，四六％的男性認為自己的金融知識還不錯，只有二五％的女性這麼認為。這可能也反映了男人的過於自信和女人的謙虛。

投資者，特別是男性，難以避免的錯誤就是過度自信。一旦有幾次投資碰巧成功，就認為自己是巴菲特，接下來就忘乎所以，或者總認為自己的水準比別人高，自己的小道消息比別人準。

過度自信往往導致異想天開的思維模式，讓投資者感到某些特定的行為會讓自己更好運，即使這些行動實際上對運氣並無任何幫助。例如，相信風水、迷信，相信以八或九結尾的股票代碼會更好，或認為某件特定的服裝顏色能帶來好運等。實際的投資結局跟這些毫無關聯，但很多人還是堅信這些因果關係。

你若不相信，可以來做一次硬幣的實驗。假如硬幣擲出來的是頭，你就讓股票的價格漲一塊；假如是尾，就讓股價跌一塊。實際上，每次擲硬幣的結果是隨機的，但在你重複擲硬幣多次後，把價格圖畫出來，還是會看是頭連續出現或尾連續出現的情況。雖然每次漲跌是隨機的，但看到的價格圖，會讓很多投資者覺得價格背後有「漲勢」或「跌勢」的規律，會覺得可以靠圖預測股價趨勢。

在頻繁波動、充滿不確定性的投資市場上，來自火星、容易衝動的男人可能真的不太適合，而來自金星的女性可能更為適合。

「見好就收」其實沒道理

我有個親戚，買股很有紀律，堅守「套牢不出，見好就收」的原則，他的「見好」標準是一〇%。

我研究了過去A股上市公司的股東數量變化情況，根據過去一年的股價變化把上市公司分成四組：漲得最多組、漲得次多組等。結果發現，漲幅最多組發生的散戶大逃亡的情況最頻繁，股東數平均減少四分之一左右，而跌幅最大組的股東數量增加最多，經常出現股東數翻了一至兩倍的情形。

之所以如此，顯然是很多投資者見好就收的「紀律」，所以，表現最好的公司，逃跑的股東也最多。而那些跌得最慘的公司，不僅原有的股東被套牢不動，很多撿便宜的「價值投資者」也衝進來。因此，好股票被懲罰，爛股票被獎勵，這真是「劣幣驅逐良幣」呀。基金投資者也是一樣，越是虧損的基金，它們的投資者就越穩定不動，而業績好的基金反倒被嚴懲，大量投資者都跑掉了。

從投資者的角度來看，「套牢不出，見好就收」是好策略嗎？

實際上，稍微思考一下，就會發現這個原則沒道理。假設某檔股票每年的投資報酬分布是：跌二〇%、跌一〇%、不漲不跌、漲一〇%、漲二〇%，機率各為五分之一。如果你是依據公司的經營狀況、人事變動或股票估值來決定何時賣出，這就是你未來每年的報酬分布，預期報酬為零。可是，如果你依「套牢不出，見好就收」的原則，一漲到一〇%就退出，那你不但沒有降低未來虧損的機率，還錯過了收獲二〇%報酬率的機會，整體預期報酬降到負二%，平均每年虧損二%。

很多投資者根據自己需要賺多少錢來決定何時該賣出，例如：我買房子還需要賺一百萬，所以要等到多漲一百萬時才合適，而不是根據上市公司的基本面來決定。投資者需要做的，不是看自己需要漲多少，而是分析投資標的，分析上市公司的前景，因為股市不會因為你的需要來決定走向。

在判斷股價是否太高還是太低時，投資者習慣用記憶中離現在最近的價格為參考標準，例如：某檔股票曾經漲到五十塊過，現在只要九．一塊好便宜；或手中股票價格曾經是一百元，要等它回到一百一十元才賣。這些都是脫離基本面的判斷，既不對也非理性的行為。

關於投資者行為的研究越來越多，重點在於要多分析公司的基本面，少些迷信行為。

重點整理

- 「男人來自火星，女人來自金星」，這決定了男性和女性的投資行為差異。研究顯示，男性更加好動、交易更頻繁、支付的交易成本更高，業績表現也更差。原因之一可能是男人更加盲目自信，所以某些投資理財產業會更適合女性。
- 不管是男性還是女性，非理性的投資行為很普遍。像是「這檔股票曾經才五塊，現在二十塊，太貴了」「我買房還需要一百萬，現在還不能賣股票」「那檔股票代碼以四結尾，怎麼可以買呢」「上次騰訊還在一百港元時，我買了一千股，我比巴菲特還厲害」等。其實，股價走向不取決於你的心理狀態或實際需要，長期而言還是得以基本面為主。
- 雖然資本市場上充滿非理性的投資者和非理性行為，但是，由於不從非理性行為後果中汲取教訓的人，最終會輸光，會被市場淘汰；最後，只要有足夠多的理性投資者，理性還是在市場裡占上風的。

20 房產投資的教訓

美國中產階級的財富為何縮水？

根據美國聯準會（美國聯邦準備系統）的資料，二〇〇八年至二〇一〇年的三年是金融危機的高峰期，此時，前十分之一最富裕的美國家庭，財富平均累積成長二%，財富不僅沒縮水，反倒還漲了一些；而同期中等收入家庭的財富縮水三九·八%，顯然受到很大的打擊。相較之下，收入最低的三分之一美國人，由於基本上沒有什麼剩餘財富，因此無所謂財富縮水或增值了。所以，在美國財富分配結構中，最富和最窮的階層沒有受到金融危機的衝擊，反倒是位於中間的中產階層遭遇最慘，導致所謂的中間階層的空心化。很多人認為，是中產階級的空心化造成了美國人選出川普當總統，也導致英國公投決定脫歐。

中產階級跟富人的不同經歷到底是什麼造成的呢？是體制問題，還是投資理財的安排有問題？有什麼教訓是應該要理解的，以便即使遇到經濟危機，也能讓財富保值呢？

分散投資是上策

之所以有這種結局，主要還是理財安排的問題。美國中產階層的財富過於集中房地產，並且還有很高的房貸槓桿，房價下跌的影響會放大好幾倍；而富人家庭的投資非常分散，不僅有房地產，更有其他金融投資。

根據波昂大學三位教授的計算，在二〇〇八年金融危機前，美國富有家庭大約三〇％的財富在房地產；而收入處於中位數的中產階級家庭，有近六五％的財富在房產上，其中還有相當於房價七〇％左右的房貸。也就是說，中產階級家庭房貸大約是自有資金的二．三三倍。這樣的房貸槓桿，在房價上漲時，會讓房產投資以三．三三倍的速度上漲；但房價下跌時，也會把衝擊放大到三．三三倍。

二〇〇七年年底到二〇一〇年年底，全美房價大約下跌二〇％。這等於讓中產家庭的投入房產財富下跌六六．六％，讓家庭總財富縮水四二％。

相較之下，富有家庭不僅房產投資占比要低很多，而且其中八五％沒有房貸或只有少許槓桿。房價下跌二〇％，對他們總財富的衝擊平均不到一〇％。像是對房產占財富三〇％且沒有槓桿的家庭來說，房價下跌只會讓家庭總財富受損六％。

因此，中產階級的財富過於集中房產並且有高槓桿，而富有階層投資分散，是造成中產階級空心化的主要原因。投資結構差別所造成的影響還不止於此，因為那三年中，很多金融資產不僅沒跌，反而升值很多，政府公債和一些對沖基金就上漲不少；就連股票指數在算進股息後，基本上也持平。為什麼金融資產價格反而會漲呢？

「量化寬鬆」的後果

二〇〇八年九月金融危機爆發後，美國聯準會把基準利率下調至〇．二五％，幾乎為零。所以，如果中央銀行想繼續放鬆貨幣供應，傳統意義上的貨幣政策工具——「降低利率」或說「降息」就沒有空間了。那該怎麼辦呢？

既然資金的價格和利率不能再降了，聯準會就會改變策略，透過直接增加貨幣供應量（即「量化寬鬆」），用印鈔票去購買政府公債、房貸證券和其他金融證券。這樣做能達到兩個效果：

第一是直接增加貨幣供應，幫助刺激經濟，因為金融危機時期銀行不願意放貸，讓銀行作為貨幣供應放大器的角色萎縮，但量化寬鬆可以彌補這個空缺，讓整個經濟的貨幣流通量不至於下降太多、衝擊經濟。

第二，也能把金融資產的價格抬高。因為危機時人們不敢花錢，企業也不敢擴張，所以透過「量化寬鬆」抬高金融資產價格，讓很多家庭的金融財富上漲。一旦家庭感覺變有錢了，自然會增加消費和其他開支，由此提升對商品的需求，進而帶動製造業、服務業的成長。

這就是當時聯準會希望透過「量化寬鬆」政策，刺激經濟的運作機制。

「量化寬鬆」政策從二〇〇八年十一月開始啟動，聯準會大量印鈔票買債券，到了二〇〇九年三月，一共買進近兩兆美元。二〇一〇年十一月與二〇一二年九月，分別再啟動第二輪與第三輪「量化寬鬆」，持續大量放水。二〇〇九年年初開始，各類金融資產價格快速回升，金融市場超前實體經濟，所以金融資產首先從危機中走出來也就不足為奇。例如，債券市場因此進入了全新的牛市，漲勢持續到二〇一五年；而標普五百股票指數，二〇〇八年年初為一四一一點，到二〇〇九年三月初跌到六八〇點左右，二〇一〇年年底恢復到一二五八點，同年年底回到一四六〇點以上。當然，這些指數水準並沒有包括每年接近三%的股息收益，如果算進股息，實際上到二〇一〇年年底，美國股市就已恢復到二〇〇八年年初的水準。

問題是，雖然「量化寬鬆」推高了金融資產價格，但這會讓誰先富起來？

當然是誰擁有金融資產，誰就會受益。低收入族群因為沒有什麼財富，所以沒有金融資產，無法受益；中產階級因為財富加槓桿大量集中在房產，也沒有受益太多；但富人族群因為投資分散，擁有許多金融資產，所以受益最多。因此，量化寬鬆政策讓富人受益，但其他族群就被排斥在外。

經濟的歷史規律，也被美國聯準會的「量化寬鬆」打破。史丹福大學歷史學家謝德爾（Walter Scheidel）的著作《不平等社會：從石器時代到二十一世紀，人類如何應對不平等》（*The Great Leveler: Violence and the History of Inequality from the Stone Age to the Twenty-first Century*）中提到：眾多國家的歷史說明，自古以來，戰爭和危機一般會降低財富差距，其他方式都無效。例如，一九三〇年代的經濟大蕭條和兩次世界大戰，都大大摧毀物理資本和金融資本，衝擊富人財富；

但窮人沒有資產，所以打擊有限，結果讓財富分配比以前扁平。作者不是推崇戰爭或危機，只是指出過往的歷史規律。

但是，聯準會的「量化寬鬆」改變了歷史規律，讓危機反而強化了財富的不平等程度。過去的經濟危機對富人的傷害最大，中產階級雖然也受到打擊，卻沒有富裕階層那麼嚴重，但這次正好反過來。

重點整理

- 美國中產階級的財富主要集中在房地產，而且有較高的房貸槓桿；而富有家庭的房產占比較低，更多是投資金融資產。這就造成二〇〇八年金融危機時，富有家庭的財富不僅沒跌，反而上漲了一點。但中產階級的財富受到的打擊就很大。
- 金融危機導致美國中產階級空心化，重要原因是美國聯準會的「量化寬鬆」政策，這種干預抬高了債券等金融資產價格，讓持有大量金融資產的富有家庭受益，但沒有惠及中產和低收入階層。政策干預不只是影響到經濟，還改變了社會階層的利益分配。

房價為什麼越調控越上漲？

我夫人的好朋友小李，她自己在家沒工作，兩個孩子上中學，丈夫是高級工程師，收入不算特別高。但是小李很能幹，膽子也特別大，從二〇〇五年開始不斷炒房，每次不僅把手頭的錢全砸進去，而且最大化加房貸槓桿。經過幾次翻手買賣，她把原先人民幣三十萬左右的家產，變成了今日約一千二百萬的財富。其中除了一小部分放在股票市場，其他財產就是三間房，房產占淨財富比超過九一％。依三間房二千七百萬左右的市值估算，她目前的槓桿是二．四比一。所以，她的房產投資占比和槓桿，都超過美國中產家庭在金融危機之前的水準。

小李今後是否會重蹈美國中產階層財富大縮水的覆轍呢？每次跟小李提醒她所承擔的風險，她都說：「我以前都這樣做，不是每次都成功了嗎？國情不一樣，我國政府不會讓我們吃虧的！」

這下挑戰來了，如何說服小李要分散投資，不要盲目炒房？關鍵在於，為什麼中國的房價一直在漲，而且從二〇〇二年開始調控至今，越調控房價漲得越多？不搞清楚這些，就無法判斷上漲趨勢是否會繼續，也更無法說服小李。

預期決定投資市場的一切

首先，不管是房地產還是其他投資市場，對未來的預期決定一切，包括決定當下的供需水準和價格。另外，市場參與者的行為，也由對未來的預期決定。不理解這一點，就不能理解房產市場，也不能理解金融。

這是區分投資市場和商品市場的關鍵點。例如，豬肉價格由當下的供需關係決定，受未來豬肉價格的預期影響很小。如果對未來的肉價預期很低，預計肉價今後會下跌，投機者不能把未來的豬肉轉移到今天賣，達成今天高肉價和未來低肉價間的套利。唯一能做的是農民減少養豬，降低未來的豬肉供應，但即使如此對今天的肉價也沒有影響。如果未來的肉價預期比今天高很多，農民可以決定多養豬，增加未來的供應，但對今天的肉價也沒影響。當然，投機者可以買些豬肉現貨，囤積到未來高價賣出，這會抬高今天的肉價，可是囤積豬肉的成本很高，要先建置大量冷凍櫃等，所以這樣的套利交易量有限。

但是，作為投資市場的房地產不同。房價不僅受今天的供需關係影響，更受未來房價的預期影響。如果大家都預期未來房價上漲，不管今天價格如何，大家都想去買，預期馬上變成需求，帶動今天的房價。在沒有房產稅等持房成本，但有房租收入的情況下，房價預期跟買房需求間的連結更為暢通，未來的漲價預期會變成今天的漲價。而如果大家預計未來房價會跌，不僅今天的買房需求會低，而且很多人會提前賣，增加今天的供給，也就是把未來的供給轉移到今天。所以，房地產和一般投資市場的價格，實際上主要是由未來預期決定。

這種差別對主管機關的政策調控，有著完全不同的要求。管理豬肉市場的部門完全可以以穩定肉價為目標，因為讓肉價穩定不會增加更多人的吃肉需求，但可以減少老百姓生活的負擔。但是，如果房價調控部門的目標是讓房價穩定不跌，特別是把房產調控政策定位在房價不跌並穩定上漲時，投資買房、投機買房的狀況就永遠不會停止，擋也擋不住。相較之下，如果房價有時漲有時跌，甚至於大跌，人們對房價的預期就會大為不同，投資和投機的行為就會下降許多。

現實中，房產調控政策是如何進行的？怎麼會「房價越調控越漲」呢？

房產調控的邏輯

中國對房產市場的「宏觀調控」，從二〇〇二年就開始了。當年頒布了《招標拍賣掛牌出讓國有土地使用權規定》，希望讓土地供應走上正軌，用意良好。但對房產影響更大的是央行二〇〇三年的《一二一號文件》，提高了地產商自有資金的比例。當時的背景之一是上海地產商周正毅出事，搞得群情激憤，一定要管理、約束一下房產開發商不可。可是，客觀上，這類舉措只不過是抬高房產開發的創業門檻，把沒有門路、平民百姓出身的一般開發商擋在門外，讓他們得不到貸款。進一步更減少了普通開發商進入產業，讓中低價住宅的供給減少，反倒促使房價上漲。

第二波調控是二〇〇四年的一系列文件和通知，限制了農用土地轉非農建設（包括房產開發）、控制建設用地的審核等，這些措施的直接效果也是減少住房的供給。同時，央行進一步控制對房產開發的信貸資金，將開發商項目資本金比例從二〇％提高到三五％以上，把資金短缺的房產商淘汰。於是，房地產業的競爭減少，進一步降低住房供給。結果呢？房價加快漲速，而不是預期看到的房價下跌。二〇〇四年中國房價漲幅為一四．四％，比前年高了一〇．六％，而二〇〇五年依舊繼續大漲。

二〇〇三年之前，各地大大小小的房產開發商很多，競爭局面越來越激烈，百姓買房有很多的選擇空間，當時是「買方市場」。但後來，競爭越來越少，各城市的房產市場逐漸變為「賣方市場」，想買房的人非得要透過關係才能買到房。在「賣方市場」下，賣方當然更能漲價。

這些年的房產調控一方面是本質上降低供給，另一方面是不讓房價下跌。每次房價有下跌苗頭時，地方政府就採取措施管制開發商，對降價者進行懲罰。二〇〇九年當房地產面對考驗時，甚至有「買房就是愛國」的保房價運動。另外一個很有代表性的例子是房地產「去庫存」運動，這是二〇一五年、二〇一六年的房產調控重點。由於不少一、二線城市因房價太熱而實施「限購」政策，但三、四線城市房蓋太多、賣不出去，造成空屋庫存嚴重的問題。

二〇一六年二月，中國央行針對需要清庫存的城市，放寬當地住房貸款政策，提出「首次購屋首付三成降至兩成」等辦法。財政部也發布通知，全面降低去庫存城市的交易稅費、減輕購房成本。國家發改委也祭出大招，庫存房較多的城市，可以利用發放購屋補貼、先租後售、與政府共有產權等促進購屋手段。

如果仔細看這些措施，你會發現唯獨少了「降房價」的舉措。道理很簡單，如果要透過市場去庫存，當然最好是降價而且是實質上的降價，但這偏偏是調控政策不允許的；在不降價的前提下去庫存，不僅難以達到目的，也沒有幾個老百姓會上當，而且變相鼓勵開發商繼續增加庫存，因為他們知道「反正政府會幫我清庫存，我不用在開發之前進行市場需求調查」。為什麼地方政府不允許降價呢？這主要還是地方財政對房地產的依賴度太高，房地產一旦價格下跌導致不景氣，會嚴重威脅到地方財政開支。

所以，過去的調控一直不敢讓房價真正下跌，而過去兩年的去庫存措施，進一步驗證了主管機關不會讓房價下跌的信念。雖然一般普遍覺得房價高得難以持續，但對未來的房價預期仍持續樂觀，至少知道官方不會允許房價下跌。在這種不斷得到強化的預期之下，二〇一六年的房地產又開始非常火熱，「限購」甚至「限賣」等政策又不斷出現。相關決策單位沒有意識到，除非讓房價在該跌的時候跌，否則，買房需求只會不斷自我強化，限購也擋不住。

一般人都會基於過去的經歷來判斷未來，而過去經歷中沒有過房價下跌而吃虧的事。所以，調控反而讓房價預期更加樂觀，不斷帶來新需求，這就有了「越調控房價越漲」的現象，也讓中國家庭的房產占財富比奇高。但是，這樣下去的風險不低。

重點整理

- 一般消費品價格主要取決於當下的供需關係，受未來預期的影響有限。但房地產和其他投資市場不同，房價受未來預期的影響非常大。對未來房價預期樂觀時，今天的買房需求和房價會立即上升；反之亦然。

- 房地產調控必須記住這個道理，否則就會「越調控房價越漲」。過去的調控一方面降低了供給，另一方面也穩定了房價，不讓房價下跌，讓人們對未來房價的樂觀預期不斷得到強化，導致買房需求持續上升。只要房價被調控得不跌，買房需求就不止，投機買房更是如此。尊重市場規律的意思是，該跌的時候還是要讓它跌。
- 管制的房價會帶來很多扭曲，泡沫也比一般情況更大。而人類歷史教訓告訴我們，只要是泡沫總有一天都會破。

投機炒房的投資策略

投機炒房到底好不好？是否應該禁止呢？有位朋友前不久爭論說：「房子是用來住的，怎麼可以用來做投資交易，甚至投機呢？」這位朋友的觀點當然很流行，從表面來看，說得也沒錯，房子當然是用來住的。而且就算房子作為投資品、投機品，其投資價值、投機價值最終也取決於是否好住、是否舒適、是否好看。那麼，房屋買賣是否應該被禁止？如果被禁止，結果會如何？

人類在九千年前放棄遊牧狩獵，開啟定居農耕的生活。從那時候開始，房子就成了耐用品，或者說是投資品，而非單純的消費品，蓋房、買房成了跨期投資。儘管房子的形式在不斷演變，從茅草房、窯洞，到今天的別墅、公寓。今天買房不只是為了今天住，更是為了明天、後天，或者是為了在未來賣出。

究竟為什麼房子可以當作投資品、投機品，甚至用於跨期價值交換呢？

投機優化房地產市場的跨期配置

王總的故事或許能幫我們看清一些道理。二〇〇九年年中，當時在金融危機衝擊下，中國房地產市場一片蕭條、供過於求，房價下跌趨勢越來越明顯。但在地方政府干預下，不讓價格下滑，更有了「買房就是愛國」的宣傳口號。在王總看來，完全用不著那樣無限上綱，鼓勵更多投機者買房不就行了？在他看來，中國的城市化空間還很大，民眾投資的途徑不多，加上一般人都喜歡買房子，所以，今後的需求只會更高，房價也會猛漲。看準這些情況，王總把之前經商賺的二億，在北京買了近一百間房子，幫助「去庫存」，每間在一百到一百三十平方公尺間，平均單價每平方公尺一萬九千元。當時，北京還沒發布限購政策。

之後，房價越走越高。二〇一〇年北京開始限購。到二〇一二年至二〇一三年間，房市供需關係越來越緊張，王總也開始逐步出手，依每平方公尺四萬多的價格賣出。

王總就是典型的投機炒房人，但從他的故事可以看到，投機買房可以幫助平穩房價、平衡不同時間點的房屋供需關係。當把房子賣給今天有實際居住需求的人，就解決了今天住房的需求；而當王總預測幾年後房價會高於今天，並決定立即買房時，實際上就是在幫助降低今天供過於求的局面，幫助「去庫存」，把供給轉移到未來供不應求時。也就是說，投機者在發揮兩種作用：

一是把未來的漲價提前部分到今天，讓今天的房價漲一點，同時讓幾年後的房價少漲一點，就減少了房價從今日到未來的波動。

二是把今天的部分過剩供給轉移到未來，改善住房供應的跨時間配置。因此，投資買房、投機買房正是在穩定市場秩序，為社會帶來貢獻。

房子的終極價值的確在於住，但這包括今天住和未來住。如果不允許投機者和投資者透過跨期交易來優化不同時間的供需關係，房價反而會更加波動，未來住房的不確定性會很大。投機買房者的角色，其實跟一般期貨市場的作用相當雷同，後面我們會再談到這個話題。

交易增加房子的價值

退一步來看，計畫經濟原來就是基於對投機的完全否定、對市場交易的完全排斥而產生的。其思維邏輯就是把所有東西都當作消費品、只定位在「用」上，既然生產的東西是為了食、衣、住、行，何必需要黑心的中間商、投機分子和那麼多虛假的交易市場，夾在生產者與消費者間呢？一旦允許自由交易，不管是消費品還是投資品，就一定有人會根據未來的預期而進行跨期套利交易。既然交易一定會帶來投機行為，為什麼不直接透過不會「唯利是圖」的政府部門，連結生產者和消費者？這就是計畫經濟的邏輯。

對於只熟悉物資短缺、面對溫飽挑戰的傳統農業社會來說，所有活動的價值都是相對於看得見、摸得著的「東西」來定義。所以，如果你做的事不直接產生「東西」，你就沒有在創造價值，就應該被禁止。例如，投機或其他市場交易本身就沒有產生看得見、摸得著的「東西」。今日對待房地產也不例外，只看到房子這個「東西」的使用價值，看不到房子交易本身的價值，所以會否定「投機炒房」的價值。

一九九八年中國住房市場化以來，房子可以直接賣給需要房子住的家庭，也可以賣給投資者甚至炒作者。因此產生的結果是：不斷擴大的房地產產業，和不斷提升的住房品質與多樣化，解決了千萬家庭的居住問題，進一步推動了經濟成長，讓眾多相關產業也大幅發展。有這樣的結果，一方面是允許房地產開發商為了交易盈利而蓋房（不是為了自己住），對獲利的追求才能不斷改善房子的設計和品質；另一方面是由於房子可以交易買賣，房子成為投資品、投機品，進一步催化房地產市場的發展和改良，增加房子的資產屬性、財富屬性。

從表面來看，投資、投機買房違背了「房子之所以是房子」的自然屬性，但其實不然，只是繞了一個彎：一是透過某些人的投資買房，讓那些還買不起房的人有更多的房子可租；二是很多人因為擔心未來房價風險，即使有錢也不想自己買，所以，投機買房者替他們承擔價格風險把房子買下，增加出租市場上的供給；三是有了投機買房、投資買房者的存在，房地產市場的流動性和交易量都大增，讓本來擔心買房後，萬一需要變現而難以出手的消費者不再擔心，因此敢大膽地買房。再來就是前面提過，投機買房幫助平衡房價、優化房子供給的跨時間配置。

在昔日計畫經濟時期，房子是公家單位分配的，沒有個人產權，也不能交易，更不能投機炒作。結果，當時的住房需求緊張，品質也爛，而且個人也沒有財富。一九九八年的住房市場化改革後，讓房子成為私有並且可以交易買賣，讓許多家庭第一次有了真正的資產、有了財富。

不管是實際住房需求買房，還是出於投資、投機，一旦房產市場交易活絡、流動性好，不僅房子會越蓋越好，屋主也會更加愛惜自己的房子，因為除了住，他們還指望將來能賣個好價錢。一旦將房子的投資或投機屬性抹殺，屋主會降低對房子的投入成本，市場上慢慢地就不再有好住或可住的房子。

對房子交易的限制越多，其財富屬性就越低，純消費品屬性就越高，改善房子的激勵就下降得越多。房地產流動性的消失，只會毀掉社會的整體財富，其他國家的經驗也證明了這一點。

重點整理

- 一九九八年中國住房市場化改革，讓房子變成可以私有，也能自由交易。這就讓房子有了「資產」或「投資品」屬性，讓家庭擁有了財富。
- 投資、投機買房對社會的貢獻有兩方面：一是幫助把今天過剩的供給轉移到未來供不應求時；二是把未來的漲價提前一些到今天，讓今天的房價漲一些，同時讓幾年後的房價少漲一些，降低房價的跨期波動。所以，投機買房有利於穩定市場。
- 投資、投機買房不僅增加出租市場的供給，也能提升房產市場的流動性，讓更多家庭能更放心地買房子。流動性越高，社會的房地產財富就越高。提升房地產流動性就是提升社會財富。相反，限制房地產交易會毀掉社會財富。

延伸閱讀

房地產漲速如此誇張，讓人不禁想回顧一九八〇年代日本房價飛漲的歷史。一九八五年，日本、美國等五大資本主義強國在紐約廣場飯店簽署了《廣場協議》，當時美國匯率較高，與日本的貿易中產生了巨大逆差，《廣場協議》便以人為干預匯率的方式，讓日圓在一年內大幅升值。日圓升值代表著日本出口品的價格變貴，而以貿易立國的日本政府，為了支持受到日圓升值影響的出口企業，採用寬鬆的貨幣政策，透過更低的利率來鼓勵企業投資。《廣場協議》與寬鬆的貨幣政策，這兩個看似距離普通日本人生活十萬八千里的東西，構成日本房產飛漲時代的重要背景。

日圓升值意味著以日圓計價的資產也隨之升值，國際資金湧向日本。低利率的貨幣政策中，留在銀行裡的錢產生不了多少利息，大量地流向股市與房市。一九八五年開始，日本央行連續五次下調利率，從五%降至一九八七年二月以後的二．五%。在這種低利率的環境下，日本形成了炒房的社會氛圍。人們在「土地無法貶值」的神話影響下，將注意力放在房市，以轉賣為目的的土地交易量大增。而在寬鬆貨幣政策下，市場上多半是較為廉價的資金，銀行為了將貸款發出，勸說投資者貸款買房。最終，全日本房價都在不斷攀升，而擁有較好就業機會、教育、醫療資源的大城市房價，上漲速度更是令人瞠目結舌。在「全世界只有一個東京」的信念下，東京二十三區的地價總值，甚至可以買下美國的全部國土。當時雖然有學者指出這種成長方式不合理，但反對聲音未能影響到社會主流。投資品的價格因為人類預期的模糊性而難以預測，人們永遠無法精確指出一個泡沫會在什麼情況下破滅。眼看幾倍的房價增速已遠遠超出了正常範圍，仍然陶醉於一片繁榮的經濟假象中，地產增值讓許多人一夕暴富，他們拿著同樣走高的日圓到海外購買古董、奢侈品。日本企業也開始收購海外資產的熱潮，美國哥倫比亞電影公司、紐約洛克斐勒大廈，在「買下整個美國」的豪氣中，變成了日本人的囊中之物。

不過，是泡沫總有破的時候。因為宏觀政策上的失誤，日本房產泡沫的破裂特別猛烈。一九八九年，緊縮政策突然來臨，日本連續五次上調銀行貼現率，從二．五％上升至六％。同時，日本大藏省（財政主管部門）突然要求銀行控制不動產貸款，商業銀行因此大幅削減住房貸款。利率上升，貸款發放減少，讓購房成本上升，雖然這不會直接導致房價大幅下跌，但伴隨而來的恐慌情緒，讓房價下跌的預期最終導致下跌的實現。

對於在房價低點就已買好房的人們來說，房價大起大落無非只是人生繁華虛空的一個縮影罷了。對於金融界的投資精英們，這次風暴也不過是行情不好時的一次職涯挫敗。但對於貸款在高點買房的家庭，房價的劇烈縮水無情地讓他們背上沉重的債務。昔日漲幅最大的前三座城市成了跌幅最大的前三名，燈紅酒綠的東京也出現了大批流浪漢。

第六部分

銀行與金融危機

21 票號與錢莊的興衰

錢莊的興起與民間貨幣

前面談過借貸市場、上市公司、企業融資、商業模式和個人投資理財的話題，現在來看看銀行，也想想為什麼過去的金融危機大都是由銀行引發的。

我們從中國的錢莊和民間貨幣講起，瞭解錢莊的歷史有助於理解銀行的本質。另外，你可能認為人類只有政府發行的官方貨幣，沒有民間發行的貨幣。但實際情況是相反的，人類原先以私人貨幣為主，到近代才出現由國家壟斷的貨幣發行權。

清朝的一樁命案

清朝通州的劉某要向同村的李某買一斗小米，價格一千二百五十文錢。李某看到劉某交來的錢就說：「這裡雖然是一千二百五十文，但裡面混雜了很多小錢，不是標準的銅錢。小錢沒有標準銅錢值錢，所以你沒有給夠。如果你真的要買小米，就把小錢換成標準銅錢吧。」但是劉某說：「那不行，按照市場慣例，最多只能換掉一半小錢，換一半就夠買你這些小米了。」結果，兩邊爭議不下打了起來，最後劉某失手將李某打死，鬧出一樁命案。

凡是貨物都有標價，今日我們都清楚這個標價指的是中央銀行發行的貨幣。如果李某生活在今天，他可以將小米定價為一斗十二．五元，劉某依這個價格支付法定貨幣即可。但是，當時並沒有這麼方便的交易工具。

過去的人要怎麼避免在交易時發生衝突呢？

錢莊的主業是兌換貨幣

「一件商品值多少錢」這個問題為什麼這麼困難？原因在於古代的貨幣很複雜，雖然基本以金屬貨幣為主，但貨幣發行方很多，同類貨幣的成色品質也不同。就拿銅錢為例，剛做好的銅錢，就像新鈔一樣，都是很整潔規矩、大小一致、重量相等且字跡清晰。但在通行一段時間後，大家的手摸來摸去，銅錢放在一起也會互相磨損，銅錢慢慢就會變薄。所以，會造成舊的銅錢往往重量不一。如果銅錢磨損狀況還好，大家能將就，繼續當作新錢使用；但如果磨得太厲害，這就成為前面提到的「小錢」。

在當時很多地方，這類「小錢」是直接折合現值一半來使用的。但是，什麼樣的銅錢才叫作破爛？買方一定覺得自己好的銅錢多，賣方一定覺得很多銅錢的成色都不好，雙方就會常有爭執。清朝時，市面上除了清朝政府鑄的銅錢，還有明朝，甚至唐、宋時期鑄造的銅錢。更有清朝不同府、不同縣，甚至不同錢莊鑄的銅錢，然後還有大家熟悉的銀兩，甚至黃金。鑄造商和鑄造地也各異，有武昌銀、長沙銀等，成色也不盡相同。

這些不同的銅錢、不同的銀子間怎麼互相折算，兌換的比例是多少？然後銅錢、銀子、黃金的成色如何判定，純度不夠的話，該怎麼打折？這些都是雙方在交易時要考慮的。所以，貨幣系統這麼複雜，市場交易的不確定性及成本就太高，交易的效率非常低，也經常出現打架的情況。

錢莊就是在這樣的背景下出現，其重要作用也在於降低交易成本、提高交易便利性。一般來說，小本交易的雙方，無法掌握這麼多貨幣的知識，只能用土法煉鋼的笨方法。例如，電視劇裡經常可以看到的情節，掌櫃收到銀兩會用牙齒去咬，用咬判定銀兩品質。但是如果較大的交易，涉及十幾兩或上百兩銀子，全部用牙齒去咬一遍是太麻煩了，所以大家就去找錢莊。

錢莊本來只是單純做生意的店鋪，在判定成色上並沒有特別專業。只是店鋪經營一段時間後，累積了各類貨幣的知識和經驗，就在做生意之外，同時處理兌換貨幣的業務。根據歷史學家的研究，清朝最早的錢莊是紹興經營煤炭生意的商家，後來提供兌換不同貨幣的服務，且按比例收點手續費，逐漸變成錢莊的主要業務。例如，你手中有一些銀元，但表面有很多刮痕，分量也有些許損失。如果對方商家不肯要，你就去錢莊支付一點手續費，把爛錢換成新的。現在在機場可以看到很多外幣兌換店或櫃點，幫助你在許多外幣間進行兌換，同時賺取買入和賣出的差價，過去錢莊的經營模式和這些店是類似的。

民間也能發行貨幣

黃金、銀子作為貨幣，有一個好處是誰都能把這些貴金屬搞成一塊一塊的，在進行交易支付時，對方只要評估成色、秤重就行。這也是在近代以前，政府難以壟斷貨幣發行權的原因，貴金屬不需要靠國家才能發行。

但是仔細想想，金屬貨幣其實很不方便。如果每次交易前，都得去錢莊把錢換好，又笨又重的，交易成本依然很高。於是，一項新的業務在民間誕生了，就是發行紙幣。錢莊也會接受一些存款，清政府還規定錢莊要提交保證金。有了資本後，錢莊就可以發行錢票，只要當地的店鋪願意接受這家錢莊的錢票，這些錢票在當地就有貨幣的功能。

貨幣不是應該由國家發行嗎？怎麼私人也能發行貨幣？還有一些人說，美國聯準會的股份為私有，是不是由一小部分人控制了整個國家？

其實，回顧一下貨幣歷史，就會知道一直到二十世紀上半葉，貨幣仍是以私人發行為主。全世界最早的紙幣，也就是宋代的交子，其實就是由地方的大戶私自發行。只不過因為後來無法兌現，持有交子的人把大戶家裡圍了起來，引發衝突，政府才把交子的發行權接收過來。到了清朝時，官方發行錢票，私人也一樣發行，一般情況下是互相競爭但不干預。當時，就算是很偏遠的地區，城鄉錢莊也會自己發行錢票。

民間發行貨幣，最大的好處是方便。交易時不需要再為銅錢分量等瑣碎話題吵架。找一家當地有信譽的錢莊，指定單位開一張銀票，然後帶出來。只要對方認這家錢莊，交易馬上就可以完成。

清朝的王鎏記錄了當時很多錢莊的狀況，其中提到當時在北京，只要雙方交易的規模大於五百錢，一般就會用銀票支付。記得開頭的命案中，一斗小米值一千多錢，而只要大於五百錢就會用銀票，也代表銀票在當時的市面上已經非常流行。

民間發行貨幣的另外一個特色是，透過競爭達到良幣驅逐劣幣。一般聽到的情況多是劣幣驅逐良幣，如果市場上有兩種不同的銀幣，大家拿到純度比較高的銀幣就會藏起來，拿純度比較低的銀幣去花。所以，久而久之，市場上都是純度較低的銀幣。

但是，諾貝爾經濟學獎得主海耶克（Friedrich Hayek），就提出良幣會驅逐劣幣的看法。如果市場上有多種貨幣互相競爭，大家就會選擇聲譽比較好的錢莊所發的銀票。因此，錢莊也會控制發票的數量，保證自己的信用。河南大學教授彭凱翔針對這一點進行研究，發現清朝確實有「良幣驅逐劣幣」的情況出現：咸豐年間，政府曾強迫官方貨幣貶值，結果，官府的銀票是貶值了，但私人錢莊發行的貨幣，價值反而相當穩定，更受市場歡迎。

所以，雖然錢莊規模一般不大，但在發行民間貨幣、便利交易、潤滑市場等方面的貢獻，卻不容忽視。清朝後期，錢莊聯合起來成立了錢業公會，也逐漸出現了南北通用的銀票，大大便利了貿易發展。等到一九四九年中國政府統一貨幣，並把貨幣發行權集中在國家手中後，錢莊的歷史就結束了。

錢莊是過去的金融機構，對今天的我們有什麼意義呢？實際上，一個地區當年錢莊的發展程度，對今天當地金融的發展仍有影響。馬馳騁等三位學者蒐集了晚清山東的資料，結果發現：當年錢莊數量越多的地區，今天當地小額貸款公司的數量就越多，小額貸款公司的資產也更充足。金融的邏輯不會隨時間而變化，理解錢莊的運作方式與邏輯，對於理解今天的金融仍然意義重大。

重點整理

- 中國歷史上多數時間是使用金屬貨幣，包括黃金、銀子、銅錢、鐵錢等。這些金屬貨幣不存在嚴格意義上的發行權，因為各地私人和政府都可以鑄造。所以，貨幣發行權在古時沒有集中在政府手中，而是分散在民間，由民間機構自己去競爭，達到「良幣驅逐劣幣」的效果。
- 有了這麼多不同成色、不同類別的金屬貨幣，複雜的貨幣體系使市場交易變得困難。這也帶來貨幣兌換的業務需求，錢莊就是這樣應運而生。錢莊為社會提供貨幣兌換服務，降低市場交易成本，也促進市場發展。

票號的興起

中國電視劇、電影近年常提到山西票號的故事。票號作為明清時期在山西發展起來的金融機構，在中國金融發展的歷程上有其特殊的意義和價值，也是今日銀行業的前身。

票號興起的推動力

票號跟錢莊不同，它興起的關鍵原因是長途貿易的需求上升。票號可以幫助商人匯兌，就像今天的匯票一樣。

假如有位山西商人張三，要到江蘇去買十噸茶葉，價格可能近五萬兩銀子，再運回北方做成磚茶，賣到內蒙古和俄羅斯。如果沒有票號，張三會很麻煩，尤其涉及這麼多錢的交易。他可能會向江蘇賣方說：「如果貨不到山西，我不能給你錢。」但賣方說：「如果不先付錢，我就不能發貨。」於是，交易會無法進行。

那麼，張三該怎麼辦呢？當然，一個變通辦法是他派好多員工，每人運上一大車銀子，千里迢迢從山西運到江蘇。中間要小心強盜搶劫，也要小心自己的雇員反叛。等把銀子運到江蘇，商人看過銀子覺得沒問題後，再把茶葉拿到手，運回北方。但這樣做的風險非常大。

有了票號，張三的交易就好辦了。首先，他可以到山西本地的票號分號，把買茶葉的錢存進去，和票號掌櫃說要匯到江蘇，但要掌櫃先寫一張匯票，然後撕成兩半，給張三一半，一半票號留著。付了一%的匯費後，張三就可以帶著這一半匯票，輕裝趕往江蘇。票號這時候也不會閒著，會把另一半匯票送到江蘇的分號。等張三到了江蘇，給茶葉賣方看看手中的匯票，賣方發貨後馬上便得到這一半的匯票。賣方再拿著這一半匯票，到票號分號去核對驗證後，就可提出現銀。

這個過程中，就跟今天的網購一樣，買家、賣家互不相識，買家先付款，怕賣家不發貨；賣家先發貨，又怕買家抵賴。票號在這個過程中解決了信任問題，提供雙方都能認可的信任，因為山西票號在各地生意做多後，便建立起被廣泛認可的信用。

票號發展到後來，也提供存款和放貸業務，因為如果你經常和票號打交道，是票號的熟客，票號就願意提供你信用貸款，也願意吸收你的存款。例如，採購茶葉的旺季到了，張三的應收帳款很多，但暫時還收不回來。如果他不想錯過這個商機，便可與平時相熟的票號商量，讓江蘇那邊的分號先把錢墊上，幾個月後再把墊付的錢加上利息和匯費，一起還給票號。

山西票號的推廣策略

是不是有了業務需求，就能發展出遍及全國的票號網絡？當然不是，特別是對於跨地區匯兌這種業務，信任是非常關鍵的前提，沒有跨地區的信任網絡，金融業務就難以跨越疆土。

票號起源於山西，但如果不能在其他各地立足，業務就很難發展。現在來看看票號發展至湖南的過程。一八二五年，康紹鏞從廣西調到湖南當巡撫，他原是山西興縣人，當時隸屬於太原府。在他調來之前，湖南只有四家票號分號，在他幹了五年巡撫後，當地票號增加到十六家，是原先的四倍。其中，擴張最多的，是來自山西太谷縣的四家票號，太谷縣當時也屬於太原府。這四家票號的大股東是太谷縣的常家，常家後來在一九二三年編纂了家譜《常氏家乘》，記載了祖上和康紹鏞往來的故事。

一八三〇年，康紹鏞離開湖南調至工部。之後的三十年中，湖南的山西票號只增加了五家，而票號在湖南發展的另一個黃金年代，要等到另一位山西人的到來。一八六一年，山西汾州人白恩佑調到湖南當學政，學政主管教育，管理省內科舉與學生，影響力很大。白恩佑在湖南只待了三年，但這段時間中，湖南的山西票號多了五家，與過去三十年裡增加的數量一樣多。一八六三年白恩佑調走後，直到辛亥革命，湖南的省級單位都沒有山西出身的官員，而這幾十年中，票號的數量也沒有增加。

所以，在將近百年的時間裡，山西票號在湖南的發展有一個特色：有山西出身官員的時候擴張快，沒有山西官員的時候擴張就慢。這個現象是否只是湖南遇到的特例？

江蘇、浙江歷來都是經濟重鎮，貿易向來發達，但是，江蘇的票號數就遠多於浙江。以江蘇蘇州府和松江府為例，有一個人發揮了重要作用，就是山西徐溝人喬松年，徐溝縣當時歸太原府管。喬松年二十歲就中進士，三十歲當上松江知府，之後為蘇州知府。

喬松年在江蘇任職的一八五三年至一八六三年間，也是山西票號在蘇州和松江發展最快的十年。蘇州原來有七家票號，十年後增加到十一家；松江府更多，從九家增加到二十三家。喬松年卸任後的三十年中，蘇州府僅增加了三家票號，松江府只增加了五家票號，比不上前十年的擴張速度。

相較之下，浙江的杭州府也是商業重鎮，但從一八二三年起，幾乎沒有山西出身的官員任職，杭州的山西票號數，在最多的一八八三年也只有六家，不及松江府同期票號數的四分之一。

實際上，香港大學教授馬馳騁與同仁，透過對清代各省的量化歷史研究發現，湖南、蘇州、松江的狀況並不特別，而是全國範圍的普遍現象。當地若有山西籍高官任職，對山西票號在當地擴張都有正面影響。

重點整理

- 絲綢之路貿易的發展催生了山西票號，長途貿易的需求是票號興起的主要原因。票號提供方便的匯兌服務，在交易中充當可信賴的第三方，後來也為部分客戶提供貸款和存款服務。

●在現代跨地區市場體系建立之前，不同地區間的商人信用網絡沒有建立，這就挑戰異地金融交易的發展。「同鄉」，特別是做官的同鄉，成為跨地區擴展業務的商人最好的選擇。山西票號在全國的擴張受益於山西籍官員的幫助，畢竟「朝中有人好辦事」。當地有山西高官，票號擴張速度就會加快，也讓山西票號的全國網絡快速膨脹。

票號的衰落和教訓

山西票號因為跨地區貿易的成長而快速發展，那為什麼票號後來都消失了？而且鴉片戰爭後，清朝貿易體大幅上升，不管是國內貿易還是外貿都有成長，按理說，票號業務的需求只會增加，不會減少。

為了理解這一點，要來看看情況很不一樣的福建。福建是貿易大省，康熙年間就開始向東南亞的國家進口大米，也會向日本出口砂糖換取白銀，許多福建華僑遍及東南亞。鴉片戰爭後，廈門、福州成為通商口岸，福建貿易量更是大增。福建貿易不只是與海外進行，也需要跟國內相通，否則無法得到大量貨物。按理說，貿易量這麼大，福建對票號服務的需求應該也很大。但是，即使是票號數最多的一八八〇年，福建也只有十二家分號，還不到湖南的一半。

重要原因之一當然是在福建的山西官員很少，特別是在一八五一年後，福建高級官員中沒有一個山西人。但是，這不是票號後來衰敗的主要原因。

票號過度依賴官方業務

跟政府關係太緊密，才是票號走向衰敗的核心原因。一八五一年，太平天國運動開始，一八五二年太平軍進軍江南，長江航路被阻斷。到了一八五三年，當時貿易量最大的江蘇省和福建省，大部分船隻都歇業，原本往來各地的貿易商也紛紛逃難。南北交通斷絕以後，南方各省收來的稅賦沒有辦法向北運輸，而政府打仗又急需用錢，情況非常緊迫。當時能把這麼多錢從地方發往中央的，只有資本雄厚的山西票號，但是，朝廷向來禁止各省委託票號向中央運送稅賦。一八六一年，朝廷本來應該收到七百萬兩白銀的稅，但在戰亂的影響下，實際上只收到一百萬兩。隔年，在形勢比人強的情況下，朝廷下令要各省找資本充足的票號，盡快把稅款匯往京城。對票號來說，幫地方往中央匯兌稅款是大生意，但福建當時沒有任何山西出身的官員，沒能抓住這個好機會，影響了票號在福建的擴張。

不過，上述的發展也給票號帶來深遠的影響。從票號協助政府匯兌稅款開始，票號和政府的利害關係就深深地糾纏在一起。政府好，票號也好，但清政府一垮台，票號也很快衰敗下來。一九一一年改朝換代時，全國有二十六家票號，到了一九二一年就只剩下四家。此外，票號除了幫地方政府向中央匯兌稅款，也提供貸款給政府或協助官員隱瞞財產的服務。八國聯軍攻進北京，慈禧和光緒帝向西逃難時，由於行程匆忙，身上的錢不足開支，等其他省送錢又來不及，只能在路過山西時向票號借款。後來朝廷暫時安頓在西安，又多次向西安的票號分號借款，這些借款後來也拖垮了一些票號。

在幫助官員隱藏財產部分，民國時有人採訪清朝一位票號掌櫃。依掌櫃的說法，清末許多王公貴族、高官都有自己的專用票號。若依他們的合法收入，完全無法解釋為什麼可以擁有幾十萬，甚至上百萬兩的白銀。這些錢就只能存進山西票號，信譽好且守口如瓶。票號老闆對王公貴戚的行徑心知肚明，而這些人也把票號老闆視作心腹。山西票號和清政府利益的聯繫如此之深，清朝滅亡時自然要受到衝擊。

海洋貿易和外國銀行的挑戰

票號在清朝傾覆後衰敗的另外一個原因，就是無法抓住海洋貿易的機會。山西票號本來就是伴隨陸路貿易出現的。明代末年，山西有了晉商，他們在當地種糧，然後運到北方邊境交給政府，換取政府開的食鹽專賣許可證。然後長途旅行到江蘇，領取食鹽後，再運到山東、河南等地出售。到了清朝，山西商人走得更遠，南下到湖南、福建收購茶葉，然後北上，運到內蒙古和俄羅斯銷售。分號遍布天下的山西票號，能夠為這些陸上貿易提供很好的金融支援。

但在鴉片戰爭後，中國逐漸開放，融入世界市場。成長最快的是海洋外貿，通常透過通商口岸進行，而占據這部分匯兌生意的主要是外國銀行和錢莊。例如，廈門和福州成為通商口岸後，外國洋行在那裡大量收購茶葉，然後出口到歐洲販賣。匯豐銀行在廈門開了分行，大買辦叫葉鶴秋，他的弟弟葉諒卿，開設了當地最大的錢莊——源通銀號。外國銀行以及與銀行密切關聯的錢莊，占據了廈門市場。

山西票號這時候在做什麼呢？前面提到，正忙著協助政府匯兌稅款，這些油水高的業務讓票號失去參加海洋貿易競爭的動力。除了繼續經營以往的陸路生意，票號資金平時都存在錢莊中賺利息，而錢莊可以隨意動用這些資金。葉諒卿的錢莊，號稱一年可以周轉五十萬兩白銀，其中很大一部分是票號的錢。在快速發展起來的國際貿易中，票號沒有什麼作為，反而把機會讓給了外國銀行和錢莊。到了十九世紀末期，如果一位英國商人在廈門買茶葉，他會先找匯豐或其他外國銀行，從自己的帳戶開一張支票。由於這些銀行的支票在口岸通用，信用很好，中國商人收到支票後，會找更熟悉外國銀行業務的錢莊，請錢莊幫忙兌現。在整個交易過程中，票號除了充實錢莊的資本，並沒有發揮作用。

除了與政府關係過密、沒有抓住海洋貿易的機會外，票號衰落的第三個原因是現代銀行的衝擊。除了外國銀行，清朝末年在中國成立的現代銀行也是票號的直接競爭對手。一八九七年，盛宣懷成立中國通商銀行，同時叮囑董事會，一定要盡力招攬政府和商人的匯兌生意，哪怕虧本也要做，並點名要和山西票號直接競爭。一九〇四年成立的戶部銀行，政府直接頒布章程，要求境內有戶部銀行分行的省，在向中央上交錢款時，必須透過戶部銀行匯兌。這筆生意本來是票號的大業務，現在直接被國有銀行接管了。

票號內部意識到了形勢嚴峻，當時有位分號掌櫃寫了份報告，提出以下兩點：一是戶部銀行和各省自己辦的銀行，爭奪政府資金匯兌業務，導致票號這部分業務瞬間少了一半；二是外國銀行的存款利息更高，導致存款紛紛從票號流到外國銀行，票號可以利用的資本因此減少了六、七成。

報告還特別警告：等到哪天外國銀行的分行開遍全國，無論是貿易業務，還是官員士紳的存款，全都會被外國銀行奪走。

票號內部有人嘗試改革，但未能成功。當時有家很大的山西票號——蔚字五聯莊，由五家實力不錯的票號聯合組成。辛亥革命前，其北京分號的掌櫃李宏齡向總號寫信，提議將蔚字五聯莊改組成現代銀行。但是，大掌櫃害怕改革後，自己的權力變小，於是便向各個分號寫信，說李宏齡改組的提議完全是為了他的一己私利，大家不要理會。大掌櫃帶頭反對，改組的努力也只能失敗。就這樣，山西票號走向衰落。

重點整理

- 山西票號衰落的原因之一，是和清政府糾纏太深，導致政府垮台後，票號也跟著衰敗了。由於太平天國運動期間，票號得到了匯兌政府稅款的業務，這筆業務讓票號的收入太好，但也讓它們失去了適應新的成長動力。
- 票號沒有抓住鴉片戰爭後興起的國際貿易機會，反而外國銀行和錢莊抓住了，因此更難翻身。
- 票號面臨現代銀行的激烈競爭，儘管票號內部有人意識到改革的必要，但最終沒能成功。所以，就如其他產業一樣，金融業也必須時時刻刻與時俱進。

22 銀行是什麼？

清末開始的金融現代化

曾有銀行行長說：「企業利潤如此低，銀行利潤這麼高，所以有時候利潤太高了，我們自己都不好意思公布。」為什麼銀行會這麼賺錢？如果銀行賺得太多，對國家經濟、家庭財富、個人創業等會帶來什麼影響？為了搞清楚這些問題，我們追根溯源，從中國銀行業的經歷談起。

銀行是舶來品

中國原本沒有銀行，一直到一八四二年鴉片戰爭結束後，根據中英簽訂的《南京條約》和《中英五口通商章程》，廣州、廈門、福州、寧波、上海五個口岸開始通商。一八四五年，英國的麗如銀行（Oriental Banking Corporation）在香港設立分行，並在廣州開設代理處，隨後又在上海成立分行，這是第一家在中國設立機構的外國銀行。

一九〇〇年之前，英國的麥加利銀行、匯豐銀行和有利銀行，以及法國的東方匯理銀行、德國的德華銀行、日本的正金銀行、俄國的華俄道勝銀行等，都在中國設立分行。從一九〇〇年到辛亥革命，又有美國的花旗銀行、比利時的華比銀行、荷蘭的荷蘭銀行、日本的臺灣銀行等相繼開設分行。清末，在華設立營業機構的外國銀行不下四十家，經過改組、清理，到一九一二年還有十一家在營業；到一九三六年，也是全面抗戰的前一年，仍在中國營業的外國銀行有三十家。

由於中國歷次外債基本都是透過外國銀行借的，像是鐵路幾乎全是依賴外國資本修建而成；而鐵路借款，也是向外國銀行或銀行團貸款而來，這讓外國銀行在中國有很大的影響力。匯豐銀行、德華銀行、華俄道勝銀行是中國關稅的存儲保管者，再加上東方匯理銀行和橫濱正金銀行，這五家銀行是中國鹽稅的存儲保管者，它們為中國政府提供的幾筆貸款都很巨大。

換個角度來看，對內憂外患不斷的清政府而言，能夠透過外國銀行借款，無論是鎮壓叛亂還是加速國家建設，都是最好的選擇。例如，前面談到左宗棠收復新疆的故事，如果沒有匯豐銀行的借款，他收復新疆的難度將無比巨大。

另外，無論是應對危機還是推行改革，外國銀行都提供了關鍵支持和參與。以匯豐銀行為例，一九三〇年代初期，在當時上海金銀市場上，匯豐銀行擁有充足的外匯，還庫存了數量龐大的白銀，能左右市場價格。當一九三四年至一九三五年中國發生貨幣危機時，匯豐銀行力挺上海匯市。一九三五年十一月國民政府實施幣制改革、放棄銀本位，匯豐銀行帶頭把庫存的數千萬銀圓移交給中國中央銀行，換取中國的紙幣，對於國民政府幣制改革的成功，發揮了關鍵性的作用。

所以，近代外國銀行對缺乏現代金融手段的中國，具有非常重要的意義。

本土銀行誕生於競爭中

中國本土原來的金融主體是錢莊和票號，沒有真正意義上的銀行，正因外國銀行的到來，才催生了中國自己的銀行。

清光緒二十三年（一八九七年）四月二十六日，中國第一家銀行——中國通商銀行成立，這是由盛宣懷向戶部借銀一百萬兩，仿照滙豐銀行的章程合股創立的。之所以成立這家銀行，一是為了與外國銀行競爭，二是發展中國的對外貿易。

一九〇四年，戶部試辦銀行成立，四年後更名為大清銀行，辛亥革命後稱為中國銀行，這就是現在中國銀行的前身。戶部試辦銀行在設立之初有兩個使命：總攬金融、推行幣制，儼然就是一家中央銀行。一九〇七年，郵傳部奏請清廷，設立交通銀行，最初是為了掌握輪、路、電、郵四政回收權利。民國三年，交通銀行修改章程，受政府委託管理金庫、掌管國庫金、專理國外款項及承辦其他事件，也受政府之特許，發行兌換券，所以也有國家銀行的性質。

一九二八年之前，中國銀行和交通銀行被當作中國的中央銀行。一九二八年冬天，位於上海的中央銀行成立，中國銀行變為國民政府特許的國際滙兌銀行，交通銀行變為特許實業銀行，致力於全國實業的發展。

這些都是官辦的銀行，也是今日國有銀行的前身。為什麼中國最早的銀行都是國有的？這是因為我們文化對商人獲利動機有所懷疑，認為私人辦銀行信不過，只有官辦銀行才信得過；就跟洋務運動本身也先是「官辦」，等官方辦不下去才「官督商辦」一樣，銀行也必須先有政府的信譽。另一方面，當時對於銀行這種新興行業，認為不確定性太大，傳統中國商人大都沒有意願冒險。

國有銀行經營一段時間後，開始對民間商人開放，私人也效仿辦起民營銀行。早在清末一九〇六年，商人周廷弼就籌集資本五十萬兩，在上海設立信成銀行，這是中國第一家民營銀行，比今日的中國民生銀行整整早了九十年。另外，還有與交通銀行同年設立的浙江興業銀行、一九〇八年設立的四明銀行，和一九〇九年設立的浙江實業銀行。一九一二年後，民營銀行大量成立，其中以上海最多，天津次之。

一九二七年國民政府成立後，中國進入經濟快速發展的「黃金十年」，許多銀行出現。一九三六年，中國本土銀行已有一百六十多家，大致可以分為三個體系：一是四大國有銀行：中央銀行、中國銀行、交通銀行和中國農民銀行；二是規模較大的七家民營銀行：「南三行」——上海商業儲蓄銀行、浙江興業銀行、浙江實業銀行，「北四行」——鹽業銀行、金城銀行、中南銀行、大陸銀行；三是其餘的一百五十多家小型民營銀行。三者的存款占比大約是五九％、一八％和二三％。當時，外國銀行在中國的存款占有率只有中資銀行的四分之一左右。

「南三行」和「北四行」至今仍是中國民營銀行的傑出代表，它們緊跟時代步伐、持續創新業務、強調服務社會、重視人才培養、營造企業文化，它們的成功證明民營銀行並不可怕。

如果沒有這些現代民營銀行的支持，中國的早期工業化和民族工業的發展很難如此順利。早在一九三四年，吳承禧先生便在《中國的銀行》這本著作中說：「一般來說，近代新式銀行的發展，乃是伴著產業發展而來的一種並行產物：產業的發展促進了銀行業的發展；而銀行業的興盛與集中，又反作用於產業，使其兼併擴大，二者的關係是非常之密切的。」當時，幾乎沒有一家工業企業不向銀行借款，幾乎沒有一家國貨工廠不是靠著銀行信貸扶植壯大的。一九三六年，金城銀行對工礦企業和鐵路貸款占了四二％，浙江興業銀行達到六二％。所以，如果沒有民營銀行的信貸支援，早期工業化企業便可能陷入困境而難以生存。

有意思的是，中國銀行業的起源先是國有銀行，然後才開放民營銀行，而現在中國又在經歷了多年只有國有銀行的局面後，才再次開放民營銀行。歷史，顯然不只是停留在書中。

重點整理

- 銀行是舶來品，在鴉片戰爭之後開始進入中國，一八四五年麗如銀行在上海設立分行，是中國出現的第一家現代銀行。直到一九三〇年代初期，以匯豐銀行為代表的外資銀行一直在中國銀行體系中占據主角地位，對整個金融體系有舉足輕重的影響。

●中國第一家自辦銀行是一八九七年成立的中國通商銀行，由盛宣懷創辦。此後，戶部銀行、交通銀行等相繼成立，後來才開始出現民營銀行。辛亥革命後，銀行大量設立，到了一九三六年，中國本土銀行達到一百六十四家，其中四家是國有銀行，其餘是民營銀行。

●「南三行」「北四行」是中國民營銀行的代表，大力支持了早期工業化和民族工業的發展。一九三七年後，由於日本侵華和國共內戰，中國的政治、經濟和社會發生了翻天覆地的變化，銀行業也不例外。

銀行的間接融資角色

不管是在政府報告，還是媒體、專家的談話中，都常提到要「提高直接融資比重」。既然官方多年來都一直強調，就說明「直接融資比重」高是好事，但也代表不容易達成。直接融資和間接融資到底有什麼差別？為什麼提高直接融資比重如此困難呢？

間接融資就是金融仲介化

張三是沒有學過金融、也沒有投資管理經驗的白領，但是每個月有兩萬元的剩餘收入。李四幾年前開始創業，銷售訂單成長很快，需要更多資本投入，以抓住發展機會，盡快實現公司上市的目標。

這時，如果張三把每個月兩萬元的剩餘收入直接投資李四公司，李四公司就是在進行「直接融資」，透過發行李四公司的股權或債權給投資者張三，從張三手裡直接融到資金。當然，李四公司也可以透過其他金融工具從張三手裡直接融資，但核心仍然是資金需求方跟資金供給方直接進行交易。交易過程中可能有朋友或者投資銀行人士牽線介紹，需要額外支付他們佣金，但整個投資風險完全由投資者張三自己承擔。所以，張三需要有專業能力自己進行判斷，也要有經濟實力承擔風險，更要有時間去追蹤、監督李四公司，以確保投資的獲利。

可是，張三不僅沒有時間去追蹤、監督，也沒有專業知識去挑選好的投資標的，更無法分辨李四公司的好壞，也不願意承擔風險。身為普通白領，張三要如何確保自己的利益不會受損？如果直接投資不可行，張三該怎麼投資理財呢？

張三當然可以把錢存在銀行，由銀行向張三保證幾個百分點的報酬，然後張三就不管了，由銀行把張三的兩萬和其他存戶的錢彙集在一起，向李四公司提供所需要的貸款。就這樣，李四公司從銀行融到資金，只跟銀行打交道，而不是直接跟真正的出資方打交道。這種融資方式，就被稱為「間接融資」，銀行就成了金融仲介。

一般來說，每個社會都有很多人和機構有多的剩餘資金，需要再投資；同時又有很多企業和個人、家庭缺少資金，需要融資。金融市場的基本功能就是把雙方撮合在一起，實現資金從盈餘方到短缺方的轉移。而實現這種交易的方式就是直接融資和間接融資。

現代銀行跟傳統錢莊和票號不同，屬於有限責任公司，由自己的股東資本為基礎，讓張三這樣的存戶把資金存放在銀行，由銀行去決定這些彙總的資金應該投資給哪些有需要的經濟主體，並且賺取貸款收益跟支付給存戶利息間的差值。銀行賺取這個利差，但貸款風險和投資風險都由銀行承擔，張三這些存戶只有在銀行出現破產時才會遭遇風險。

商業銀行、信用合作社等被稱為金融仲介，它們促進資金盈餘方和資金短缺方間的資金流通。利用金融仲介機構進行的間接融資過程，被稱為金融仲介化。儘管媒體一向比較關注證券市場，特別是股票市場，但是對公司和家庭而言，金融仲介機構是比證券市場更重要的融資管道。在許多國家，企業主要的外部融資是銀行以及其他非銀行金融仲介所發放的貸款，德國、日本和加拿大都在七〇％以上，中國更是超過八五％。

金融仲介和間接融資為什麼重要？

間接融資為什麼會是各國的首選呢？這涉及到金融交易安全度的問題，直接融資對信任以及各方面制度的要求最高，這裡先從交易成本、風險分擔和資訊成本三方面來解釋。

首先是交易成本，指的是進行金融交易所消耗的時間、金錢和精力。這是個人或公司機構普遍面臨到的問題，像要聘請律師起草投資或借款契約，要付律師費又要花很多時間。銀行這樣的金融仲介可以大幅降低交易成本，它們不僅有專門的人才和工具降低成本，而且有明顯的規模經濟好處。銀行的資金多，每筆貸款額可以很大，能節省很多成本。

其次是風險分擔，絕大多數機構和個人並不瞭解各行各業，如果讓他們直接投資企業，會面臨很大風險。透過銀行就不同了，銀行把每筆貸款的風險分攤給眾多存戶，實現了投資的多樣化，讓每個存戶幾乎感覺不到風險。另一方面，銀行的專業能力和規模經濟，讓它有更高的投資水準，這也幫助降低了風險。

最後就是銀行比個人和非專業機構更能解決資訊不對稱帶來的挑戰。在金融市場上，交易雙方往往互相不瞭解，就是所謂的雙方資訊不對等，這對出資方尤其不利，容易被騙。例如，對李四公司的潛在收益和風險，李四是比任何人都更知情。在這種情況下，就容易出現所謂的「逆向選擇」：如果李四公司的確很好，他可能就不太願意把股權賣給別人去融資，或者就直接跟親戚朋友借錢，畢竟肥水不落外人田；但如果李四公司不好、風險很高，就更可能對外出售股票或從銀行貸款，並且願意承諾三〇%甚至更高的貸款利率。所以，逆向選擇的出現，導致只有壞公司去金融市場融資，而且越壞的公司，越容易得到貸款。

要避免這種情況發生，就需要專業技術和經驗。在這一點上，銀行當然比個人和非專業機構更有優勢。況且，銀行掌握更多資源，形成了對壞公司行為的威懾。

以上這些原理是銀行等金融仲介重要性的原因，如果交易成本等問題能被解決，銀行的重要性自然會有所降低。隨著資訊技術和金融體系本身的發展，尤其是各種大數據被利用後，金融市場上資訊不對稱問題的嚴重性也在下降。這會讓直接融資變得更容易，企業發行股票和債券融資的空間會更大，相對地，銀行在金融體系中的重要性就會減弱。在過去二十多年裡，資訊技術不斷發展，讓美國銀行貸款在社會融資中的占有率逐漸下降，在其他國家也在發生。

重點整理

- 直接融資是指出資人和用資人間直接進行的融資安排，即使有金融機構在雙方聯絡間發揮作用，只要風險後果是由出資人直接承擔，就屬於直接投資。如果是出資人把資金透過銀行，由銀行再投向用資人，且風險後果由銀行承擔的融資交易，就稱作間接融資。
- 在世界各國，企業外部融資多半是間接融資，以銀行等金融仲介所發放的貸款為主。間接融資如此重要，是因為銀行等金融仲介能利用規模經濟降低交易成本、分攤風險、減少資訊不對稱的結果。
- 金融仲介機構協助提高經濟效益，因為它們協助把資金從儲蓄者手中配置到好的投資項目或家庭。如果沒有運行良好的金融仲介機構，社會中很多剩餘資金就沒地方可去，有潛力的項目也得不到發展所需的資金。

英美為何以資本市場為主？

為什麼有的國家以銀行為主，有些國家則以資本市場為主？以銀行為主的金融體系有什麼不好呢？

如果你經常看一些新聞節目，你可能會發現：中國各省委書記和省長都很忙，每天那麼多活動，一家大型企業的董事長要去拜訪，除非有承諾在當地進行巨額投資，否則不太容易被接見。但一家全國性銀行，無論是國有銀行還是股份制銀行，董事長或行長到某個省考察時，基本都見得到省委書記、省長，同時也會承諾投入信貸資源支持當地經濟，甚至直接支持地方融資平台或當地重大項目。

為什麼銀行董事長和行長會受到高官的熱情接待？因為銀行在中國金融體系中是絕對主角，銀行的信貸資金是地方建設項目能否開工、宏偉GDP目標能否實現的關鍵。如果沒有銀行的支持，地方經濟發展，特別是基礎設施和重大開發項目就難有作為。

銀行為主體的金融體系導致創新不足

二〇一六年年末，中國社會融資規模存量為人民幣一百五十六兆元，其中貸款餘額為一百零五・二兆元，非金融企業境內股票融資五・八兆元。當年社會融資整體成長十七・八兆元，其中貸款成長十二・四兆，非金融企業境內股票融資成長一・二兆。在中國的金融體系中，銀行貸款占了社會融資總量的七〇%，往前幾年更是達到八五%左右，而股市融資還不到社會融資總量的四%。所以，以銀行為主的金融特色顯而易見。

除了中國，日本、德國、義大利等其他歐洲大陸國家的金融體系，也都是以銀行為主，只有美國和英國的金融體系以資本市場為主。在英美，銀行當然也重要，但包括股票和債券在內的資本市場更加重要。到目前為止，只有普通法系的英美才做到以資本市場為主，而像中國、日本、德國等這些成文法系國家都以銀行為主。

那麼，以銀行為主體的金融體系會帶來哪些特色？

首先，會不利於創業、創新。之所以會有銀行存款保險，要有「大到不能倒」的政府干預，並且強化銀行監管，就是因為銀行一旦出現風險事件，就會威脅社會穩定，甚至整個經濟。由於創新和創業都包含大量風險，因此，以創新為主的創業公司，銀行自然是不能碰，以致不容易得到銀行的貸款。因為同樣的原因，日本、德國、義大利、法國等國，也不以創業文化和創新能量聞名，這些國家的創新基本以改良為主，但很少帶來全新的技術革命。

其次，政府主導型的經濟體容易發展出以銀行為主的金融體系。以中國為例，到二〇一七年，大型商業銀行五家，股份制銀行十二家，這十七家銀行占整個銀行業資產的比重超過五五％，幾年前這個比重還超過八〇％。由於社會金融資產絕大多數都集中在銀行，而整個銀行業資產又高度集中在這十七家銀行，而且都是政府管控的銀行，這自然為政府調控經濟提供相當大的便利。相較之下，資本市場中，金融資產由數千萬甚至數億的投資者自己擁有、自己管理，資產配置權分散在數億投資者手中，每個投資者有獨立的決策權，不一定會聽從政府的安排。

因此，以資本市場為主的金融體系跟政府主導型經濟體難以相容。政府主導型經濟體不容易給資本市場足夠空間，必然演變出以銀行為主的金融體系。從這個意義上來看，經濟由政府主導、金融體系以銀行為主、成長靠投資帶動——這些都是中國經濟體系互為依賴的必要構成。

前面章節談到，日本明治維新是自上而下的改革舉措，一開始就著力於發展以銀行為主的金融體系，這些銀行提供的融資便利不僅促使明治維新成功，也為二戰後日本政府主導產業發展提供了方便。德國在十九世紀統一後，在政府主導下大舉發展經濟，那時期建立的以銀行為主的金融體系持續存在到今天。從這些分析中會發現，以銀行為主的金融體系都會強調政府對社會資源的主導權；在法律體系上，這些國家都採用強調權力集中、排斥法官裁量權的成文法，或者說大陸法系。

資本市場的大不同

以資本市場為主的金融體系又有什麼不一樣？

首先，銀行作為吸納並管理公眾存款的金融仲介，是民眾存戶的代理人，它們不能承擔太多風險。所以，銀行在發放貸款時，往往會要求抵押品，以降低風險，而抵押資產又偏偏是創業者和新創公司所沒有的，因此，銀行會遠離創新、創業的企業。

資本市場則不同，因為資本市場上的投資者為直接投資，可以透過自己的瞭解判斷選擇承擔多少風險。因此，資本市場更有利於培養創業文化，為創新奠定基礎。

其次，由於銀行是透過彙集大量資金後，集中決定資源的配置，而資本市場是由分布在不同地理位置、處於不同產業和專業領域的千萬投資者，分散決策自己的投資配置，所以，他們在資訊上比銀行的集中決策模式占有明顯優勢。特別像是創業投資基金、私募股權基金，以及個人投資者，都比銀行經理們有更多動力去找尋最準確、最有價值的資訊，並利用這些資訊來決定投資標的。這些優勢也讓資本市場比銀行更能、更願意冒險，催生一代又一代的新經濟。

再者，資本市場有利於資產的價格發現，提升資產流動性。銀行貸款資產沒有每天、每月的公開定價，而股市、債市等資本市場每天甚至無時無刻，都對交易的資產進行定價並提供買賣機會，為整個經濟和社會提供價值評估信號。例如，股市透過連續交易讓股票價格即時反映最新的相關資訊，讓某些產業的股價上漲，某些產業的股價下跌，以此來幫助人們更清楚地判斷哪些產業、哪類企業受歡迎，更有投資價值。儘管個人創業、私募股權投資、房產投資不一定與股市直接關聯，但所有這些創業和投資的決策，都間接受股市發出的價值信號所影響。因此，以資本市場為主的金融體系透過提供價值信號，比銀行更能夠提升整個經濟的資源配置效率。

最後，在高度監管之下，銀行體系不容易留下「投機者」，但資本市場歡迎「投機者」。新的科技創新想法不確定性太大、風險太高，銀行是不會願意去投機的，但資本市場上總是有「投機者」願意去冒險。我們以往喜歡把投機看得非常負面，總要「抑制股市投機」。其實，如果沒有投機，就可能只有「股」但不會有「市」，也難以有人為創新買單。從美國的歷史可以看到，如果他們也不認同投機，美國也不可能有發達的股權文化，就不會有過去兩百年的科技發明史。正是一波一波資本市場的投機熱，才為美國每次科技創新提供了資本的支持。美國的創新文化不是由銀行體系支持，而是由資本市場催生的。

不管什麼國家，誰都想要發展出以資本市場為主的金融體系，可是為什麼只有普通法系的英國、美國等達成了呢？我們後面會談到這個話題，但有兩點是肯定的：一是要有可靠的法治體系；二是支持權力分散、資源配置權分散的制度體系，包括支持「小政府、大社會」的制度文化。否則，法治越不可靠，體制越不到位，就只能以銀行為主。

重點整理

- 中國的金融體系以銀行為主，資本市場融資占整個社會融資的比例還不到四%。日本、歐洲大陸國家也以銀行為主，而美國、英國的金融體系則以資本市場為主。
- 政府主導型的經濟體往往需要以銀行為主的金融體系配合。銀行帶來的是資源配置決策相對集中，而資本市場的投資決策是高度分散、獨立進行的，不一定受政府支配。政府主導型的經濟體，和以資本市場為主的金融體系不能完全相容。
- 資本市場為主的金融體系更能鼓勵創業創新、培植創業創新文化。原因在於資本市場以直接投資為特色，投資決策分散在千萬投資者手中，這有利於承擔風險，也有利於彙集各種可能的資訊，有助於改善資源配置效率。

銀行的風險

如果我問你：「在今天的A股市場上，哪個產業的股票最便宜？」你肯定會脫口而出：「銀行業！」

的確，雖然大家都說中國股市的本益比很高，超過國際水準很多，但是作為股市權重最大、盈利也最多的銀行股，本益比卻很低，股價淨值比也低。

很多法人投資者認為，銀行蘊含著很多尚未暴露的風險，所以股價其實並不便宜。那麼，銀行的風險有哪些？中國銀行業的風險真的有那麼大嗎？

銀行的三大風險

一般來說，銀行經營面臨三大類風險：信用風險、市場風險和操作風險。

什麼是信用風險？簡單地說，就是借款人違約，銀行不能收回貸款本金和利息的風險。銀行主要的業務是吸收存款和發放貸款來賺取利差，貸款能不能如期收回、能不能完整收回是銀行最大的風險。在什麼情況下銀行貸款會出現風險？這包括兩種情況：一種是貸款對象喪失了還款能力；另一種是貸款對象雖然具備還款能力，但是不願意還，想透過不正常手段避免償還貸款。

銀行的信用風險管理，就是對貸款申請人進行事前審查和事後監控，以確保借款人是經營風險低、信用等級好的法人或個人。許多人以為，信用風險管理就是要把貸款交給最安全、沒有風險的企業或個人，其他事情不用操心。但實際是，貸款後的監控和出現問題後的貸款處置和清收同樣重要。信用風險管理水準高，可以在貸款發放後，及時發現借款人的經濟狀況變化，及時採取措施收回部分或全部貸款，避免發生損失或者及時停損。

銀行為了降低信用風險，往往採取分散化貸款，也就是避免貸款大量集中在某個產業、某個區域、某個企業，避免將所有雞蛋放在同一個籃子裡。當然，這些措施主要針對常態化的信用風險。如果一個國家陷入整體經濟衰退或遭遇危機，造成大量企業經營困難甚至倒閉，就像一九九七年亞洲金融風暴的泰國、印尼和韓國，或最近的委內瑞拉，那麼審慎貸款、分散化貸款等手段，都無法避免大量貸款違約。

什麼是市場風險呢？就是當利率、匯率或其他資產價格發生變化時，銀行交易帳戶中的資產和負債面臨的波動風險。二〇一六年年末，中國銀行業總資產超過人民幣二百三十兆，其中貸款大約一百兆，大量資產是交易型資產：包括債券、外匯、其他金融品等。銀行持有這些資產是為了交易獲利，當這些金融資產的價格變動方向對銀行不利時，銀行就面臨市場風險。持有的交易資產規模越大，價格變動幅度越高，面臨的市場風險就越大。這就要求銀行加強對交易型資產的管理和控制，包括限制某些資產的規模、限制交易員買賣資產的額度，同時也要建立模型，評估和測量市場風險。

操作風險則是指因不完善的內部操作流程、員工個人和資訊科技系統，以及外部事件所造成損失的風險。操作風險是所有銀行業產品、服務和活動所固有的風險，銀行的運作離不開資訊科技系統的支援。如果銀行出現技術故障導致不能正常交易或客戶資訊丟失、網路被駭、後台系統故障等，都會引發操作風險。此外，員工失誤和欺詐也是操作風險的重要來源。

除了三大風險外，銀行還面臨流動性風險。其他還有法律風險、信譽風險等。

重點整理

- 銀行經營主要面臨著信用風險、市場風險和操作風險這三大風險。風險管理是銀行最關鍵的能力，也是銀行的核心競爭力。在金融危機來臨時，風險管理水準的高低決定著銀行的生死。
- 很多法人機構都認為中國銀行業的風險很大，還沒有完全暴露，所以一些投資者不看好銀行的前景，導致中國銀行的股價很低，而且還認為這種低價並不便宜。
- 風險管理是一種科學，也是一門藝術。說是科學，是有大量的學術論文研究風險問題，也發展出很多工具和方法；說是藝術，是要對風險有感知，特別是要對未知的風險和不可知的風險有所感知。

23　金融業的挑戰與發展

銀行為什麼會發生危機？

談到銀行危機，很多人會先想到一九三〇年代美國經濟大恐慌引發的大蕭條時期，這也是現代世界經歷過最嚴重的經濟危機。從一九二九年十月華爾街股市崩盤開始，先是大量工商企業破產，一九三〇年起連續三年出現多次銀行擠兌危機，迫使許多商業銀行停業，再加上主動清算和收購兼併等，美國商業銀行的總數因此減少三分之一以上。

大蕭條時期，美國經濟總量的收縮幅度超過三分之一，失業率最高時超過二五％。加上危機的持續時間長、緊縮程度高、社會危害大，連英國、德國、日本都因此經歷了嚴重衰退。由於大蕭條的影響，貿易保護主義、左派民粹主義在美國和其他國家快速盛行，各國設立貿易壁壘、閉門鎖國，最後發酵到一九三九年爆發第二次世界大戰。從這個意義上來看，一九二九年開始的金融危機，應該包括了三〇年代的經濟大蕭條，到一九四五年二戰結束後才算真正畫上了句點。

這場史無前例的大蕭條為什麼會發生？破壞力怎麼會如此大？

經濟大蕭條的成因

一九二〇年代後期，美國股市空前繁榮，因為美國聯準會為了讓歐洲各國重回金本位，便推行寬鬆貨幣政策，讓國際上大量資金流入美國，其中許多銀行資金都流向了股市和房地產，導致股票和房地產價格飛漲，產生了嚴重的資產泡沫。一九二九年十月股市泡沫開始破滅，到一九三二年年中，股票指數只剩下一九二九年最高點時的一〇%。股災也刺破早就被吹大的房地產泡沫，各種資金鏈相繼斷裂。許多研究也顯示，一九二〇年代的房地產和股市泡沫是大蕭條的基本前提。

泡沫破滅又是怎麼演變成銀行危機？由於各國銀行在金融體系中有關鍵作用，民眾把剩餘零錢和多數金融資產存在銀行。所以，銀行是民眾財富安全感的錨，銀行體系一旦不安全了，社會就會崩潰。

銀行的獲利模式主要靠賺取利差，也就是吸納存款，給存戶保證利息報酬，然後把存款放貸出去，得到貸款利率。由於存戶的利息是固定的，因此，銀行是否安全主要取決於貸款是否能回收、貸款利率是否夠高。一九二〇年代後期，相當多的銀行貸款都投入了股市和房地產，因此資產泡沫一破滅立刻衝擊到銀行。

股災開始後的一年，美國已經有大量銀行破產，民眾出於擔心紛紛把活期和定期存款領出，造成了大量存款的流失。初期，銀行先把流動性好的資產變現，以應付提款需求，但後來流動資產越來越少，這就引發更多存戶趕去銀行提現，恐慌蔓延後，擠兌局面便一發不可收拾。一九三〇年十一月，共有二百五十六家銀行破產，到了十二月累計有三百五十二家銀行破產，特別是當時美國銀行（Bank of the United States，不是現在的 Bank of America）的破產，因為它的名字容易被誤認為官方銀行，嚴重打擊了民眾的信心。

一九三一年三月，第二次銀行擠兌危機爆發，一直持續到八月。在此期間，國際事件也與美國銀行危機互相影響。一九三一年五月，奧地利最大的私營銀行倒閉，震驚歐洲大陸。緊接著，德國一些銀行在七月相繼倒閉，其他國家的銀行業也未能倖免。美國大量的銀行倒閉，導致銀行體系的存款在六個月裡下降七%。

一九三二年第四季，銀行倒閉風潮再次席捲美國，這次主要集中在中西部地區。到一九三三年二月，銀行倒閉風潮蔓延，擴大到其他地區。逼迫許多州的州長宣布，在全州範圍內實行銀行歇業。

一九三三年三月五日，羅斯福宣誓就任美國總統，三月六日午夜，便宣布全國銀行休假一週，試圖穩住市場情緒。

當時銀行危機如此嚴重，是因為美國銀行業的一些結構性問題。一方面是後面會談到的貸款流動性問題，另一方面是經濟大蕭條前美國採用的單一銀行制（unit banking），不允許銀行有多家分行或分支機構，這就大大限制了銀行分散風險的能力。一九九二年時，只有二%的銀行在全國範圍內有分支據點，三．六%的銀行只在本州內開分點。即使是有分支據點的銀行，平均每家的據點數也不到四．四個。這與當時加拿大的情況有極大的反差，因為加拿大全國只有十八家銀行，但有四千六百七十六家分行；而全美國的三萬多家銀行中，在總行之外的據點數才一千二百八十一個。當時的美國銀行結構如此，是因為擔心銀行過大，怕它們太大後會控制太多經濟資源。

從銀行風險的角度來看，單一銀行制的風險承受能力最低，因為一家單一銀行是否能活下去，完全取決於本地經濟，當地經濟一有大的波動就容易威脅其生存，而那些跨地區開分支網點的銀行，則可利用各地經濟的不完全關聯性達到分散風險的效果，其抗拒經濟波動的能力顯然會更高，就跟印度農民喜歡把女兒外嫁很遠的地方道理一樣。銀行體系的結構差別使同在北美的美國和加拿大在一九二九年至一九三三年的遭遇完全不同：加拿大沒有一家銀行破產（儘管有一〇%左右的據點被關閉），而美國三分之一的銀行關閉，銀行擠兌風潮一波接一波地發生，這嚴重影響金融體系給實體經濟的供血，信用支援大大萎縮之下，造成更多實體企業倒閉，使美國經濟的下行和失業壓力遠比加拿大嚴重！這些教訓都應該被銘記。

大蕭條重塑了美國銀行業

大蕭條深刻影響美國政治、經濟和社會生活等各方面。一九三三年，國會透過美國金融立法史上著名的《格拉斯—史蒂格爾法案》（Glass-Steagall Act），也叫作《一九三三年銀行法》，對美國銀行業有兩個巨大影響：

一是建立聯邦存款保險公司。此後半年內，美國九七%的商業銀行參加存款保險，未參保的商業銀行不到四百家，它們的存款占比不到一%。存款保險制度的建立，消除了儲戶的恐慌，讓他們在發生危機時不需要到銀行擠兌，維護金融穩定，同時也大大降低存戶在銀行倒閉時的損失。從一九二一年到一九三三年的十三年間，美國所有商業銀行每一百美元的存款，每年會遇到破產損失四十五美分。建立存款保險制度後的二十七年間，每一百美元的存款，每年遭遇破產損失不到〇・二美分。

二是法案規定，商業銀行、投資銀行和保險等業務必須分離，建立所謂的分業經營，讓美國商業銀行在往後的六十多年中無法從事投資銀行業務。當年大名鼎鼎的摩根財團，就是根據這個法案而拆分為J.P.摩根公司和摩根士丹利投資銀行。金融產業的分業經營有其道理，因為商業銀行以間接融資服務為主，並給民眾提供穩定的財富安全感；但投資銀行從事的是直接融資，特別是隨著金融產品和業務的不斷複雜化，分業經營是更好控制風險的辦法。不過，一九九九年這個限制被廢除，這在一定程度上為二〇〇八年的金融危機埋下隱患。

美國聯準會也是大蕭條後的改革對象。一九一三年聯準會正式成立，起初權力有限且集中在紐約。直到一九三〇年代初期，聯準會對於貨幣政策的認識還處於金本位和真實票據層面，不具備現代中央銀行的理念和知識。大蕭條後，聯準會的結構和權力發生大變化，《一九三五年銀行法》將聯邦儲備委員會進行重組，延長委員的任期，改革聯邦公開市場委員會，並且取消儲備銀行買賣政府債券的權力。同時，聯邦儲備體系的權力也被擴大，包括貨幣政策、信用政策及銀行監管三大方面的權力，讓聯準會成為真正的現代中央銀行。

美國今天的金融體系，特別是銀行體系，基本上是大蕭條後一系列立法所建立的，並且延續至今。

重點整理

- 一九二〇年代後期，美國房市和股市空前繁榮，讓大量國際資金流入美國，其中銀行資金流向了股市和房地產，導致股票價格和房地產價格飛漲，形成空前的泡沫。
- 一九二九年十月十九日，美國股市出現巨幅下跌，進入熊市。股市崩盤也刺破巨大的房市泡沫，導致大規模銀行虧損，進一步引發銀行的持續擠兌和大量倒閉，停止了銀行原有的供血功能。前所未有的經濟大恐慌就因此發生了，但前提是房地產和股市泡沫。
- 大蕭條帶來美國金融體系的一系列改革，包括商業銀行、投資銀行和保險業務的分離，建立全國性的存款保險制度等。當時美國重建的金融體系，特別是銀行體系一直持續到今日。

銀行的流動性管理

一位朋友老王在美國佛羅里達工作，他妻子投資買房好多年，不是出租，就是持有一段時間後轉手賣掉；此外，她還會參加銀行的房屋拍賣會。在美國各地，總有人因為失業或收入問題，還不起房貸，導致銀行把抵押品的房屋收回，然後轉手拍賣。這種拍賣價格一般比市價要低一〇%至一五%。經濟不景氣時，這種拍賣機會會更多，折扣也更大。

為什麼這些銀行這麼傻，非要把房子賣掉，還把價格調低呢？如果銀行自己持有房子，一出租、收租，不是能賺更多嗎？

在流行私人股權投資的今日，你可能會想，銀行怎麼只會向各類公司提供貸款，收取固定的利息，而不是在公司上市前要求它們給銀行股權？這其實都是主管機關的法規要求，但這些法規要求又是怎麼產生的？

這牽涉到銀行的流動性管理。管理好流動性風險對銀行非常重要，甚至攸關生死，因為一旦存戶進行大量取款，而銀行拿不出錢兌現，就容易引發恐慌。如果恐慌演變成擠兌危機，招致銀行賤賣資產，最終銀行會破產倒閉。

什麼是流動性風險？

銀行最核心的業務是存款和貸款，特色是「短存長貸」：從企業和個人手中吸收存款，通常是活期存款或者期限很短的存款；然後貸款給企業和個人，企業貸款中比例最高的是中長期貸款，還款期限三年以上，而個人貸款最多的是十年以上的房貸，再來就是信用卡貸款。

由於期限短的存款利率低，期限長的貸款利率高，靠「短期存款」成本來賺「長期貸款」的利率收益，是銀行收入的主要來源。換句話說，「短存長貸」是銀行賺錢的訣竅，為了追求更高的利息收入或投資收入，銀行通常會對期限較長或者流動性較差的資產進行投資。

儘管大多數資產最終都能變現，但是對某些流動性不夠好的資產而言，例如房地產、公司股權，如果要在短期內變現，就需要付出較高的代價。當銀行需要立即出售時，就必須透過打折，而且越是著急出售，折扣就越大。所以，美國銀行寧可接受折扣也願意把收回來的房地產賣掉，以避免日後出現流動性危機付出更大的折扣。

流動性最好的資產當然是現金，銀行可以隨時用它滿足存款人的提款要求。但是現金放在帳上不會帶來利潤，所以銀行傾向於盡可能少持有現金，只留存滿足監管需要的存款準備金。如果銀行出現短期資金不足，一般可以透過銀行間同業拆借市場或貨幣市場借入資金，彌補突然出現的現金短缺，甚至可以從中央銀行申請緊急貸款援助來渡過難關。

銀行間同業市場發揮作用的前提是：各銀行不會同時出現現金短缺狀況，這樣現金充裕的銀行可以幫助暫時短缺的銀行。但當所有或大多數銀行都遇到大額現金需求時，短期額外融資的成本就會上升，現金供給吃緊；最終，一些銀行只能透過急速變賣流動性較差的資產，來滿足存款人的提款要求。但這樣做的挑戰在於，銀行沒有時間討價還價，致使一些交易不活躍的資產，例如房子、股票、大宗商品、長期貸款等，低價甩賣，讓銀行遭遇虧損，甚至面臨破產威脅。

銀行遇到這類流動性挑戰時，可能造成擠兌，因為存款人會擔心銀行將來是否能繼續滿足提現要求。例如一家小銀行，如果媒體報導它有很多不良貸款，或者某項債券投資業務出現大虧損，就會引發人們對其倒閉的擔心；一旦銀行倒閉，只有部分儲戶能得到全額償付，所以有人會考慮把存款從這家銀行轉到另一家大銀行。如果很多人都這麼想，都去小銀行提款，就會鼓勵其他存戶也來排隊取款，導致更多恐慌和擠兌。當然，有了銀行存款保險之後，這種擠兌風險就減少很多，但儲戶還是希望盡量提前換銀行，因為一旦一家銀行發生破產，其資產和帳戶會被凍結一段時間，等待統一清算。

那麼，如果這家銀行門口排起了長隊取款，其他銀行是不是可以高枕無憂呢？不一定。因為許多民眾會想說：「這家銀行出事了，其他銀行會不會也有問題呢？還是先把錢都提出來放在家裡再說吧！」這樣一來，原本經營正常的銀行也會受到傳染，遇到存戶突然大量提款和擠兌，威脅到整個銀行體系。正因為金融交易是跨期的、是基於對未來的信心，一旦有跡象表明未來很不確定，就容易引發恐慌，金融市場上的恐慌很容易傳染。這就是為什麼銀行的流動性管理非常關鍵，不能用儲蓄帳戶的資金去投資房地產、股權等流動性差的標的。

實際上，除了銀行外，其他金融機構也有流動性風險和潛在擠兌挑戰，例如：壽險公司、開放式基金、私募基金等。如果很多保單提前終止，就會導致退保金額增加，新增保費收入也會被影響而減少；保險公司不能滿足退保提現需求時，也必須出售其他資產。當人們擔心壽險公司的清償能力時，也會導致擠兌，面臨破產威脅。

如何管理流動性風險？

銀行透過持有很多現金、國債、高等級企業債券等流動性資產，或其他易於快速出售的資產，來降低流動性風險。但這些資產收益很低，持有這些資產甚至會帶來收益損失。

這裡可以發現，銀行的本質角色就是以其股東的資本為基礎，為社會提供流動性增強的服務。正如「短存長貸」所代表的，一方面銀行願意接受企業和家庭的流動性相對低的資產，例如長期債券、十年期房貸；另一方面又給存戶提供「活期存款」的超級流動性，或者說「即期流動性」。從表面來看，銀行是把貸款的長期限轉變成存款的即期，由銀行承擔流動性風險；而由此賺取的利差，實際上是給銀行承擔流動性風險的補償。

所以，銀行的流動性風險不應該為零，它的業務定位決定了必須要承擔一定的流動性風險，否則就不應該存在。因此，一般的銀行都會在流動性好的資產外，持有各種資產的某種組合，包括短中長期債券、短中長期貸款、貴金屬等。

問題是，多少流動性風險最合適呢？針對這一點，主管機關部門對銀行都有存款準備金的底線要求，就是怕銀行手上的流動性太少，也限制銀行為了收益而去收購太多實物資產和企業股權。一些跨國金融組織也因此推出各種銀行監管協定，例如《巴塞爾協定》，就是為了確保各國的銀行體系的穩定，對銀行的各種流動性指標設定範圍，讓銀行在這些相對安全的範圍內進行最大化收益的營運。

一般而言，貸款組合的流動性越高，銀行就越不需要持有大量傳統的流動性資產作為緩衝。同樣地，小銀行持有的流動性資產要多於大銀行，因為與小銀行相比，大銀行更容易進入資金市場。此外，銀行可以「逆週期」地管理流動性，也就是說，經濟越火熱的時期，貸款組合的流動性可以低一些；反之，可以高一些。

重點整理

- 「短存長貸」是銀行經營的主要特徵。這就引發了流動性管理的需求，包括存款準備金、銀行資本金率等底線要求，也包括銀行不能用存款金買太多房地產和企業股權，以控制期限錯配帶來的流動性風險。
- 即使一家經營良好的銀行，面臨擠兌時也存在不能及時償付的風險。因此，需要中央銀行提供「最後貸款人」的緊急救助，由央行在關鍵時候提供流動性支援，避免擠兌危機。
- 保持一定的流動性與避免投資品的價格大幅波動，這是銀行進行貸款和投資的首要考慮。因此，銀行不能過多地給長期固定資產和基礎設施等提供中長期貸款，也不能過多地給房地產或股市貸款，以避免房價和股價的波動帶來滅頂之災。

網路金融的變與不變

相信你也體會到了網路金融對我們生活的改變，以前到哪都要帶上一大筆現金，既不方便也不安全。如今，卡片、手機支付走天下，連在超市買菜、便利商店買飲料都可以嗶一下就走。

在銀行逐步遠離人們視線的同時，一些網路金融機構卻受到大量關注，中國阿里巴巴透過天弘基金推出的「餘額寶」，到二〇一七年三月底的資產淨值已經達到人民幣一・一四兆元。很多人都把錢從銀行領出來，去購買網路金融產品。

銀行似乎已經離民眾越來越遠，可以一個月甚至幾個月都不去銀行。銀行和其他傳統金融機構是不是已經不再重要了？

網路金融有多創新？

網路對金融的影響主要是改變了銷售管道和金融產品的獲取方式，也改變了部分產品的設計和定價能力。可以從以下幾方面來理解這種變化：

首先，網路使金融交易成本大大降低，這主要表現在資訊成本降低、資訊量大增、在電腦和手機上就能處理許多金融交易，不需要親自跑銀行、基金公司或券商櫃台。資訊量與質的提升，不僅降低金融交易雙方的資訊不對稱程度，讓更多金融市場發展得更好，也改變金融產品的個性化設計和定價。

其次，金融交易的地理範圍大大拓展，滲透面和參與人數也大幅提升。只要人們能夠用電腦、手機上網，就能參與網路金融交易，成為客戶。

客觀來看，網路金融公司是否真的能超越傳統銀行，讓傳統銀行消失呢？以我對金融和人性的理解，答案是否定的。的確，網路讓實體據點的價值大幅下降，所以，商業不能再一味地追求分行據點數量，而應該要逐漸減少。但是，銀行不能沒有實體據點。因為金融交易的本質是信用、是信任，在出現問題、需要服務時，金融客戶是否能去一個看得見、摸得著的分行得到服務，在很大程度上會影響客戶能否放心、能否信得過銀行或其他金融機構。人對抽象的東西總是會產生懷疑，而更願意相信那些看得見、摸得著的東西。這就是為什麼不管是在中國，還是在歐美等地，銀行、券商一向喜歡以大樓這樣非常堅實的建築結構，來表現其「信得過」「靠得住」的一面。特別是只要出現一次銀行擠兌或金融機構破產，人們就能認識到「出問題時，有地方去找人解決問題」的價值。金融交易本來就是基於信任的跨期價值交換，本來就充滿懷疑與資訊不對稱，單純的手機介面、網路介面雖然能帶來便利，但不利於增強信任。特別對於缺乏誠信、看重人情、只認關係的華人來說，面對面的交流、有形堅實的建築往往是信任不可或缺的基礎。

當然，在交易額只是幾千甚至幾萬元的情況下，許多人會把方便看得更重要，因為即使全丟了，也不一定影響到自己的生活。對於從事網路貸款的金融機構，也大致如此：只要每一筆貸款金額很小，金融機構也能夠透過「量」來化解單項投資的損失。但這些「小額」網路金融也只能停留在「小額」，上升到幾十萬甚至幾百萬的金額後，人們不見面就交給「機器」去幫自己理財的可能性會減少。即使今日許多人沒有認識到這一點，未來一場小小的金融危機就會提醒甚至教訓人們這一點。我從事過對沖基金十幾年，接觸過數百個潛在投資者，包括個人和法人機構投資者，感受最深的是人們對資金安全的擔心、對保本的熱中；而且面對面接觸幾次也不見得就放心。面對面的金融交易都不容易，想不見面就能做成大額金融交易當然更困難。

金融的本質是跨期價值交換，不管金融產品的發行、交易和交割，是透過線上網路還是實體據點，這種本質都不會變。因此，網路金融所經營的產品在支付結構上並沒有明顯的創新，網路金融仍然是金融，只是在銷售通路、金融獲取管道上有創新。換言之，網路只是在通路意義上挑戰傳統的銀行和資本市場，但在金融本質上，跟銀行、保險、資本市場等沒有區別。網路金融仍然是交易各方的跨期價值交換，是信用的交換。

為什麼網路金融可以騙到這麼多人？

二〇一五年開始，中國網路金融泡沫開始破滅，持續幾年的熱潮所帶來的後患逐步顯現。根據網貸之家統計，至二〇一五年年底，中國網貸產業營運平台有二千五百九十五家，比前一年年底多了一千零二十家，全年網貸成交量高達人民幣九千八百二十三億元，在經濟和社會中有舉足輕重的分量。但是，累積的問題也開始暴露，一年內八百九十六家網貸公司倒閉或者捲款逃跑，是前一年的二倍多。

網路為金融帶來便利，但是否也為騙子帶來了便利？主管機關都沒看到嗎？

原本騙子只能在自己的圈子以及周邊騙幾個人，但有了網路特別是移動網路後，他們可以在全國範圍內行騙。大量民眾把錢交給金融服務商後，為什麼不會擔心服務商會不會跑路？會不會像它們承諾的那樣兌現？原來沒有網路金融的時候，只有面對面做金融交易，物理距離短雖然限制了交易範圍、增加了交易成本；但這些缺點對大眾客戶也是優點，因為他們會親眼看到金融提供方是誰、是什麼樣的人、懂不懂金融、他們是真人真物，還是根本就是騙子。

現在，網路金融把這些本來有利於消費者識別金融服務商的機會消滅，普通民眾根本不能看到是誰在提供金融產品，也不能知道這些提供商是否真的將資金拿去投資。在這個意義上，網路是增加了金融交易兩方間的資訊不對稱，而不是減少了。

為什麼網路金融有這麼多騙子？為什麼騙子這麼容易得手？這與監管的缺失密不可分。一般來說，網路金融比傳統金融更需要監管，因為詐騙的空間範圍和受眾數量翻了好幾倍，潛在的社會危害比以前大得多，而不是更小。可是，在過去多年中，這種基於常理的邏輯卻淹沒在網路金融熱潮中，沒有太多人看到或談到網路金融帶來的潛在危機風險、社會風險。

這主要是因為中國相關部門一直極力鼓吹網路金融，讓主管機關在網路金融發展中明確站邊，不僅相關法規要到二〇一五年後才頒布，而且既有的工商、稅務、法律、司法規則在面對網路金融企業和個人時，也只是鬆散地執行或盡量視而不見。就這樣，網路金融成了法外之地，騙子和好人都可以進出。但由於這麼多民眾深受其害，社會也會對網路金融有所警惕，讓本來靠市場本身力量就能快速發展的網路金融反而難以前進。

隨著網路金融走上合理的監管軌道，它對社會和經濟的積極潛力還是會逐步實現。

重點整理

- 過去二十年來，銀行經歷了從有形據點到「電腦加滑鼠」的網路銀行，再到手機銀行的變化。網路技術改變了銀行和其他金融服務，意義重大。
- 雖然很多網路金融機構和第三方支付機構出現，改變了金融服務的範圍和體驗，但金融的本質並沒有因為網路而改變。金融仍然是基於信用的跨期價值交換，而網路金融更難保證信任，因此違約「跑路」的隱患也就更大。

24 — 金融危機的起因與監管

銀行存款保險的是與非

銀行因為經營不善或恐慌傳言，容易發生擠兌，而且擠兌具有傳染性，會波及經營穩健和財務狀況未必不好的銀行。在發生傳染性擠兌或恐慌的情況下，存款人就不會對銀行的好壞進行區分，而是盡快將存款變成現金。傳染性擠兌會對地區、全國乃至國際金融體系產生破壞作用，甚至引發金融危機，威脅社會穩定。

之所以會有這些傳染式連鎖反應，關鍵在於存戶擔心在銀行的錢的安全。所以，只要存款人認為自己的存款是安全可靠的，就不會有擠兌的動機了。銀行存款保險，就是在這樣的前提下誕生。由銀行主管機構或中央銀行向存款人提供擔保，讓存款人放心，避免金融恐慌的蔓延，有助於社會穩定。

那麼，存款保險制度是基於什麼邏輯？為什麼還要設置保險上限？

存款保險的發展

早在十九世紀，美國部分州就已建立存款保險制度，但是由於保險金不足，到了二十世紀初，那些存款保險制度的公司紛紛倒閉。經濟大恐慌期間，《一九三三年銀行法》授權設立覆蓋全美的聯邦存款保險公司（FDIC）。當時，聯邦存款保險公司對銀行個人儲戶的保險額為二千五百美元，隨後多次提高，到一九八〇年提高到十萬美元；二〇〇八年金融危機時，再次提高到二十五萬美元。由於這只是針對單一銀行帳戶，同一個人可以在多個銀行開帳戶，因此，實際上每個人可以得到的保障不止二十五萬美元。

迄今為止，全球有一百一十三個國家和地區建立了存款保險制度。其中，日本於一九七一年設立，歐盟則於一九九九年年底成立提供歐盟當地銀行的單一存款保險制度。存款保險與審慎監管是金融安全網的核心部分，主要解決兩個問題：一是防止金融恐慌及傳染；二是保護小額存款人的利益。

二〇〇九年六月，國際存款保險人協會和巴塞爾銀行監管委員會聯合發布了《有效存款保險制度核心原則》，這原則已有部分國家採用。這個核心原則強調存款保險制度的重要性和基本功能，已經成為G20金融行動計畫的一部分。

存款保險的道德風險問題

當然，問題也來了。存款保險制度有利於減少金融體系的恐慌，維護金融穩定，但是，是否有可能帶來後患呢？

很多研究指出，設計不佳的存款保險制度可能削弱市場約束，特別是帶來道德風險、逆向選擇等負面效應，不利於長期金融穩定。

道德風險是指，有了存款保險後，銀行股東和經營者會不在乎貸款風險、投資風險，因為就算投資出問題，也不用擔心存戶鬧事，風險後果反正由存款保險制度背負。但是風險大的投資或賭博行為所獲得的高報酬，又讓銀行的股東和經營團隊受益，利潤會意外升高。因為放貸失敗了，存款保險基金會承擔大部分虧損，但是貸款投資賺錢又全歸銀行股東，加上銀行是有限責任公司，這就產生銀行股東「只賺不賠」的局面。

存款人同樣也存在道德風險。因為存款保險會弱化他們對銀行的外部監督，只要在存款保險的限額內，哪家銀行的存款利息高就往哪家存，存款人也就不管這些銀行的好壞了。

如果存款保險制度是自願投保，且保費是單一費率，會讓經營不善的銀行更想加入存款保險，而經營好的銀行有可能選擇退出。這樣最終將導致參加存款保險的，都是經營狀況不好、風險程度高的壞銀行，這就是逆向選擇。

所以，該如何做到避免擠兌風險又不會帶來太多道德風險呢？

可以從三方面進行調整：一是加強股東約束；二是加強儲戶約束；三是加強監管者約束。

具體方法包括：以風險為基礎的存款保險定價，而不是統一保險價格；提高銀行資本充足率，讓股東投入更多自己的資本；發揮次級債持有人對銀行的監督等。也有研究指出，要克服這些負面效應特別是道德風險，還需要不斷完善存款保險運作的外部環境，包括法律框架、會計制度和監管安排等。

最後來看看二〇〇八年金融危機中，存款保險發揮了什麼作用。因為這次危機，是對存款保險有效性的一次壓力測試。實際情況顯示，存款保險制度在防止大範圍銀行擠兌、加強市場信心以及維護金融穩定的作用是顯著的。同時，主要國家應對金融危機效果的對比，也凸顯了保險制度設計的重要性。

美國身為二〇〇八年金融危機的源頭，銀行體系在危機中遭受巨大衝擊，共有五百多家銀行倒閉。但是，得益於聯邦存款保險公司的專業化處置，如此眾多的銀行倒閉沒有引發大眾擠兌，保持了銀行體系的穩定。這些結果，便證明了存款保險制度的有效性。

重點整理

- 由於存款保險制度的建立，你的錢放在銀行比以前安全多了。在限額之內，存在小銀行也不用擔心銀行倒閉風險，這也有利於銀行業的競爭。
- 存款保險制度也帶來道德風險和逆向選擇等問題，儲戶不再關心銀行的經營，不再努力去識別銀行風險。同時也助長一些銀行採取激進策略吸收存款，並進行高風險的貸款和投資，進一步增加金融風險。越是容易破產的銀行，反而越希望加入存款保險體系。

●美國經濟大蕭條期間建立了全國性存款保險制度，並在二〇〇八年金融危機期間，成功處理了大量銀行機構的倒閉，避免銀行破產對民眾的心理影響，降低了大眾恐慌，進而減輕金融風險的蔓延和擴散。

金融危機的歷史會重演嗎？

在美國過去二百年的歷史中，差不多每隔十幾年就會發生一次規模大小不同的金融危機，經歷了那麼多次危機，為什麼二〇〇八年還會再發生呢？過去多年的改革為何不能根除金融危機的種子？

金融危機發生時，反而能顛覆一些舊有觀念。二〇〇九年年初，正處於危機高峰時期，一位在香港做私募基金的朋友老劉激動地向我說：「簡直難以相信，花旗銀行的股價跌到九十九美分，幾個月前還二十幾美元！」我說：「花旗銀行大概會破產，撐不下去了。」他說：「這怎麼可能！這樣的百年老店、美國最大的銀行！如果這家銀行也倒閉，那整個華爾街不是都完蛋了！」所以，二話不說，他買了花旗一百多萬股。

花旗銀行成立於一八一二年，它的一生幾乎就是華爾街的一生。不管從哪個意義上來看，花旗銀行就是華爾街的象徵，也是美國金融實力的象徵。二〇〇七年次貸危機爆發前，花旗市值達三千億美元，是排名全球第一的銀行，也是獲利水準全球第一的銀行，一年盈利二百七十多億美元。可是，世界就是這樣殘酷，以前看似倒不了的百年老店未必就不會倒。所以，我向老劉說：「不能因為　個公司老或者大，就以為不會倒。」二〇〇九年年初，花旗市值跌到剩不到二十五億美元。

二〇〇八年十至十一月，財政部等聯邦政府機構注資近五百億美元到花旗，並且提供數千億美元擔保後仍然不夠。到二〇〇九年年初，眼看快要倒閉時，花旗再透過主權財富基金、法人機構投資者和美國政府籌集了一千多億美元資本，最終依靠美國政府的全面救助才避免破產，也因此使美國政府成為花旗的最大股東。當然，這些救助也使老劉的投資在兩、三個月內翻了一倍多，儘管這是美國政府史無前例援助的結果。

在二〇〇八年的金融危機中，花旗還不是最悲慘的金融機構。當時，美國五大投資銀行全軍覆沒：第四大投行雷曼兄弟倒閉，第三大投行美林被收購，第五大投行貝爾斯登被接管，最大的兩家投行高盛和摩根士丹利轉型為銀行控股公司，分別享受政府的救助。而第一大保險公司ＡＩＧ（美國國際集團）被國有化，依靠一千八百五十億美元的政府注資和救助，才免於倒閉；而引爆次貸危機的「兩房」——房利美和房地美都被政府接管。

這場被稱為經濟大恐慌以來最嚴重的金融危機，到底為何發生，又帶來了什麼影響？為什麼之前的努力改革沒能避免這場危機呢？

驚心動魄的危急時刻

二〇〇八年的金融危機，是由二〇〇七年美國次級房貸危機引發的全球性風暴，危機的核心地帶在美國，但很快蔓延到歐洲，也波及了廣大新興市場國家。

隨著金融危機的加劇，股票市場也劇烈震盪。二〇〇九年三月九日，全球股票市場跌到了過去十年內的最低值，標準普爾五百指數從二〇〇七年的高點下跌了五七％。

金融危機也帶來了經濟衰退。美國經濟從二〇〇七年二月開始出現衰退，GDP成長率在二〇〇八年第三季為負一．三％，接下來的兩季分別為嚇人的負五．四％和負六．四％。失業率也同時飆升，二〇〇九年年末超過了一〇％。這是二戰以來美國最嚴重的經濟收縮，大衰退的代價嚴重：四百萬美國家庭失去了房子，超過二千六百萬人失業，近十一兆美元的家庭財富蒸發。

然而，二〇〇八年金融危機的後續影響還在發酵中。例如，二〇一六年是國際社會充滿「出乎預料」的一年，先是英國脫歐，再是美國川普勝選，而義大利的修憲公投結果也令人意外。驅動已開發國家相繼「出乎預料」的共同因素是：貿易保護主義、反全球化民粹主義的興起，而這種社會潮流只是二〇〇八年金融危機後果的延續表現，是大危機帶來的一連串反應中的一部分。就如一九二九年金融危機引發的貿易保護主義、關稅壁壘，導致各國關門鎖國，甚至引發二戰的經歷一樣。

二〇〇八年金融危機的成因

學界討論最多的幾個關鍵因素如下：首先，是貨幣政策的問題。在二〇〇一年九一一恐怖攻擊後，美國聯準會為了避免經濟衰退，推行寬鬆的貨幣政策，先後六次降息，讓美國長期維持一%的歷史低利率。這導致過多的資金流向房地產市場，讓二〇〇一年到二〇〇六年的美國房價快速上漲，出現巨大房地產泡沫。

其次，是「住者有其屋」的居住政策。從柯林頓到小布希政府，都積極推行「住者有其屋」計畫，要求金融機構為那些沒有購屋能力的低收入族群提供信貸，讓他們能夠擁有自己的房屋。特別是，一些國會議員要求房利美和房地美透過購買金融機構的房貸，來支援這個目標的實現，導致了很多沒有信用、沒有償付能力的人獲得住房貸款，也就是「次級房貸」。「次級房貸」進一步導致銀行的基礎資產蘊含著大量風險，這也大大推動房地產的泡沫，最後透過「次貸危機」引爆二〇〇八年的金融危機。因此，房地產泡沫是危機的首要原因。

再者，就是美國金融體系的本身問題。美國因為經濟大恐慌推出存款保險，雖然降低了擠兌風險，但同時也鼓勵銀行去冒險。這直接影響了二〇〇七年之前房地產泡沫的形成，因為銀行的房貸發放行為更大膽，透過高槓桿追逐利潤，忽視市場扭轉時可能引發的風險。

最後，因為銀行為了增加房貸的流動性，先是建立次級房貸市場，讓銀行隨時可以轉手賣出房貸，後來也把這些房貸打包，進行資產證券化。再後來，又有華爾街公司推出專門投資房貸證券的基金產品等。這一系列的創新，就把原始出資人和資金的最終使用者間的交易鏈拉得非常長，先是貸款經紀商把錢貸給要買房子的家庭，再把貸款契約賣給銀行，銀行再把貸款契約轉手賣給房利美，房利美再轉手賣給吉利美，由後者再打包賣給房貸證券投資基金，基金再賣給投資者。整個貸款鏈中的每一方都賺一些手續費和佣金，但每一方都不為貸款最後是否成為壞帳負責。因此，最初的借款方是否有還款能力，就沒有人去管；委託代理鏈條太長後，風險就不斷被擴大。

從最後的兩點可以看到，美國的每次金融危機後，都會進行改革和創新，但這些改革和創新都只對解決造成上次危機的原因有效，卻又都埋下了新的危機種子，而這些新問題的種子在短期內是看不出來的，只有等到下次危機才知道。這就是金融危機歷史不斷重演的原因，儘管每次危機的形式都跟上次不同。

也正是由於一九三〇年代的金融危機，美國政府和聯準會沒有出手救市，所以，二〇〇八年金融危機時，美國政府幾乎沒有太多猶豫就出手救援，包括後來推出幾輪的「量化寬鬆」刺激政策。雖然這樣做當然避免了一九三〇年代的擠兌和經濟大恐慌。但是，這種救市的手法和傳遞出「政府會負責」的信號，是否又為下一輪危機埋下了種子呢？

重點整理

- 始於二〇〇七年的次貸危機，到二〇〇八年演變為全球金融危機，引發許多美國金融機構倒閉，重塑全球金融格局。從中可以看到，沒有什麼老店是「大到不能倒」的。
- 二〇〇八年全球金融危機的起因很多，與全球經濟失衡有關。但主要的原因跟一九三〇年代經濟大恐慌的原因一致：都是之前的房地產泡沫太大。這次房地產泡沫是九一一事件後，美國聯準會的寬鬆貨幣政策埋下的，也跟推行多年的「住者有其屋」政策密不可分。

實際上，一九三〇年代開始的一系列金融創新，包括存款保險、次級房貸市場、房貸證券化等，都是為了修正造成當初銀行危機問題而推行的。但是，這些創新帶來道德風險，鼓勵金融機構去冒險，為二〇〇八年金融危機埋下導火線。而二〇〇八年美國政府積極主動救市，也是為了避免三〇年代政府不作為帶來的擠兌危機，雖然讓這次危機沒有蔓延太久。但是，這樣做所帶來的道德風險，可能為下次危機埋下種子。

銀行監管的尺度拿捏

因為銀行是整個社會心理安全的核心，所以政府有必要推出存款保險基金等措施，以避免民眾恐慌。但這也可能變相鼓勵銀行冒險，就像二〇〇八年之前美國金融機構所做的一樣。到底要怎麼保證銀行不會亂來，同時又能保障民眾存戶的利益呢？

銀行為什麼需要監管？

由於銀行是直接跟廣大民眾打交道，存戶數量可以多到上億，而這一龐大人群中的情況千差萬別。張三、李四、王五可能是年輕大學生，也可能是退休工人，存在銀行的錢就是他們所有的財富，所以，他們是經不起欺詐衝擊的。但是，他們又偏偏不懂銀行、不懂金融，很容易被騙，這很容易成為社會穩定問題。這就是所謂的「資訊不對稱」「逆向選擇」的意義，因為他們缺乏能力與資訊，在資訊不對稱的情況下，無法分辨金融機構和金融業務的好壞，越是不負責任的騙子銀行，越容易得到他們的存款和投資，反倒是那些認真、守規矩的好銀行被他們拋棄，所以產生了「逆向選擇」的結果。

這也就是為什麼主管機關要對銀行進行管理，不是誰都能來開銀行，例如對辦銀行的資格與資本要求、對銀行業務範圍和經營地理範圍的限制。

其次，就是對銀行運作各方面的監督管理。即使批准你辦銀行，但是你不能在存款保險的庇護下去亂冒險，最後搞出金融危機，把整個經濟拖下水。這主要表現在對道德風險的監管。當然，這方面可以做的就多了，也容易讓主管機關產生越權，進行過度監管。通常來說，這包括對銀行持有資產類別和分量的限制、資本金要求、準備金要求、註冊和銀行檢查、風險管理評估、資訊披露要求、反洗錢要求、金融消費者保護和對競爭的限制等。

關於銀行監管，有兩點需要強調：

第一，在很多國家，銀行監管並不是由單一機構壟斷執行，往往由多個機構競爭執行，並且各自有監管重點，這多少能制約監管部門的權力過度擴張。例如，很多國家雖然有銀行局或金融局，但是中央銀行也負有部分監管功能，就連存款保險公司也肩負對投保銀行的部分監管功能。

第二，銀行監管是一個逐步發展和深化的概念。在十八世紀至十九世紀前期，政府除了對銀行發放牌照，基本上沒有任何監管。當然，在銀行遇到危機時，政府和中央銀行也往往袖手旁觀，很少去救助，讓金融市場和銀行體系自己去處理和記取教訓。在一九三〇年代大蕭條後，銀行監管機構才逐漸成為重要角色。

在國際銀行監管史上，一個代表性事件是一九七五年巴塞爾銀行監理委員會的成立。那年，十二個已開發國家在瑞士的巴塞爾成力了銀行業監管機構，推動這些國家對銀行實行一致的管理。巴塞爾的重點是資本監管，也就是強化銀行股東的責任，透過對銀行的信用風險、市場風險、操作風險等進行評估計算，確定銀行的風險加權資產，再根據銀行的資本金狀況，來計算銀行的資本充足率。換句話說，就是把銀行股東資本要求，跟它持有的貸款等資產的加權風險水準對應起來，以此約束銀行冒險的衝動。

監管從嚴能否避免銀行危機？

每次金融危機後，都會催生新的金融改革政策，同時也會加強金融監管機制。但是加強銀行監管能否真的避免金融危機呢？

監管的成本很高，往往也會抑制社會的創新和創業動能，減少金融服務的供給，最終讓許多家庭和個人（特別是社會底層人士）得不到金融服務，犧牲社會的真實利益。

從國際經驗來看，銀行監管是一件進退兩難的事。首先，銀行監管更像是主管機關與銀行進行貓捉老鼠的遊戲。銀行為了追求利潤，有足夠的動機鑽漏洞，逃避監管規定，但監管者往往很被動。其次，銀行監管受到資源和技術的限制。在一個不斷變化的金融環境裡，監管者不斷面對新的挑戰，只有迅速對變化做出反應才能阻止銀行過度冒險。如果監管者不具備非常好的專業技術，或在知識上落後於銀行從業者，那麼，就難以把銀行管理得很好。最後，主管機關往往會受到很多政治壓力或其他壓力，或者監管機構本身就是一個行政機構，這會讓監管要求偏離審慎的方向，讓監管部門為政策或政治服務，助長銀行的冒險行為。如果是這樣，還不如沒有監管機構。而且，由誰來監督監管者，本身也是一種挑戰；否則，就容易出現過度監管問題。

重點整理

- 在多數國家中，銀行和金融機構都是受到嚴格監管的。政府之所以對銀行進行監管，主要有兩個原因：銀行的受眾人數多、影響層面廣；而銀行是否安全，也會威脅到整個社會和經濟。
- 由於銀行監管機關和銀行間，往往是在進行「貓捉老鼠」的遊戲，監管因此有很大的局限性，加強監管也很難避免金融危機的發生。特別是監管越嚴，所帶來的社會代價越大，也容易讓監管者過度擴張權力。

銀行為何「大到不能倒」？

在二〇〇八年金融危機之前，「大到不能倒」還只是潛規則。二〇〇八年九月十五日，這一天被稱為「雷曼時刻」，美國具有一百五十多年歷史的投資銀行雷曼兄弟倒閉，引發了全球金融市場的大地震，更讓次貸危機演變成大蕭條以來最嚴重的全球金融危機。在接下來的一週內，美國道瓊指數下跌了二〇％以上。

雷曼兄弟當時是美國第四大投資銀行，總資產六千多億美元，雖然大，但還算不上業界巨頭。但是，這樣一家看起來並不巨大的投資銀行倒閉，卻把全球金融市場帶入深淵，讓各國似乎都見到棺材。這本身就是大型金融機構「大到不能倒」的表現。

而二〇〇八年金融危機的經驗，後來成為許多政客和非金融人士要求出手救助大型金融機構的理由。在雷曼兄弟倒閉後，美國財政部和聯準會沒有讓規模更大的ＡＩＧ和花旗集團倒閉，而是不惜政府資金大舉救助，以穩定金融體系為目標。

大型金融機構為何會「大到不能倒」？

大型金融機構特別是大型銀行的倒閉，往往會為其他金融機構以及經濟和社會帶來挑戰，威脅社會穩定。如果一家銀行倒閉甚至還沒有倒閉，都會引起儲戶的擠兌和恐慌，然後波及其他銀行。所以，各國因此有了存款保險制度。只是存款保險有金額上限，只能覆蓋部分存款，超出上限的個人存戶和企業存戶的資金就得不到保障。因此，銀行倒閉仍會為成千上萬存戶帶來直接損失，也會為銀行幾十萬乃至上百萬的股東帶來數千億元的投資損失，這些都直接影響社會穩定。

其次，一家重要銀行的倒閉，容易引發其他銀行和金融機構的連環倒閉。因為銀行的倒閉會嚴重影響市場訊息，導致傳染式擠兌；同時，由於各金融機構間往往有大量的相互交易，例如各類金融衍生品契約。銀行破產後，作為相對交易方的金融契約不是無法履約，給其他交易方帶來損失，不然就被凍結，等待漫長的破產清算。在交易關係錯綜複雜時，銀行倒閉將會嚴重影響市場秩序。就像雷曼倒閉後，市場人士都在計算其他金融機構有多大資金受到影響，這種猜疑導致金融市場出現一定程度的凍結。

此時，倒閉銀行和其他受牽連的金融機構會拋售大量金融資產，必然引發各類金融資產價格大跌，讓持有大量此類資產的金融機構也遭受重大損失，面對破產倒閉風險。這就是所謂的大型金融機構「大到不能倒」的真諦。

以二〇〇八年金融危機時美國最大的保險公司——「ＡＩＧ」為例。ＡＩＧ與許多金融機構（主要是銀行和基金公司）簽訂了大量CDS合約（credit default swaps），也就是「信用債擔保合約」，由ＡＩＧ提供信用債的擔保。如果ＡＩＧ破產，從它那裡購買信用債擔保的銀行等機構就不再有擔保了，銀行資產的風險就大幅增加，需要立即補充資本來覆蓋新風險。這就危及整個金融體系，進一步放大危機。為避免這種結果，美國政府就得花上鉅資救助AIG。

再者，就是會嚴重創傷實體經濟。一旦銀行系統出現凍結，銀行的借貸、結算以及其他銀行業務就都會收緊，無法正常運作。由於銀行的供血是經濟正常運行的關鍵，如果一家重要銀行倒閉，其他銀行也會變得非常謹慎，暫緩向企業和家庭提供貸款、加速收回現有貸款，或者縮短信貸期限、改變貸款條件。銀行供血功能的收縮，會迫使企業降低投資，甚至減產裁員，對宏觀經濟產生重大負面影響。

根據國際貨幣基金組織的定義，系統性風險指的是對金融穩定產生威脅的風險。這種威脅會涉及金融系統的絕大部分，也會波及整個經濟。由於擔心大型金融機構倒閉會引發系統性風險，很多國家都會強化對銀行的監管，也對瀕臨破產的大銀行提供救助。這就是「大到不能倒」。

「大到不能倒」引發道德風險

從維護金融穩定、避免系統性風險的角度來看，救助大型銀行免於倒閉似乎是天經地義。但是，救助大型銀行的代價是什麼呢？

最主要的代價就是道德風險，以及由此產生的更大隱憂。「大到不能倒」的問題本質是，大型銀行的債權人和股東相信，銀行將會受到政府的援助而不會倒閉，他們的資金放在大型銀行是安全的。於是，他們就會放鬆對銀行的監督，反正有中央政府的保護。就這樣，「大到不能倒」銀行會發放風險很高的貸款，並在其他高風險業務上下賭注，讓銀行面臨更大的風險。這種不良行為就是「大到不能倒」的「道德風險」。

一些學者研究日本銀行的借貸行為發現，由於政府的援助，日本的銀行容易將信貸資源配置給財力低的借款者，而這種行為促使借款人變差、沒動力好好運用資金。總之，這些行為使資源配置到低產出領域，阻礙經濟成長。如果政府無法將救援大型銀行與改革金融機構結合，救助行為只會鼓勵大型銀行重複高風險運作，損害社會資源。

美國前財政部長鮑爾森（Henry Paulson）曾經強調：「為了保證市場約束力能夠有效控制風險，我們必須允許金融機構破產。但現在有兩個因素，讓人們開始期望監管措施能防止金融機構破產：一是金融機構層層關聯，所以不能破產；二是它們規模太大所以不能破產。我們必須採取措施改變人們的這種觀念，當然這就需要我們降低這兩種情況出現的可能性。」

二〇一〇年十一月，國際金融穩定委員會在G20首爾高峰會時，提出了一系列的政策建議。首先，要提高重要金融機構自己對沖損失的能力，主要是透過提高這些金融機構的資本要求、應急資本和自救債券等方法達成，也包括更高的流動性要求和更加嚴格的大額風險暴露。其次，提升重要金融機構的監管強度和有效性，涵蓋監管的目標、監管的獨立性與資源投入、監管的具體權力、監管的持續性、監管技術和國際合作等方面。再者，各國應建立有效的危機處置框架。最後，就是強化核心金融市場的基礎設施，包括支付體系、證券交易與結算體系等，目的是弱化重要金融機構間的關聯性，降低風險傳染的程度。

重點整理

- 銀行具有很強的外部性。跟一般工商企業不同，金融機構的相互關聯度很高。一家銀行的倒閉也能對經濟運行帶來很大的負面影響，大型銀行更是如此。如果大型銀行倒閉，容易影響到整個金融體系的穩定，甚至影響到全球經濟。
- 當前的大型銀行，已經從「大到不能倒」轉變為「複雜而不能倒」，雷曼兄弟就是一個案例。
- 跟存款保險一樣，「大到不能倒」也帶來巨大的道德風險，鼓勵銀行從業者和金融消費者去冒險。二〇〇八年金融危機後，從巴塞爾協定到國際金融穩定委員會，都在努力解決「大到不能倒」的道德風險問題，加強監管，力求降低大型銀行的倒閉機率。

延伸閱讀

在本章內容中，可以發現以銀行為代表的金融機構在為生活帶來便利的同時，也潛藏著金融危機的隱患。為防範金融危機，政府採取了多種方式來應對金融系統中的風險，包括銀行存款保險、銀行准入審核與行為監管等。然而，每一種政府干預市場的手段，或多或少地給市場秩序與效率帶來了負面影響，政府干預市場的利弊很明顯。在經濟學界，一個很核心的問題是：

政府究竟是否應該插手市場的發展過程？如果要插手，該怎麼掌握尺度？

傳統的經濟學理論認為政府是經濟社會的「守夜人」。政府不能干預市場，政府主要功能是維護市場的自由秩序，不被強買強賣、社會治安等因素干擾。但在大蕭條後，凱因斯主義盛行，經濟學主流思想不再是自由放任的古典主義，轉而認為國家應該對經濟進行積極的干預和調節，建立國家資本主義。

一般認為，市場得出的結果是最有效率的，但在一些情況下市場會失靈，這時就可能需要政府的干預了。當存在資訊不對稱現象時，可能會出現欺詐等行為，這時就應該由政府以強制手段監管市場。例如為了保護投資者利益，政府要求公司在ＩＰＯ（首次公開募股）時，必須要透露相關資訊，並且經過相關審核。

另一方面，當存在市場壟斷時，壟斷者很可能為了自身利益哄抬物價，造成消費者的利益受損。在這種情況下，政府需要拆分過大的企業，瓦解市場勢力，例如一九八四年美國司法部根據《反托拉斯法》，分拆 AT&T（美國電話電報公司），透過人為在通信產業製造競爭，進而降低了電話的資費。

在供應公共財時，政府的力量也不可少。總有一些社會必不可少的產品，是私人經營無利可圖的，或由於初始投入成本太大（如自來水網），或沒有直接的經濟利益可言，例如說國防開支、消防救災隊伍等。由於資本投入、商業模式或道德上的約束，私人投資者往往不會涉及相關產業，這時就需要政府出手，彌補供給空缺。

此外，關於效率和公平之爭也給了政府干預市場的理由。當然，市場所決定的結果是有效的，但可能導致了貧者越貧、富者越富的馬太效應，不利於社會穩定。而政府透過轉移支付，給社會底層人民生活保障，社會會更加安定，人民生活整體而言也會更加幸福。

從上述論述中可以發現，政府在市場失靈時，能夠有積極的作用。但政府應該在市場中保持活躍嗎？我們不妨來思考幾個問題：如果政府從事的是有利可圖的產業，這算不算政府與民爭利？政府的效能制度讓它不能像私人企業一樣行動靈活，這是否會影響市場的反應速度？在西方國家中，人才可能更傾向於進入待遇更好的私有部門，那麼政府真的會比企業更為明智嗎？如果深入思考這些問題，政府積極干預市場，似乎又變成了一個不太好的主意。

此外，即使經濟學家能夠精確計算出政府干預市場的成本和收益，我們也無法確定哪一個選項是最佳的。舉例來說，是否應該犧牲部分長遠利益來避免短期嚴重的危機？長期利益和短期利益哪個更重要呢？大蕭條時期，面對仍主張政府不應插手的經濟學家們，凱因斯曾這樣回應：「長期而言，我們都會死去。」什麼時候的利益最重要，這已經是一個哲學上的問題了。

在本質上，政府是否應該干預經濟不是一個純粹的經濟學問題，單純的量化方法難以指出清晰的道路。經濟問題背後的政治角力、當下的思潮、社會潛在的矛盾，在政府做出決策時，都會產生非常重要的交互作用。

25 中央銀行與貨幣政策

中央銀行到底在做什麼？

在現代世界，貨幣政策似乎是一個永恆的話題，包括「升息」「降息」「貨幣寬鬆」「貨幣緊縮」等，不僅在財經頻道出現，甚至成了日常詞彙。這些詞彙是怎麼產生的？為什麼要有中央銀行？這節就談談這個話題。

古時以黃金、白銀為貨幣時，企業只管經營業務就好，不用關心什麼宏觀經濟政策、貨幣政策走向，因為當時也沒有這些東西。但今日不同，你不關心貨幣政策動向，貨幣政策也會找到你。

張三是一家大型地產公司——藍天的財務總監，經常和不同銀行打交道。最近，藍天地產集中開發幾個大建案，資金緊張，需要從銀行貸款三十億。張三聯繫幾家銀行分行行長，明顯感覺到貸款比以前更困難了。過去老求著他貸款的銀行，現在都說信貸額度不夠，不願提供大額貸款；有兩家銀行同意貸款，但是要求利率相對於基準利率加碼四〇%，以往只是加碼一〇%。藍天公司本身實力雄厚，一直是銀行的優質客戶，並不用擔心貸款的違約風險。是什麼原因導致藍天在突然之間很難獲得貸款，而且貸款利率還高了很多？

無獨有偶，張三的股票投資也不理想，一個月來股市每天的成交量不大，一些法人寧願虧損也要出貨，股市下跌了將近一〇%，張三持有的股票更是下跌了三〇%。

原因其實無他，這一個月以來，中央銀行收緊了貨幣、沒有升息，但從市場上回籠了大量資金，並且限制銀行貸款規模的增加速度。所以，各家銀行都感到資金緊張，銀行間市場的拆借利率上升，資金也從股市向銀行回流，這影響到公司的貸款，也影響到股市。實體經濟和金融市場就是這樣透過貨幣政策串連在一起，貨幣就成了中央銀行調控企業和民眾的經濟活動的工具。

中央銀行的職責轉變

現今，各國中央銀行是負責貨幣發行的權力機構，職掌包括發行貨幣、調節信貸供應量、外匯市場上調控匯率、持有銀行的存款準備金，以及維護國債市場的運作和秩序。

前面章節提過，人類社會原本是由民間貨幣主導的，官方沒有壟斷貨幣的發行權，也就是沒有中央銀行。最古老的中央銀行是一六五六年成立的瑞典銀行，和一六九四年成立的英格蘭銀行，只是它們當時並不是現代意義上的央行。

中央銀行經歷了此後三百多年的演變。曾經擔任過以色列中央銀行行長、前任美國聯準會副主席費雪（Stanley Fischer），在一九九四年的文章中把中央銀行的發展分為四個階段：

第一階段，部分歐洲國家建立了專門的銀行，例如：一六九四年的英格蘭銀行是為英國政府融資而成立的；作為交換，英格蘭銀行獲得了一些銀行業特權，壟斷英國政府公債的發行。

第二階段始於十九世紀，也是中央銀行常規化的開始。此時的中央銀行更多是作為「其他銀行的銀行」而存在，提供銀行間的互助服務。一九〇〇年之前，大多數中央銀行都被要求保持本幣（國家的法定貨幣）與黃金的可兌換性，匯率是固定的；因此，中央銀行的職責是穩定本國貨幣與黃金的固定匯率，即金本位時代。

從一九三〇年代大蕭條時期開始，中央銀行進入第三階段。在大蕭條和金本位崩潰的過程中，很多本來私有的中央銀行被收歸國有；而那些仍在私人手中的中央銀行，則與政府建立了更加緊密的約束關係。從四〇年代到七〇年代，很多國家的中央銀行在制定貨幣政策方面，只有協助政府的附屬功能。

二十世紀後期，中央銀行才發展到第四階段。從七〇年代開始，中央銀行重新獲得更多自主權，全心專注在穩定國內價格的目標。從第三階段到第四階段，中央銀行保留了貨幣職能，對金融體系的穩定肩負整體責任。在這個時期，多國的中央銀行也被賦予監管銀行的職權，強化它們作為「最後貸款人」角色。

今日最有影響力的中央銀行是美國聯邦準備銀行，簡稱美國聯準會。聯準會是根據一九一三年的《聯邦準備法》成立，並在全美有十二家地區性聯邦準備分行。聯準會雖然是政府機構，但具有很強的獨立性，很少受到美國總統和國會的干預。

一九九九年一月設立的歐洲中央銀行，負責實施歐元貨幣聯盟國家的貨幣政策，是世界上獨立性最強的中央銀行，成員國政府不允許向歐洲中央銀行發布指令。

在中國，從清末到一九二八年，中國銀行和交通銀行都行使了部分中央銀行的職能；一九二八年十一月，國民政府的中央銀行在上海成立，取代中國銀行和交通銀行的原有職權。一九四八年十二月一日，中國人民銀行在河北省石家莊成立，開始發行人民幣。此後，中國人民銀行成為國家銀行，而且很長時間裡全國只有這一家銀行機構：在文化大革命期間，人民銀行甚至被併入財政部。直到一九八三年九月，中國國務院才確立了中國人民銀行專門行使中央銀行的職權。但與其他主要國家的中央銀行相較，中國人民銀行的獨立性不多。

不管在過去還是現在，價格穩定是中央銀行最重要甚至是唯一的政策目標。在早期，央行透過一系列政策工具來穩定當下價格（即幣值），如調控貨幣供應量、政策利率等。發展到一定階段後，中央銀行開始更加關注通貨膨脹預期，根據預期調控貨幣供應量、政策利率，並強調中央銀行的職能越簡單越好。今日，許多央行會明確給出通貨膨脹目標值，以此把貨幣政策透明化。

但中國人民銀行卻肩負四個目標：保持低水準通貨膨脹、促進經濟成長、保持相對較高的就業率，以及保持國際收支平衡。另外，與第四個目標相關的匯率制度和匯率政策，也是中國人民銀行的職責。由於中國經濟正處於改革轉變期，至少在市場化程度、貨幣政策的運行機制和傳導機制上不同於已開發國家，也不同於市場化程度較高的新興市場國家，所以，官方認為貨幣政策單一目標制在中國還行不通。但如此一來，貨幣政策就變得不可預測，受政治等非經濟因素的影響較大。

正因為央行的核心職責、甚至唯一職責是保持幣值的穩定，貨幣政策應該由通貨膨脹的高低決定，不應該受政治或政策的影響。通貨膨脹太高，說明貨幣供應太多，就應該升息並收緊信貸；如果通貨膨脹太低，就可以降息並放鬆信貸。這就是為什麼一般國家都會要求央行是相對獨立於政治的專業機構。

央行政策影響大眾的生活

前面提到的張三故事中，藍天公司所需的資金，一方面透過銀行貸款，另一方面也在市場上發行一種債券——不超過九個月的中期票據。二〇一六年七月，藍天從銀行獲得一年期貸款五十億，利率是基準利率加碼一〇%。由於二〇一五年八月和十月人民銀行兩次降息，讓一年期基準利率從五．五%下降到五%。所以，藍天二〇一六年的貸款利率為五．五%。也由於中國人民銀行在二〇一五年下半年兩次下調了存款準備金比率，讓二〇一六年銀行間市場上資金很充裕，所以藍天發行的中期票據利率只有四%。

到了二〇一七年三月，藍天計畫再次發行五十億中期票據時，由於中國人民銀行近期在市場上縮緊資金供應，中期票據的發行利率已經上升到五．五%，銀行因此建議藍天只要發行十五億票據。同時，由於銀行貸款增加過多，中國人民銀行要求各商業銀行限制貸款規模，所以只有兩家銀行願意給藍天貸款，但是貸款利率是基準利率加碼四〇%，也就是高達七%，比前一年高出很多。

如此一來，藍天就只好減少開發項目。由於開發商們同時面臨這樣的約束，這代表一年多後的新房供應會減少，房價上漲壓力因此增加，直接影響民眾的生活。另外，央行貨幣政策緊縮後，銀行的房貸資金也大大壓縮，房貸利率便跟著上升。

所以，中央銀行的貨幣政策影響到企業，也影響到民眾的生活。貨幣政策寬鬆，企業和個人更容易獲得資金、利率更低、規模更大；貨幣政策緊縮，企業和個人獲得資金就更困難、利率更高、規模更小，股市和其他投資市場也會產生更多挑戰。

重點整理

- 中央銀行是負責貨幣政策的政府機構，也是銀行危機發生時的「最後貸款人」。當今世界上最有影響力的是美國聯準會和歐洲中央銀行。與歐美的中央銀行相比，中國人民銀行的獨立性要少很多。
- 基於通貨膨脹的單一目標制，是現今很多發達經濟體中央銀行的貨幣政策模式。中國人民銀行作為中央銀行，有四個目標：保持低水準通貨膨脹、促進經濟成長、保持相對較高的就業率，以及保持國際收支平衡。

● 雖然中央銀行不向你吸收存款，也不對你發放貸款。但是，它的每一項政策操作都會影響到你的經濟活動和金融生活。

貨幣的適度供應與經濟成長

二〇一六年，中國GDP大約為十一兆美元，排名世界第二。美國GDP為十八・六兆美元，日本GDP是五・三兆美元。而中國銀行業的總資產折合為三十三兆美元，是GDP的三倍；美國的銀行總資產為十六兆美元，差不多是GDP的〇・九倍；日本的銀行資產七兆美元，是GDP的一・三倍。這些資料顯示，中國銀行業的規模稱得上是世界第一。但是，銀行業資產負債表龐大到底是好，還是不好？

銀行的資產以貸款為主，所以，銀行資產負債表龐大代表發放的貸款量很大。曾經擔任國際貨幣基金組織中國部負責人的普拉薩德（Eswar S. Prasad）曾說：「中國銀行體系規模龐大與其說是一件值得歡呼的事情，不如說是一個跡象，顯示經濟過度依賴銀行融資，資源配置效率低下，而且面臨著巨大的信用風險。」

也就是說，銀行業資產規模的高低是貨幣發行量鬆緊的反映。我們就以廣義貨幣供應量M2餘額（編按：這是用來反映貨幣供應量的重要指標，M2主要衡量經濟體系中投資市場與資本市場的買賣活動），來衡量貨幣政策的鬆緊程度。到二〇一六年年底，中國的M2餘額為人民幣一百五十五兆元，是

GDP的二倍，每一塊錢的GDP就有兩塊錢廣義貨幣在流通，這遠高於美國〇·七倍和日本一·六倍的廣義貨幣供應量，說明中國貨幣政策比美國和日本更加寬鬆。

但是，貨幣發行量多少最為合適呢？在什麼情況下說明央行是過度利用貨幣發行權，超發貨幣？是不是貨幣供應越多越有利於經濟成長？

貨幣政策要如何奏效？

人類社會直到近現代才由政府壟斷貨幣發行權，但這樣也帶來新的問題，就像拉美、非洲國家那樣出於政治需要，經常濫發鈔票，讓物價每天漲上好幾個百分點，引發社會動盪。為了約束壟斷貨幣發行權的中央銀行，很多已開發國家把保持價格水準穩定作為央行的單一政策目標，只要管好通貨膨脹率就行。而中國人民銀行的貨幣政策包括四個目標：保持低水準通貨膨脹、促進經濟成長、保持相對較高的就業率，以及保持國際收支平衡。人民銀行為什麼要追求這麼多目標呢？

政策背後的邏輯主要基於貨幣政策的短期效果，因為如果貨幣供給與市場利率發生變動，就會影響企業的生產和投資計畫，也會影響家庭的消費，進一步影響到宏觀經濟的產出水準。

例如，貨幣供給的增加會導致利率下降，利率下降會引起投資開支上升，增加總需求並影響總產出上升。貨幣供給的減少會帶來相反的過程，使得利率上升和產出下降。除此以外，貨幣政策影響經濟成長的傳導機制，也包括透過資產價格來達成，例如讓股票等金融資產價格上漲帶來財富效應，由此影響家庭和個人的消費和投資行為，並進一步刺激產出。只是對中國而言，由於民眾的股市參與率很低，透過股市等資產價格來傳導貨幣政策的管道不會太有效；所以，人民銀行一般把注意力集中在銀行體系上，透過銀行貸款途徑來傳導貨幣政策的變化，因為銀行才是中國金融體系的中心。這是理解中國貨幣政策的重要視角，也是中國銀行業資產規模奇高的重要原因。

因此，短期而言，總產出與貨幣供給為正相關：貨幣供給增加時，總產出擴張；貨幣供給減少時，總產出水準會下降。從這個意義上來看，放棄金屬貨幣和金本位、銀本位，採用完全的信用貨幣體系，不僅把貨幣發行權集中到政府手中，還給現代政府帶來了前所未有的經濟成長調控手段。這個政策工具，是過去歷代中國皇帝做夢也想不到的。

可是，貨幣供應量的增加無法帶來長期的產出影響，這種情形被稱為「長期貨幣中立性」。因為如果印鈔票就能帶來長期繁榮的話，每個國家就都能萬世昌盛了。長期來看，貨幣供應量增加的唯一後果，就是物價水準的同比例上升。貨幣主義大師傅利曼（Milton Friedman）有一句名言：「無論何時何地，通貨膨脹都是貨幣現象。」他指出，歷史上所有的通貨膨脹，都是源於貨幣供應量的高速成長。

金融危機後各國貨幣政策

既然貨幣政策工具這麼方便，現代國家又是怎麼利用的？

最顯著的應該是二〇〇八年金融危機時期，各國的貨幣政策措施。這次金融危機的主要起因是美國的房地產泡沫，而房地產泡沫又是美國聯準會貨幣政策和國會議員幫助吹大的，一定程度上是現代貨幣政策的產物。當然，一旦泡沫破滅引發金融危機，就又得靠新的貨幣政策干預，去解救之前干預所埋下的禍根。

二〇〇八年危機發生後，無論是美國、歐盟、日本等各國，都用了「非常規」的貨幣政策來干預，目的都說是為了止住恐慌、避免經濟衰退，同時刺激經濟成長。美國聯準會、歐洲中央銀行和日本銀行都採用了「量化寬鬆」（Quantitative Easing, QE）的貨幣政策。

「量化寬鬆」貨幣政策，這個名字起源於一個想法：正常的寬鬆政策是透過調低貨幣的價格（也就是降息）來刺激經濟；但是，如果利率已經調低到零或接近零，利率就不能再下調了。但如果還需要進一步刺激經濟，該怎麼辦呢？這時候，中央銀行可以透過擴張自己的資產負債表來直接增加貨幣供應，也就是央行印很多鈔票，去購買銀行和其他金融機構手中的各類資產，而銀行得到這些貨幣後流動性就增加了，就能做大量的信貸擴張。另外，央行購買資產的行為也抬高相應金融資產的價格，產生財富效應等。

聯準會第一輪「量化寬鬆」是從二〇〇八年九月開始，一直持續到二〇一〇年三月，其間聯準會大規模購買房利美、房地美和房貸證券，也買了大量國債。接著再繼續幾輪「量化寬鬆」，到二〇一三年年底為止，聯準會相繼購買了兩兆美元左右的房貸證券和其他金融資產。從二〇一四年一月起，聯準會開始削減每個月的資產購買規模，並於同年十月結束資產購買計畫。隨著美國經濟全面復甦，二〇一五年十二月，聯準會正式開始逆轉「量化寬鬆」政策，首次升息二十五個基點，緊縮貨幣供應。

但是，多年來的「量化寬鬆」雖然幫助美國經濟從危機中走出來，可是也帶來嚴重後患，就是前面提過的「美國中產階級空心化」。政策不僅沒有讓中產階層受益，反倒讓他們在財富分配中的地位下降，讓美國社會和政治走向民粹主義。

而歐洲中央銀行為了對付二〇〇八年金融危機和二〇一一年主權債務危機，從二〇一一年十一月起，更是全面推行寬鬆的貨幣政策，包括向銀行業提供超過一兆歐元的流動性、承諾無限額購買國債等。到二〇一四年六月，歐洲央行甚至做出了一個歷史性的舉動，將存款利率下調至負數。直到二〇一六年，歐洲央行還在繼續「量化寬鬆」，把存款利率下調至負〇．三％。

量化寬鬆政策屬於非常規的實驗性策略。實行的時間越久，中央銀行就逐漸從問題的解決方變成問題的一部分。中央銀行在避免經濟衰退、確保短期經濟成長中扮演了關鍵角色，但是，央行最終能否成功地將經濟重新帶回持續高成長的道路上，是否能保證金融體系的持久穩定，或者在不帶來嚴重經濟問題和造成金融動盪的前提下，能否退出這種非常規的貨幣政策操作，這一切都還不可知。因為金融危機已過去逾十年，但各國央行的政策仍然處於寬鬆之中。

重點整理

- 走出金屬貨幣和金本位後，信用貨幣的普及不僅使貨幣發行權由政府壟斷，而且帶來了貨幣政策工具。中央銀行的貨幣政策是影響短期經濟成長的工具之一。央行透過改變利率或貨幣供應量，對經濟產出發揮影響。

- 短期看，寬鬆的貨幣政策促進總產出的成長；長期看，貨幣供應的增加無法影響產出和利率水準，這個情形被稱為「長期貨幣中立性」。貨幣供應量增加的唯一後果是：物價水準的同比例上升。
- 二〇〇八年全球金融危機後，各國都在推行寬鬆的貨幣政策。這些舉措雖然確保了經濟的短期適度成長，但是隱患很大。

外匯市場與匯率政策

說到外匯，很多人都有經驗，出國旅遊時，通常都得去銀行換外幣。換匯時，不僅得帶著身分證件，還有額度上限，甚至還需要填寫詳細的購匯用途等。不僅是個人換匯有規定，企業購匯、換匯也有很多限制。

最後，我們就來談外匯市場與匯率政策的話題。

外匯管制是雙面刃

顯然，從官方角度來看，管制外匯是要讓外匯難以流出，主要是擔心外匯過多流出可能會引發金融動盪和經濟大幅下滑。以中國為例，過去幾年外匯存底從四兆多美元下降到三兆美元，原因如下：

一是人民幣貶值預期逐漸走強，而且由於是漸進式貶值，這就激勵許多人將資金轉移出境，換成美元資產、歐元資產等，希望從境外資產相對升值中獲益。

二是中國經濟結束大幅成長期，進入中低速的新常態，所以，在國內投資賺錢不再那麼容易了。特別是中國房地產估值明顯太高，國內和國外投資者希望調整資產配置，減少人民幣資產的占比。

三是政府也鼓勵企業和個人走出去，加上「一帶一路」、絲路銀行、中非基金、中國拉美基金等，這些當然都會影響外匯存底。

如果人民幣貶值和資金流出的趨勢被進一步強化，這勢必導致更大量的資金流出，中國國內資產價格（特別是地產價格、股票價格）會面對很大下行壓力，甚至引發房地產泡沫破滅，進一步給銀行帶來大量壞帳，威脅金融體系的穩定，實體經濟必然會受損。

所以，中國官方就要干預，以扭轉外匯存底的下降，止住人民幣貶值。問題是，不允許市場機制配置境內外的資金和決定匯率，而是強行限制換匯，讓資金無法流出。加上同時讓人民幣不貶值甚至要升值，又會帶來什麼後果？

透過行政手段把資金鎖在國內，甚至透過形成人民幣升值預期鼓勵外資進來，這只會帶來更多的結構性扭曲和加大潛在危機風險。第一，房地產、股市等資產泡沫會更離譜，資金走不出去了，不投資房產、股票，還能做什麼呢？第二，產能過剩局面只會更加嚴重，原因也是很多資金出不去了，就只好去那些已經產能過剩的產業尋找投資機會，顧不上今後的實際報酬了。第三，讓出口產業受損，因為人民幣越貴，中國商品出口換成外匯價之後會更貴，失去了價格競爭力。

發展中國家一般不願意讓自己的貨幣升值，較為傾向喜歡幣值低估的政策，這就是為什麼川普喜歡指責中國操縱匯率，說中國有意讓人民幣被低估。

在許多經濟學家看來，中國改革開放以來的高速成長，在相當大程度上是由幣值低估政策催生的。之前，人民幣幣值整體上處於高估狀態，但從一九七八年開始，人民幣啟動了快速、大幅貶值之路。一九九三年，人民幣的匯率差不多是一九七七年人民幣實際匯率的三分之一。從一九九四年到二〇〇五年的匯率改革，人民幣雖然對美元的名義匯率沒有變化，但實際上人民幣是進一步在貶值。人民幣低估導致了中國巨大的貿易順差和巨額的外匯存底，也是二〇〇八年金融危機前，全球經濟失衡的一個因素。面對來自美國和歐盟的人民幣升值要求，二〇〇五年七月，中國開始人民幣匯率改革，人民幣逐步升值。但是，人民銀行不斷透過外匯市場的操作來控制人民幣升值速度，以避免對出口造成太大衝擊。

在中國經濟高速成長時期，外資想方設法要進入中國，人民幣升值壓力不輕，當時外匯管理部門要「堵熱錢」，把它們拒之門外，並鼓勵國內企業「走出去」直接投資。到了今日，進入成長緩步的新常態後，情況就反過來了。

外匯市場與浮動匯率

外匯市場又該如何決定匯率？兩種貨幣間的匯率，其實就是一種貨幣以另一種貨幣計算的價格。例如一美元兌換六．七元人民幣；或者反過來，就是一塊錢人民幣兌換〇．一四九美元。所以，匯率不能用國家主權來決定，因為一邊是人民幣，另一邊是美元，兩方都可以說這是它的主權，這就永遠吵不停了。

外匯市場是全球最大的金融市場，每天交易量超過四兆美元。參與者主要有四類：銀行和非銀行外匯交易商、進行商業或投資交易的個人和企業、投機套利商、中央銀行和財政部。其中，中央銀行和財政部在外匯市場上買賣本國的外匯存底，影響本幣的匯率價格，它們的動機不是獲利，而是以有利於本國利益的方式影響本幣匯率。

外匯市場並不是像紐約證交所這樣的有形市場，而是一個場外交易市場，就跟菜市場一樣，誰都可以參與買賣。這個市場中，成千上萬的交易商，透過電話或電腦帳戶，隨時準備買進或賣出不同國家的貨幣。因為這個市場沒有集中的造市商，所以是高度競爭性的。

外匯市場是一個橫跨全球二十四小時不間斷的市場。例如，中國工商銀行在世界主要金融中心有外匯交易部，北京時間的白天由北京總部負責客戶的外匯交易，下午到晚上交給倫敦分行負責，半夜之前到第二天早上交給紐約分行負責，就這樣繞著地球二十四小時都能交易外匯。

各國的匯率是不是一直都由市場決定，隨便浮動呢？當然不是。當今外匯市場規模如此巨大，是一九七三年布列敦森林體系（Bretton Woods system）崩潰後，主要國家改實行浮動匯率制度的結果。

在第一次世界大戰之前，世界主要貨幣都採用金本位制度，這是一種固定匯率制度。在這種制度下，大多數貨幣都可以按照規定的比率直接兌換成黃金。金本位制度下的固定匯率，消除了由匯率波動引起的不確定性，短期有利於國際貿易的發展。但是，金本位太死板，不能適應經濟結構的變化，也在兩次世界大戰間帶來外匯市場的動盪。二戰快結束時的一九四四年，以美國和英國為首的同盟國決策者，在美國新罕布夏州的度假勝地——布列敦森林，跟其他國家確立了新的匯率制度，被稱為布列敦森林體系。在這個體系下，大多數貨幣盯住美元，而美元與黃金掛鉤，但是這種掛鉤並不像戰前的金本位那樣嚴格。

到了一九六〇年代，黃金的官方價格與市場價格間出現了差距。當這一差距變得非常大時，美國政府就拒絕以官方平價兌現黃金，甚至停止向他國政府出售。最終，布列敦森林體系於一九七三年崩潰，世界進入浮動匯率時代，讓各國外匯交易需求大幅上升，外匯市場因此蓬勃發展起來。

在浮動匯率下，中央銀行透過兩種主要工具管制匯率：一種是貨幣政策，例如短期利率，升息會提高本幣的價值，降息會拉低貨幣的價值。另一種是買入或賣出外匯存底，也被稱為外匯干預。央行如果為了保住本幣匯率或是要讓本幣升值，可以拋售外匯存底、買進本幣，這種干預會降低外匯存底。但如果干預是賣出本幣、買進美元的話，結果就相反，會使本幣貶值並增加外匯存底。

以現今中國為例，若不管制外匯和匯率，大規模資金外流會帶來巨大經濟風險；但如果管控外匯和匯率，又會進一步擴大房地產等資產泡沫，惡化產能過剩，埋下更大的禍根。在金融理論中，一個被廣泛接受的原則是「三元悖論」，也被稱為貨幣政策的三難選擇。意思是，決策者只能在三個原則中選擇兩個：一是貨幣政策的獨立性——能夠自主設定短期利率；二是匯率政策的獨立性——自主設定來穩定匯率；三是自由且開放的資本市場。由於已開發國家沒有進行資本管制，所以貨幣政策的選擇往往介於貨幣獨立性和匯率獨立性間。這不是一個非此即彼的選擇，可以部分放棄貨幣獨立性以獲得某種匯率獨立性。

由於中國的金融市場不夠成熟，所以官方選擇透過限制資本的跨境流動，來獲得自主制定利率和匯率的空間。但代價是外匯存底下降、資產泡沫和經濟結構進一步惡化。

重點整理

- 外匯市場是全球最大的金融市場，二十四小時不間斷地進行交易。外匯交易規模是布列敦森林體系崩潰後，各國實行浮動匯率的產物。
- 發展中國家往往透過幣值低估來促進出口，進而推動經濟成長。中國改革開放後的經濟成長，也與人民幣的不斷貶值密切相關。
- 在中國經濟高速成長時期，外資想方設法進入中國，人民幣升值壓力大，外匯管理部門忙著「堵熱錢」並鼓勵國內企業「走出去」。可是，在經濟進入低成長的新常態後，情況就反過來了，現在是歡迎外資進來、限制資金出去。但是，外匯管制容易形成惡性循環，後患嚴重。

中央銀行調控貨幣能促進幣值穩定，平穩經濟發展。但是，中央銀行增加貨幣供給，難道真的像字面上的暗示一樣，更多的「貨幣供給」代表中央銀行需要印刷出更多的紙幣嗎？

延伸閱讀

「貨幣」的定義

問題的核心就在於什麼是貨幣，人們平時定義的「錢」是什麼？小張的爸媽對小張說，家裡有一百萬元（不包括房子等資產），這絕對不是指爸媽在床底下藏著一百萬元的鈔票。家裡有一百萬指的是各種形式的錢：有五十萬的銀行存款，二十萬的支票，還可能把三個月國債券也算進去（因為國債券很容易變現）。這裡的「錢」指的就是廣義貨幣（相對於狹義貨幣的現金）。以更專業的名詞來說，「M0」指現金，「M1」包括「M0」再加上活期存款，「M2」則包括更多種期限與形式的存款。M0、M1、M2都是有不同流動性的「錢」。

打開一本經濟學教材，很容易找到現代銀行的一個功能——「創造貨幣」，其實是指根據少單位的狹義貨幣創造出更多單位的廣義貨幣的功能。銀行收到了十萬元的定期存款，轉手就能借出去八萬。這樣存錢的人拿著十萬元的帳戶餘額，貸款的企業拿到八萬的現金，市場裡一共就有了十八萬的「錢」（但基礎貨幣其實只有十萬），這個 18÷10=1.8 就是貨幣乘數。

調控貨幣的方法

如果央行增加貨幣供給，是直接發行基礎貨幣的話（即印鈔票），這些鈔票流入市場，又經過銀行體系的放大，會增加大量的貨幣。但發出去的鈔票不容易回收，央行也不好控制這些鈔票在市場上活躍的狀況。因此，為了更加精準、平穩地調控貨幣量，一般不會採取直接增發貨幣的方式。

各國央行的貨幣政策工具大致有五種：公開市場業務、存款準備金、中央銀行貸款、利率政策、常備借貸便利。公開市場操作是歐美市場經濟國家最常見的一種調控手段，如果央行要增加貨幣，會在債券市場上投入現金，購買國債；如果要回收過多的流動性，只要拋售囤積的國債券，吸納現金即可。這樣一放一收，比單純地印刷鈔票發出更加平穩、更容易控制。

央行還有一種調控貨幣的方法，以前面的例子來看：銀行吸收了十萬元的定期存款，但沒有借出去十萬，只借出去了八萬，這剩餘的二萬就成了銀行的準備金。準備金的用途在於當很多用戶同時來提款時（但短時間內又難以收回一些貸款），能用這些準備金來滿足使用者的提款需要。在此例中，銀行的存款準備金比率為二萬／十萬＝二〇％，存款準備金比率直接影響銀行能借出去多少錢。現實中，央行對銀行準備金有最低要求，必須把百分之多少的準備金存到央行。如果央行上調了存款準備金比率，銀行能借出去的錢也會成比例地縮小。

總之，調控貨幣的央行極少直接「發錢」，往往是改造銀行這個創造貨幣的體系，或透過公開的市場購買方式。

國家圖書館出版品預行編目(CIP)資料

耶魯最受歡迎的金融通識課：你要的財富與自由就從這裡開始 /
陳志武作. -- 初版. -- 臺北市：今周刊，2019.11
464面；17×23 公分 . –（FUTURE系列；5）
ISBN 978-957-9054-35-5（平裝）

1. 金融

561 108012908

FUTURE 系列 5
耶魯最受歡迎的金融通識課：
你要的財富與自由就從這裡開始

作　　者　陳志武
主　　編　李志威
行銷經理　胡弘一
行銷主任　彭澤葳
封面設計　FE 工作室
內文排版　周亞萱
校　　對　呂佳真

出 版 者　今周刊出版社股份有限公司
發 行 人　謝金河
社　　長　梁永煌
副總經理　吳幸芳

地　　址　台北市中山區南京東路一段96號8樓
電　　話　886-2-2581-6196
傳　　真　886-2-2531-6438
讀者專線　886-2-2581-6196 轉 1
劃撥帳號　19865054
戶　　名　今周刊出版社股份有限公司
網　　址　http://www.businesstoday.com.tw

總 經 銷　大和書報股份有限公司
製版印刷　緯峰印刷股份有限公司
初版一刷　2019 年 11 月
初版七刷　2020 年 1 月
定　　價　480 元